Elogios para *La fortuna en tus manos*

"El Buda enseñó sobre los peligros que tiene la mente deseante en todos nosotros, y en este libro Brent Kessel aplica dicha sabiduría a los desafíos que tienen las personas en la actualidad y a su relación emocional con el dinero. Todos los aspectos de nuestras vidas están interconectados, así que ignorar esta relación tan importante generalmente conduce al sufrimiento y al engaño. Aplicando la sabiduría oriental a una preocupación tan occidental, Kessel demuestra que ser conscientes de nuestra relación con el dinero nos puede liberar de la ansiedad, y hacer incluso que el dinero se transforme en una herramienta para la compasión".

—Thich Nhat Hanh, monje budista zen y reconocido escritor, a quien el doctor Martin Luther King Jr. nominó para el Premio Nobel de la Paz.

"¿Qué desea tu corazón: La realización espiritual o la riqueza? La buena noticia es que esta no es una pregunta excluyente, ya que podemos obtener ambas cosas. Este maravilloso libro te mostrará cómo apartar a tu ego del camino para que puedas alinear tus decisiones financieras con tu corazón y tu alma".

—Ken Blanchard, coautor de *The One Minute Manager*® y *Lead Like Jesus*

"Este libro es claro, agradable, útil y liberador. Ofrece una lente psicológica y espiritual para observar tus confusiones, obsesiones, aversiones y pasiones que se desencadenan en la 'película' del dinero y de las inversiones. Este libro puede ayudar a todas las personas, desde las más tímidas a las más extravagantes, a ser más sanas, solventes y seguras. Brent ha realizado una gran labor pragmática e interior, y sus consejos y ejercicios pueden ayudar al lector a invertir con sabiduría".

—Vicki Robin, coautora con Joe Dominguez de *Your Money or Your Life*

"Brent Kessel es uno de los planificadores financieros más inteligentes que he conocido, y también uno de los más conmovedores. No solo posee la visión financiera para guiar al inversionista más sofisticado, sino que también tiene una comprensión inusualmente profunda de los efectos emocionales, psicológicos y espirituales que tiene el dinero en nuestras vidas".

Ha escrito un libro de lectura obligatoria para quienes sientan ansiedad sobre el dinero, cosa que nos sucede prácticamente a todos. Si no eres capaz de estar en paz con tus finanzas, lee *La fortuna en tus manos* y te garantizo que encontrarás las respuestas que necesitas".

—Liz Pulliam Weston, columnista de *MSN Money* y autora de *Easy Money: How to Simplify Your Finances and Get What You Want Out of Life*

"El dinero es uno de los tópicos que nos producen una mayor confusión y ansiedad, independientemente de nuestro nivel de ingresos. Este libro cumple una labor destacada en ayudarnos a estar en paz con el dinero y en nuestra relación con él. Al integrar las doctrinas orientales y occidentales, Brent crea un balance perfecto y nos da una dosis increíble de perspectiva y sabiduría para manejar el dinero por el resto de nuestras vidas. Recomiendo con todo entusiasmo *La fortuna en tus manos* a todas las personas, sin importar el dinero que tengan".

—Richard Carlson, autor de *Don't Sweat the Small Stuff . . . And It's All Small Stuff*

"La orientación compasiva que nos ofrece Brent le habla a nuestro espíritu, y me ayudó a navegar por el complejo mundo de las finanzas y de las inversiones con seguridad, ayudándome a tomar decisiones financieras que están alineadas con el propósito de mi alma. Recomiendo altamente el libro de Brent a cualquiera que esté interesado en entender el poder del dinero, su relación con el espíritu, y por qué razón lo uno no tiene que existir sin lo otro".

—Seane Corn, autor de la serie de video *Vinyasa Flow Yoga*

"Brent Kessel cambiará tu relación con el dinero de una forma que seguramente aumentará la riqueza de tu vida".

—Tom Bradley, presidente de TD / Ameritrade Institutional

Mike Powell

BRENT KESSEL fue nombrado uno de los doscientos cincuenta asesores financieros más destacados de los Estados Unidos por la revista *Worth*; su compañía, Abacus Wealth Partners, que maneja más de ochocientos millones de dólares en bienes de clientes, fue nombrada una de las "250 mejores firmas de manejo de riquezas en los Estados Unidos". Aludido como un "introspectivo financiero" por la revista *Research*, Kessel ha aparecido en las revistas *Newsweek* y *Yoga Journal* y ha sido citado con frecuencia en el *Los Angeles Times*, *Newsweek*, *Business Week* y el *Wall Street Journal*. Luego de conocer en su juventud al Dalai Lama y a la Madre Teresa, Kessel comenzó a practicar yoga y meditación y se lanzó al éxito en una carrera que combina de manera única la espiritualidad y el manejo de la fortuna.

Visita al autor en www.brentkessel.com

La fortuna
en tus manos

La fortuna en tus manos

CAMBIA TU VIDA FINANCIERA Y ALCANZA LA VERDADERA FELICIDAD

Brent Kessel

Traducido del inglés por Santiago Ochoa

 rayo *Una rama de* HarperCollins*Publishers*

Este libro ha sido diseñado para brindar información en materia de finanzas personales. No ha sido diseñado con la intención de brindar asesoría en inversiones o servicios de planeamiento legal, tributario, contable o financiero. Las situaciones financieras de cada individuo son únicas y por lo tanto toda pregunta en materia financiera, tributaria, legal o de inversión debe ser dirigida al profesional que corresponda. La información contenida en este volumen es tomada de fuentes consideradas confiables al momento de la publicación, pero la precisión no puede garantizarse. Las cifras que se presentan no aparecen con la intención de representar posibles futuros desempeños de clientes, carteras de inversiones, modelos o clases de bienes ya sean reales o hipotéticos. Los resultados a futuro pueden variar considerablemente de aquellos obtenidos en el pasado, debido a una amplia variedad de factores impredecibles e incontrolables. Tanto el autor como el editor renuncian expresamente a toda responsabilidad, pérdida o riesgo ocasionado como consecuencia, directa o indirecta, del uso y la implementación de cualquiera de los contenidos de este libro.

Las historias y anécdotas incluidas en el presente volumen están basadas en experiencias reales. Sin embargo, todos los nombres son seudónimos, algunas historias son compilaciones y algunas situaciones han sido alteradas con fines educativos o para proteger tanto la relación confidencial con los involucrados como su privacidad.

Este libro fue publicado originalmente en inglés en el año 2008 por HarperOne, una rama de HarperCollins Publishers.

PRIMERA EDICIÓN RAYO, 2009

Library of Congress ha catalogado la edición en inglés.

ISBN-13: 978-0-06-171255-5

09 10 11 12 13 ZTA/RRD 10 9 8 7 6 5 4 3 2 1

CONTENIDO

Primera parte: La naturaleza de la mente

Segunda parte: Los ocho arquetipos financieros

Tercera parte: En el mundo y de él

LISTA DE EJERCICIOS

INTRODUCCIÓN

"La felicidad no es lo que se tiene, sino lo que se disfruta".

—BENJAMÍN FRANKLIN

Si eres como la mayoría de las personas de nuestra sociedad, probablemente te gustaría cambiar algún aspecto de tu relación con el dinero independientemente de tu situación financiera. Tal vez ya tengas una seguridad económica, pero te preocupa sin embargo tener suficiente dinero para el futuro. Tal vez tienes dificultades con los aspectos básicos de una administración financiera segura, con tus activos y balances bancarios que no son lo que deberían ser, teniendo en cuenta el dinero que has ganado a través del tiempo. O tal vez te hayas paralizado cuando necesitas tomar una decisión financiera importante.

No estás solo; cuando se trata de dinero, la mayoría de nosotros ha experimentado una o varias de estas sensaciones:

- Sensación de miedo y ansiedad.

- Sentir que el dinero está separado de los aspectos más sagrados o espirituales de nuestra vida.

- Deseos ilimitados, o la sensación de que nunca tendremos suficiente dinero para ser felices.

- Frustración con un cónyuge o miembro familiar por sus hábitos de gastos.

- Creer que nuestras finanzas están más allá de nuestro control.

En mis doce años como director de una de las principales compañías de planeación financiera y de manejo del dinero del país, he trabajado con personas que tienen cientos de millones de dólares, y también con individuos que deben cientos de miles. He aconsejado a capitanes de la industria que están llamados a alcanzar los mayores niveles de éxito financiero, y a activistas sociales que están a un paso de ser desalojados de sus viviendas. He dirigido seminarios de meditación y yoga para estudiantes avanzados, así como para ejecutivos adinerados amantes de la buena vida. Aunque no se puede negar que en muchos casos es más fácil ser rico que pobre, he descubierto que, sin excepción, nuestras circunstancias externas no marcan una gran diferencia, pues todos tenemos algún tipo de problema en nuestra relación con el dinero.

He conocido a una gran diversidad de individuos, desde el propietario de una exitosa compañía de software a quien le preocupa comprar un nuevo sofá, hasta la madre cabeza de familia angustiada por la deuda de 25.000 dólares en su tarjeta de crédito pero que cede cuando su hijo de dieciséis años le pide un auto nuevo; a la joven diseñadora de modas que se siente tan avergonzada de su jugosa herencia que vive en un barrio inseguro y paga la renta con su salario. Las emociones oscuras que produce el dinero casi nunca están relacionadas con la seguridad objetiva. Conozco a personas que viven con $20.000 al año y no sienten temores, y a otras que tienen millones y viven llenas de ansiedad. También he conocido a muchas que dicen ser conscientes de sí mismas, que han sufrido una gran transformación personal con la ayuda de psicoterapia, los programas de doce pasos, o de la práctica religiosa o espiritual, pero que tienen una relación extremadamente inconsciente e insatisfactoria con el dinero. Por ejemplo, muchos de los individuos que crecieron en los años 60 y 70 son exitosos, pero sienten una gran desconfianza —o incluso un desprecio total— por Wall Street y por la América corporativa, y a menudo se encuentran enfrascados en conductas poco saludables y de autosabotaje con respecto al dinero. Finalmente, y sin importar nuestra generación, nuestras creencias sobre el dinero, o si somos ricos o pobres, muchos de nosotros no nos conformamos con nada. Anhelamos más dinero, posesiones materiales o éxito en las inversiones, incluso cuando nuestras necesidades financieras no nos garantizan esto. Seguramente sabemos que estamos atrapados en nuestros deseos, pero nos sentimos impotentes para hacer algo al respecto.

Muchas personas se encuentran enfrascadas en ciertos patrones con el dinero, independientemente de los consejos que pongan en práctica o del tiempo que haya transcurrido. Y como si esto fuera poco, muchas veces se molestan porque su cónyuge o algún miembro familiar tiene ciertos valores, temores o comportamientos financieros. Es difícil romper con los viejos hábitos; la persona que siempre se ha sentido pobre continúa sintiéndose así y toma decisiones a partir de su pobreza mental, y los que ahorran hasta el último centavo son frugales incluso hasta el punto de la privación.

NO SE TRATA DEL DINERO

El mensaje predominante en nuestra cultura es que todo está relacionado con el dinero, y que si tuviéramos más o nuestra situación económica fuera diferente, dejaríamos de preocuparnos y disfrutaríamos más la vida. Sin embargo, muchas personas permanecen atrapadas en el mismo predicamento financiero a pesar de que han ensayado todo lo que está a su alcance para salir adelante. Independientemente de tu situación financiera, tal vez sospechas que debe existir una forma de implementar los cambios profundos y perdurables que deseas en tu vida financiera, pues de lo contrario no habrías adquirido este libro.

Una de las razones por las que la mayoría de las personas no se sienten satisfechas con su vida financiera es que la forma tradicional en que nos han enseñado a relacionarnos con el dinero no es nada funcional. Nos han dicho que gastemos menos, que ahorremos más, que tengamos pensamientos positivos que crearán la abundancia que deseamos, o que encontremos la profesión ideal. Establecemos metas, elaboramos presupuestos, adquirimos los seguros apropiados, redactamos testamentos y estipulaciones inmobiliarias, e invertimos del modo adecuado. Pero aunque estas medidas son importantes, no son suficientes. ¿Por qué? Porque abordan los asuntos de dinero desde afuera hacia adentro, y no desde adentro hacia afuera.

Bien sea que acumulemos, despilfarremos o lo regalemos todo, constantemente repetimos patrones de conducta ineficaces con el dinero porque tenemos ciertos hábitos financieros. Estamos acostumbrados a un nivel particular de ansiedad o de calma, de ansias o renuncia, de escasez o abundancia. Y sin importar los cambios que ocurran en nuestras circunstancias externas, si no educamos nuestra mente inconsciente ni la analizamos y permanece desconectada de nuestro espíritu, repetiremos entonces nuestras antiguas circunstancias financieras.

Por eso he visto a personas que venden un negocio por varios millones de dólares y luego, debido a las malas decisiones, gastos, préstamos o inversiones equivocadas, terminan en la misma situación económica que tenían inicialmente. Sus mentes inconscientes estaban tan acostumbradas a esforzarse para lograrlo, que literalmente no pudieron manejar la abundancia y libertad que les fue concedida, y su inconsciente se manifestó de nuevo en sus antiguas condiciones económicas. Los americanos disfrutan generalmente de un nivel de vida más alto que la mayoría del mundo, por lo menos en términos financieros. Sin embargo, no se sienten necesariamente contentos aunque alcancen el éxito financiero tan valorado por nuestra cultura. Todos sabemos de personas que han recibido inesperadamente grandes fortunas, pero que siempre se sienten infelices o ansiosas. La prensa financiera está llena de historias de adictos al trabajo que han consolidado un negocio tras otro, muchas veces al precio de alejarse incluso de sus seres queridos o de arruinar sus matrimonios; los grandes herederos y los ricos divorciados son algunos de los seres más atormentados que conozco.

No me malinterpretes: no estoy diciendo en absoluto que no puedas tener dinero y ser feliz al mismo tiempo. Pero aunque tengas un fondo de inversiones de siete dígitos o una montaña de cuentas sin pagar en la mesa de la cocina, el camino a la libertad exige que te concentres más en tu vida interior que en tus circunstancias externas a nivel financiero.

Las personas con una montaña de cuentas que no pueden pagar, probablemente crean que el hecho de indagar en su interior no les permitirá cambiar sus circunstancias externas, pero lo cierto es que he conocido a muchas personas que lo han logrado. Y aunque podría recomendarte que busques las respuestas en tu interior, este libro te enseñará a hacerlo. He utilizado de manera exitosa las estrategias demostradas y reales que encontrarás en estas páginas; lo hice conmigo y con cientos de clientes y participantes en mis seminarios. Las ideas que encontrarás son el producto de mi pertenencia a dos mundos diferentes.

PLANEADOR FINANCIERO DE DÍA Y YOGUI AL AMANECER

Me ha fascinado la posibilidad de conseguir dinero desde que era muy pequeño, pero al mismo tiempo siempre he sabido que

había otras cosas importantes en la vida. Estudié economía y
sicología, y empecé mi labor profesional en el sector de las hipotecas comerciales. Sin embargo, yo quería ofrecerles un consejo
financiero mucho más holístico a las personas de lo que es posible en el mundo de las hipotecas. Así que en 1996 fundé Abacus
Wealth Management, que posteriormente fusioné con mi socio
Spencer Sherman, para crear Abacus Wealth Partners, una empresa de planeación financiera que solo cobra tarifas fijas®, que
enfatiza en factores internos y externos esenciales para tener una
vida financiera satisfactoria, y que sirve principalmente a clientes
muy acaudalados. Notamos que muchos inversionistas recibían
un servicio muy deficiente, sin importar qué tan adinerados fueran. Gracias a nuestro objetivo de llegar a un mayor número de
personas con menores recursos financieros, establecimos la compañía Kubera Portfolios para clientes que querían una alternativa
de inversión a bajo costo pero con una administración profesional. Yo dedicaba dos horas diarias a la práctica del Ashtanga
yoga, y desde hacía muchos años realizaba varias prácticas espirituales orientales. Como Planeador Financiero Certificado®
de día y yogui al amanecer, pasé del recinto de yoga a la oficina,
de las reuniones con clientes a la esterilla de meditación, y de
las conferencias financieras a los retiros espirituales de fines de
semana. Comencé a percibir una profunda diferencia entre la
forma en que la planeación financiera abordaba nuestros desafíos
y quejas cotidianas, y la forma en que lo hacían las sabidurías
más antiguas del mundo. Si un cliente tiene algún problema, el
mundo de la planeación financiera le ofrecerá una mejor estrategia financiera que resolverá el problema y le producirá una mayor
satisfacción y felicidad. Las soluciones existen principalmente en
el mundo tangible y exterior. Existe una suposición implícita de
que algo debe cambiar "allá" para poder ser felices "acá".

En contraste, en el mundo del yoga y la meditación, casi
toda nuestra atención está dirigida a nuestro interior, con el fin

de obtener una mayor comprensión de lo que realmente somos, de saber por qué nos comportamos de cierta forma, y de descubrir cuáles son las verdaderas causas de nuestro sufrimiento. Estas disciplinas nos invitan a integrar nuestros actos externos con esa comprensión interior. La planeación financiera está más concentrada en el futuro, mientras que el yoga y la meditación lo están con el momento presente, y nos sugieren que no podremos liberarnos en un futuro si no indagamos profundamente en aquello que necesitamos para ser libres en el momento actual. Mientras que los consejos financieros nos invitan a la acción, la búsqueda espiritual nos invita a la conciencia.

Yo trabajaba con muchos clientes que tenían su planeación financiera en orden, que hacían lo correcto con su dinero, que habían logrado la mayoría de sus metas personales más importantes (o todas), pero que se sentían sin embargo incómodos con el dinero y generalmente creían que debía existir algún cambio externo que pudiera ofrecerles una paz interior. Algunos de ellos tenían más dinero del que podían gastar en sus vidas, y no obstante se sentían inseguros por el hecho de no tener suficiente dinero en una cultura que dice: "Más es mejor".

Trabajé con una profesora universitaria retirada y con su esposo, quienes tenían activos significativos, incluyendo una pensión TIAFF-CREF, varias cuentas en fondos de inversiones y dos cuentas IRA, es decir, lo suficiente para mantener su nivel de vida por el resto de sus vidas y pagar la educación de sus hijos, nietos y bisnietos. Sin embargo, esta pareja tenía muchos conflictos con el dinero. Ella se sentía culpable y avergonzada de cualquier gasto que no estuviera destinado a cubrir las necesidades básicas, y los consideraba "extravagantes" y "ostentosos". Su esposo se mantenía en desacuerdo con el asesor que les manejaba las acciones en la bolsa, y dedicaba horas enteras a leer las múltiples publicaciones financieras a las que estaba suscrito.

Ellos no eran los únicos que querían algo más de su relación con el dinero. Este era un tema usual con mis clientes y los de mis colegas. Adicionalmente, las personas que no eran ricas también ansiaban tener más paz mental. Era evidente que necesitaba una nueva forma de ayudarlos, bien fuera que tuvieran grandes recursos o no, porque las herramientas tradicionales de la planeación financiera simplemente no estaban dando resultados.

En 1999 comencé a trabajar y aprender con planeadores financieros y profesores de meditación especializados en asuntos del corazón y del espíritu, particularmente en las causas del sufrimiento y en su prevención. Devoré numerosos libros, escuché muchas grabaciones de audio y asistí a todos los seminarios posibles relacionados con el dinero y la espiritualidad. Luego comencé a integrar los conceptos de estas enseñanzas en mi práctica diaria de planeación financiera; la respuesta fue sumamente positiva, y muchos clientes dijeron que entendían mucho más su relación con el dinero. Los medios de comunicación se interesaron para entrevistarme, y recibí invitaciones para dar conferencias sobre este tema.

Mi base de clientes comenzó a aumentar significativamente; tal parecía que las personas anhelaban profundamente esta combinación de dinero y de espíritu.

Además del aprendizaje y entrenamiento que realizaba con otros profesionales, empecé a mezclar las prácticas y los principios del yoga y la meditación con mi experiencia financiera. Leí los antiguos textos de yoga en busca de enseñanzas sobre la codicia, el apego, la autoobservación y el deseo, y me sorprendió encontrar una gran cantidad de referencias sobre el dinero y la riqueza. Basado en esta investigación, diseñé un seminario llamado "El yoga del dinero", que ofrecí a clientes, estudiantes de yoga y al público general en los Estados Unidos y en Europa. Los participantes no solo comenzaron a hacer realidad sus sueños financieros —duplicaron su patrimonio neto, renunciaron a sus trabajos para abrir sus propios negocios, o simplificaron sus vidas para concentrarse en tareas creativas—, sino que muchas personas de diversos estratos socioeconómicos me dijeron que estaban sintiendo una mayor comprensión, paz y alivio en su relación con el dinero.

¿POR QUÉ ESTE LIBRO?

Existen numerosos libros sobre el dinero, y es probable que estés familiarizado con ellos. Tal vez hayas leído aquellos que describen los aspectos propios de la planeación financiera, o los que te dicen cómo ser millonario si inviertes en bienes inmobiliarios o utilizas otras fórmulas mágicas, e incluso otros que te indican cómo alcanzar la abundancia o de qué forma participar con mayor efectividad en la bolsa. Hay muchos libros que enseñan a "pensar como un millonario", o que te ayudan a adoptar un sistema de vida más simple para que no te desgastes inútilmente. Cualquiera de estas estrategias puede ser adecuada dependiendo de tus preferencias, pero el hecho es que la mayoría de ellas nos ofrecen básicamente soluciones externas a un problema cuya verdadera respuesta está en nuestro interior.

EL CONOCIMIENTO ES PODER

Si quieres realizar cambios perdurables en tu relación con el dinero, primero debes observar tu experiencia exactamente como es, sin tratar de cambiarla. Así que relájate, respira profundo y hazte estas preguntas sencillas: ¿Qué sientes por el dinero en este instante? ¿Cuál de las siguientes palabras refleja lo que sientes? (Puedes agregar otras a la lista)

Preocupación	Miedo	Codicia	Pánico	Esperanza
Conformismo	Felicidad	Aburrimiento	Rabia	Tristeza
Frustración	Emoción	Neutralidad	Placer	Paz
Confusión	Envidia	Suficiencia	Serenidad	Pesadumbre

Observa inicialmente. No hagas juicios ni intentes cambiar lo que has percibido. No evadas lo que sientes ni trates de justificarlo; simplemente observa dichas sensaciones como si fueran un sistema climático ajeno a ti. ¿El clima es lluvioso, soleado, nublado o frío cuando se trata de tus ideas sobre el dinero? Percibe la calidad de tus emociones, advierte en qué momento cambian naturalmente según las variaciones del clima, y ve en qué se transforman. Esta técnica de observación desprovista de juicios y sin forzar cambios es la base de las modificaciones radicales que harás en tu relación con el dinero en las páginas siguientes. Convierte las técnicas de este libro en un hábito y te sorprenderá lo que comenzará a suceder en tu vida financiera.

Este libro te ayudará a tener acceso a tu riqueza interior y exterior, y aumentarla. La riqueza interior significa:

- La libertad de no sentir que nunca se tiene suficiente.

- Un sentido de opciones financieras y no de restricciones.

- La sensación de abundancia que nos hace utilizar el dinero para el bienestar general.

- Saber que estamos conectados y que nuestro bienestar individual está relacionado con el de los seres humanos.

Aunque la riqueza exterior rara vez conduce a la interior, la riqueza interior suele conducir a la riqueza exterior. Puedes obtener todo esto —así como una próspera vida financiera— si adoptas las ideas y prácticas que expondré en las páginas siguientes.

La fortuna en tus manos se basa en mi experiencia y labor como asesor financiero de individuos pertenecientes a diversos estratos socioeconómicos, en mis entrevistas con muchos de los principales líderes espirituales del mundo y en dos décadas de práctica del yoga y la meditación, lo cual te ofrecerá una perspectiva completamente diferente sobre tu vida financiera. Recibirás los mismos consejos audaces en materia de planeación financiera, gracias a los cuales mis clientes han conseguido decenas de millones de dólares, así como alivio y felicidad, independientemente de su nivel económico. También encontrarás principios y ejercicios que he extraído de las antiguas tradiciones de sabidurías universales para mejorar la conciencia, el crecimiento y la satisfacción financiera.

Este trabajo se ha nutrido de la información proveniente de mis orígenes de clase media, así como de la práctica de mi asesoría financiera, que en los últimos años se ha concentrado en clientes con mucho dinero. Las historias de sus dificultades (obviamente, sus identidades y aspectos personales han sido modificados para respetar su privacidad) confirman la verdad obvia de que el dinero no es la causa de la felicidad. He ayudado a personas que tienen deudas enormes en sus tarjetas de crédito, dificultades para conservar un empleo, o que sienten desesperanza y confusión por todos los asuntos financieros, y he incluido sus historias en este libro. Recuerda que los consejos básicos se aplican para todas las personas, independientemente de su situación financiera.

LIBERTAD FINANCIERA PARA TU ALMA

Aunque este libro te ofrecerá enseñanzas sobre inversiones, flujos de caja, impuestos y otras estrategias que pueden ayudarte a lograr tus sueños financieros, no es un manual de instrucciones financieras con una cobertura espiritual. Más bien, es un profundo viaje interior donde el dinero es el tema principal. No es un volumen filosófico, sino un recurso práctico e íntimo para que te conozcas a ti mismo a través del dinero. En la primera parte, "La naturaleza de la mente", exploro la forma en que funciona (y no funciona) nuestra mente en materia de dinero. En la segunda parte, "Los ocho arquetipos financieros", ofrezco descripciones detalladas de las conductas y creencias típicas y arraigadas que nos impiden ser realmente libres en términos financieros. En la tercera parte, "En el mundo y de él", te enseñaré a eliminar tus antiguos hábitos en materia de dinero y te daré una asesoría audaz en materia de inversiones, así como una nueva aproximación a la filantropía. El Apéndice contiene una compilación concisa pero completa de consejos prácticos sobre planeación financiera, y tres soluciones inmediatas de inversión que puedes implementar de inmediato. También encontrarás ejercicios que te ayudarán a profundizar aun más en estos temas. Te recomiendo que lleves un registro de tus respuestas en un cuaderno, o que crees una carpeta especial en tu computador para este propósito. También puedes visitar mi página web www.BrentKessel.com, en la que encontrarás otros ejercicios.

A medida que emprendas este camino conmigo, solo te pido que estés dispuesto a mirar tu mente y tu corazón de manera honesta, y que dejes a un lado lo que crees que sabes sobre el dinero y la felicidad. Profundizar exhaustivamente tu relación con el dinero te ayudará a obtener:

- Un auténtico sentimiento de logro financiero.

- Una comprensión clara de las fuerzas poderosas que han moldeado tu vida financiera.

- Un sentido real de seguridad y confianza sobre tu futuro.

- Una mejoría en las relaciones financieras con tu compañera/o de vida, padres e hijos.

- Una mayor capacidad de alcanzar tus metas financieras más importantes.

La fortuna está en tus manos. Acompáñame a explorar de qué se trata.

La fortuna en tus manos

PRIMERA PARTE

La naturaleza de la mente

CAPÍTULO UNO

NUNCA TENDRÁS SUFICIENTE

"Sólo un poco más".

—JOHN D. ROCKEFELLER,
CUANDO LE PREGUNTARON
CUÁNTO ERA SUFICIENTE

Hace poco, un amigo mío le dio un dólar a un mendigo en la calle; este observó el billete, miró a mi amigo a los ojos y le dijo sin inmutarse: "No es suficiente". Aunque ese dólar probablemente no cubra las necesidades de esa persona, incluso aquellos que tienen recursos financieros abundantes tienden a considerar el dinero desde esta misma perspectiva de "insuficiencia". ¿Por qué será que tantas personas sentimos tanta escasez de dinero?

Comparados no solo con una persona que se gana la vida repartiendo volantes, sino también con un monarca del siglo XIX, probablemente ustedes sean relativamente acaudalados; seguramente tienen un hogar cálido y ropas cómodas; pueden desplazarse a una velocidad cincuenta veces más rápido que la cuadrilla de caballos más veloz de monarca alguno, y recibir un tratamiento en un hospital moderno en caso de enfermarse, donde nadie tratará de sangrarlos ni de aplicarles sanguijuelas con el fin de curarlos.

Claro que algunos de ustedes pueden decir que lo que tienen no es suficiente porque simplemente es así. De hecho pueden tener dificultades económicas: es probable que algunos de ustedes no sean admitidos en ese moderno hospital porque no tienen un seguro médico o recursos financieros. Tal vez debas elegir entre pagar la cuenta de la calefacción, el seguro de tu auto, o pensarlo dos veces para invertir en bienes inmobiliarios por temor a no poder pagar los impuestos de la propiedad. Si estás en esta situación, reconozco que es precaria y difícil de resolver a pesar de mi experiencia financiera.

Pero sin importar cuáles sean nuestras circunstancias, la mente tiende a prometernos falsamente que la felicidad solo es posible si conseguimos una mayor cantidad de aquello que queremos: mejor comida, vivienda, transporte, recreación, salud y viajes, para nombrar solamente algunas posibilidades. Sin embargo, ¿no seríamos más felices de lo que podemos imaginar si esto fuera cierto?

Durante las últimas décadas, el crecimiento económico en casi todas las sociedades desarrolladas ha estado acompañado de un aumento muy modesto en los índices de bienestar individual. Entre la Segunda Guerra Mundial y 1995, el aumento en los ingresos ha sido dramático, y la cantidad de tiempo laboral necesario para adquirir muchos bienes ha disminuido sustancialmente. No obstante, y según casi toda la evidencia científica que existe, se ha registrado poco o ningún cambio en el nivel de felicidad de los americanos, y lo mismo se aplica para todo el mundo. En 1958, Japón tenía un ingreso per cápita de unos 3.000 dólares en promedio, una cantidad que está muy por debajo del actual nivel de pobreza de los Estados Unidos. A finales del siglo XX, Japón era una de las naciones más ricas del mundo, pero todo seguía casi igual en materia de bienestar individual (un simple aumento del 3 por ciento en cuarenta años). Y en una encuesta realizada a las 400 personas "más ricas" de la lista *Forbes*, los individuos más acaudalados del mundo presentaron el mismo nivel de felicidad que los esquimales del norte de Groenlandia y los Masai de Kenia, quienes no tienen electricidad ni agua potable. Es obvio que no somos mucho más felices a pesar de nuestro progreso material. ¿Por qué?

LA MENTE DESEANTE

La mayoría de nosotros no creemos ser codiciosos. Es probable que queramos una casa más grande en un mejor sector, pero solo porque nuestra familia es más numerosa. Queremos un auto más nuevo y hermoso, pero solo por sus características en materia de seguridad, porque gasta menos gasolina, o porque nuestra posición en nuestra compañía depende en buena medida de cómo nos perciban los demás. Es probable que no queramos un objeto material específico, pero sí un mejor salario o un nivel de vida más alto, vacaciones más largas y frecuentes, y pasar más tiempo con nuestra pareja o amigos. Pero incluso cuando anhelamos algo tan intangible como la seguridad o el tiempo libre, es innegable que la mayoría de nosotros dedicamos mucho tiempo simplemente a desear. Aún más, muchas veces actuamos según estos deseos pero no logramos una libertad financiera. Es como si una fuerza exterior nos hiciera despilfarrar nuestro capital, bien sea el financiero o el espiritual. Esta fuerza es conocida en varias tradiciones budistas como la Mente Deseante.

La Mente Deseante siempre está anhelando una experiencia diferente de la que tiene en el momento actual. Bien sea que queramos dinero, amor, un lindo suéter, inversiones con ganancias del 20 por ciento, o un mundo más equitativo, la Mente Deseante insiste en que las cosas tienen que cambiar para que seamos felices, y el dinero es uno de los aspectos en los que tiende a concentrarse. La verdadera razón de ser de la Mente Deseante consiste en desarrollar estrategias y luchar por un futuro mejor: existe bajo la premisa de que lo que tenemos aquí y ahora no es suficiente. La Mente Deseante nos saca continuamente del momento presente en su intento para hacernos felices en un futuro mejor. Y a menos que indaguemos en los mecanismos sutiles y frecuentemente ocultos de la Mente Deseante, incluyendo el hecho de saber si sus promesas de felicidad son realmente ciertas, permanecemos como esclavos de ella y muchas veces perseguimos sus imágenes de libertad durante toda la vida.

Diversas evidencias muestran el predominio de la Mente Deseante. En su libro *The Overspent American*, Juliet Schor señala que, entre 1975 y 1991, el número de personas que dijeron que tener una casa de vacaciones era un componente fundamental de una vida satisfactoria, aumentó en un 84 por ciento. Durante el período comprendido entre 1987 y 1994, la cifra que necesitaban las personas para "cumplir todos sus sueños", según encuestas, pasó de 50.000 a 102.000 dólares, un aumento muy superior a la tasa de inflación. Según otro estudio psicológico, la mayoría de las personas de los países industrializados quieren más de lo que poseen: el 61 por ciento de los encuestados dijo que siempre estaba pensando en obtener o en comprar algo.

Tendemos a decir que los verdaderos adictos al dinero son los materialistas insaciables y los que gastan en exceso. Sin embargo, y según mi experiencia, la Mente Deseante acecha a todas las personas, desde las que ocupan los niveles inferiores de la escalera socioeconómica, hasta los maestros espirituales más sensatos y los miembros más adinerados de la sociedad.

PROGRAMADOS PARA DESEAR

Todos los seres vivos tienen el imperativo biológico de sobrevivir, pues morirían sin él. Un árbol crece buscando la luz que penetra a través del follaje del bosque. Las ballenas viajan miles de millas para dar a luz a sus crías en las aguas cálidas del Mar de Cortez. Un bebé humano llora de hambre hasta recibir alimento. Sin este deseo intrínseco de sobrevivir, los organismos vivos morirían y la evolución cesaría por completo.

Este impulso es el verdadero núcleo de nuestros deseos. Nuestra fisiología está programada para transmitirnos mensajes de alerta ante el peligro, y sugerirnos aquello que nos ofrezca más seguridad y probabilidades de sobrevivir. Nuestra naturaleza hace que comamos hasta saciar el hambre y muchas veces incluso más. Sentimos deseos de abrigarnos cuando nuestra piel percibe un descenso en la temperatura. El dolor y el sufrimiento, o incluso una leve incomodidad, son tomados como señales de advertencia de que nuestra supervivencia misma puede estar en peligro.

No hay nada en la sociedad moderna que esté tan íntimamente relacionado con nuestra supervivencia como el dinero. ¿Es extraño entonces que si queremos comprar unos jeans, un reproductor portátil de DVD, o tomar esas vacaciones que tanto anhelamos, exclamemos: "¡Tengo que conseguirlo!", como si nuestra supervivencia misma dependiera de esa adquisición? Aunque nuestra mente racional sabe que no es así, la Mente Deseante le confiere una urgencia de vida o muerte a los objetos que anhelamos. De hecho, muchas veces no podemos sacarnos de la cabeza aquello que deseamos sino después de comprarlo: es la concentración e intención con la que fuimos programados bioló-

> "Cuando comienzas a entender realmente lo programado que estás para obtener placer y evitar el dolor, esa especie de programación básica e instintiva —es decir, cuando comienzas a ver esto con claridad—, empiezas a asumirlo de una manera menos personal".
>
> —WES NISKER,
> PROFESOR DE MEDITACIÓN

gicamente desde hace millones de años. Pero, en realidad, nuestra respuesta fisiológica y refleja está presente en todo, menos en nuestras compras terrenales.

Desear más es un fenómeno universal. Si lo analizas detenidamente, verás que no hay muchas cosas que puedas hacer para neutralizar este deseo; sigues deseando bienes materiales o un mejor estado emocional, quieres que las personas a tu alrededor sean diferentes, que el clima sea más benigno, sentir menos estrés, ser más generoso o amable. Si nos dejamos seducir por el interminable parloteo de nuestra mente que nos dice: "más, mejor, más grande y más rápido", no tendremos escapatoria.

Recuerdo a un dentista jubilado que estaba en la sala de conferencias de nuestra compañía. Vestido con un polo y pantalones color caqui, miró a través de sus lentes de oro al informe de su portafolio, el cual decía claramente que su patrimonio neto de cuatro millones había aumentado a casi ocho en menos de cinco años. Me miró y me dijo sin inmutarse: "Sé que me sentiré realmente independiente en términos financieros cuando tenga 15 millones. Esa es mi meta".

La afirmación de este dentista puede parecer absurda a quienes no tengan tanto dinero. Usted podría replicar: "¡Yo no diría eso si tuviera ocho millones!". Es muy fácil decir que las demás personas tienen deseos excesivos, aunque probablemente no veamos que nuestra relación con el dinero casi siempre está motivada por un deseo de superar nuestro sentido innato de escasez e inseguridad.

> "Nunca hay suficiente en el mundo para satisfacer a un corazón insatisfecho".
>
> —CHRISTINA FELDMAN,
> PROFESORA DE MEDITACIÓN

Las cifras realmente no importan, pero lo cierto es que todos hemos experimentado sensaciones de "insuficiencia" miles de veces al día. De hecho, muchos de los pensamientos que surgen en tu mente tienen un componente de "insuficiencia", y cada uno de ellos te dice que hagas algo para modificar tu experiencia. Nuestros pensamientos nos dicen constantemente: "Ahora no tengo lo suficiente, por lo cual quiero_____".

Y nuestras mentes creen que hacer esto nos dará más felicidad o seguridad.

SI SÓLO...

Casi todas las personas que conozco creen que no tienen el dinero suficiente, ya sean ricas o pobres. Algunas dicen que su experiencia más amarga fue no tener dinero para pagar la renta y correr el riesgo de ser desalojados. Para otros, fueron sentimientos de inferioridad social en la escuela, pues sus compañeros podían comprar ropa y autos lujosos o salir de vacaciones. Se trata de experiencias muy dolorosas, y muchas personas las compensan esforzándose por tener más dinero del que necesitan. Incluso aquellos que parecen tener suficiente dinero descubren que sus pensamientos interiores están concentrados en sus finanzas, o en cómo mejorar su situación. Al igual que todos nuestros pensamientos, los relacionados con el dinero casi siempre tienden a rechazar nuestra situación actual. ¿Algunos de los siguientes ejemplos te suenan familiares?

- Si yo heredara o ganara $_____, podría renunciar a mi desagradable trabajo y hacer lo que quiero.

- Si me aumentaran el salario, podría comprar_____.

- Si lograra que mi cónyuge dejara de gastarse todo el dinero en _____, no tendríamos tanta presión cada mes para pagar las cuentas.

- Estaría en buenas condiciones si pudiera vender mi

compañía por $_____.

- Si no hubiera subido de peso, no tendría que comprar ropas nuevas y gastaría ese dinero en_____.

- Yo no tendría deudas si las compañías de las tarjetas de crédito no cobraran un interés tan alto.

- Dejaría de preocuparme si el mercado bursátil volviera a los niveles de_____.

- Me sentiré tranquilo y disfrutaré de la vida cuando tenga activos por valor de $_____.

Si tu situación no encaja en esta lista, escríbela abajo:

- Si yo _____, entonces _____.

No estoy diciendo que tener este tipo de deseos sea algo negativo. Pero, ¿puedes ver de qué forma cada uno de estos pensamientos basados en la "insuficiencia" atentan realmente contra nuestro bienestar? Esos pensamientos nos hacen suponer que seríamos más felices o seguros si algo cambiara; lo cual estaría bien si nos sintiéramos radiantes después de satisfacer nuestros deseos. Pero infortunadamente no es así, pues generalmente terminamos deseando más y más.

Cuando la mayoría de las personas apagan la televisión, se acuestan o meditan por primera vez, se asombran por la cantidad de pensamientos que los bombardean y distraen. Si permaneces en silencio y prestas atención, encontrarás la frase "no es suficiente" en muchos de tus pensamientos.

DESPRÉNDETE

Prepárate para dejar de leer un minuto este libro; no lo cierres y procura no distraerte con nada del mundo exterior. Cierra los ojos de uno a tres minutos si deseas. Simplemente presta atención a los pensamientos que aparecen y no intentes controlarlos. ¿Estás listo? Hazlo entonces.

Ahora reflexiona un momento. ¿Cuáles fueron esos pensamientos? ¿Te preguntaste qué hora era o qué ibas a almorzar? ¿Sentiste deseos de no hacer el ejercicio y terminar más bien el capítulo para aprender a solucionar el problema financiero que te motivó a comprar este libro? ¿Qué relación hay entre esos pensamientos que tuviste, sin importar su naturaleza, y los problemas que quieres resolver? ¿Aceptaste tu experiencia tal como es? En otras palabras, ¿simplemente te dijiste: "Estoy sentado aquí con los ojos cerrados, y me siento feliz y lleno de paz"?, ¿o quizá tus pensamientos se concentraron en algo que deberías cambiar para sentirte mejor?

En la medida de lo posible, considera tus pensamientos de los próximos días de la siguiente forma: ¿Mis pensamientos están satisfechos con mi vida actual tal como es? De lo contrario, ¿qué quieren que haga yo (u otras personas) para experimentar una sensación de "suficiencia"?

CON EL FLUJO

La mayoría de nosotros hemos tenido la suerte de experimentar momentos de una conexión increíble, ya sea con nuestra pareja, la naturaleza, la soledad, o con las artes y la música. Algunas veces los deportistas alcanzan un estado de renuncia total donde sus mentes están completamente relajadas y una fuerza exterior parece alejar cualquier rastro de agotamiento físico. Varios artistas, poetas y ejecutivos experimentan estos estados de "flujo" creativo en los que las ideas parecen provenir de manera sorpresiva y de la nada. Experimentan una sensación de intemporalidad e incluso de euforia. La lucha incesante de la mente con la vida desaparece y se sienten en paz.

Independientemente de cómo definamos esto o alcancemos ese estado, lo cierto es que son familiares para todos nosotros, y sentimos una conexión con algo más grande que nosotros mismos.

Pero si no tenemos cuidado, estos estados, por más puros y hermosos que parezcan, también alimentarán a la Mente Deseante. ¿Por qué? Porque todos los estados mentales son impermanentes; después de un tiempo, nuestros antiguos pensamientos regresan y nos sentimos desconectados de nuevo. Estos pensamientos exclaman muchas veces: "¡Guau! Eso fue fantástico; quiero más. ¿Qué tengo que cambiar para sentirme así todo el tiempo?".

Y entonces regresa la Mente Deseante y, con ella, la sensación de no experimentar la paz ni la conexión que habíamos sentido. La mente está segura de que deberíamos regresar a ese estado. A fin de cuentas, lo logramos una vez, así que ¿por qué no hacerlo de nuevo? Pero el único camino que conoce la mente es tener más pensamientos y tratar de conseguir lo que desea; en resumen, nuestras mentes se oponen a nuestra realidad. ¡Y ese es el camino seguro para sentirnos desconectados!

¡PERO SE SIENTE BIEN!

Hace pocos años compré un auto nuevo por primera vez. Anteriormente conducía una Toyota 4Runner que tenía ocho años de antigüedad. Mi nuevo auto era un Audi deportivo plateado; investigué algunos meses antes de comprarlo. Pasé algunas noches mirando el catálogo brillante que mostraba al Audi subiendo las montañas de los Alpes, estacionado en hoteles lujosos, y protegiendo a sus ocupantes de los desastres que pueden ocasionar los conductores imprudentes o la Madre Naturaleza. Conduje el auto y me sorprendió su suavidad y su maravilloso estéreo. No creí encontrarle ningún defecto.

Me sentí en el cielo cuando conduje mi nuevo auto hacia mi casa. Mis deseos cesaron y me sentí muy bien. Mi mente le atribuyó esta gran sensación al auto, pues yo había adquirido exactamente lo que deseaba. Sin embargo, esta sensación de satisfacción no duró mucho tiempo.

La mayoría de las personas con las que he trabajado tiene su propia historia con el dinero y con la Mente Deseante. Para algunas, se trata de comprar ropa o zapatos. Sin importar cuántos zapatos magníficos tengan en el clóset, sienten ansias cuando ven un par de zapatos que les gusta en la vitrina de una tienda. Esta ansiedad nos exige que cumplamos sus deseos, aleja a nuestra conciencia de la realidad y se concentra en el objeto de nuestro deseo.

En el segundo Sutra del yoga, un antiguo texto redactado mucho antes de que aparecieran los mercados de valores o los billetes, el sabio Patanjali explica que el apego excesivo está basado en la suposición de que alcanzar el objeto deseado nos produce una felicidad duradera. Un objeto nos brinda un momento de felicidad cuando satisface un deseo. Y por ello, nuestra mente hace que la posesión de los objetos sea muy importante, e incluso indispensable.

EL PRECIO FINANCIERO DEL DESEO

Las demandas incesantes de la Mente Deseante han ocasionado grandes deudas, la bancarrota y la destrucción del hogar a muchas personas en nuestro país, mientras que a otras las han hecho sentirse atrapadas en un abismo del que no hay salida. Algunos de mis clientes se han declarado en bancarrota o se han esclavizado tanto de sus deseos que no pueden destinar su dinero a lo que realmente es importante para ellos, ya se trate de saldar sus deudas, comprar una cabaña en el campo, tener el tiempo para dedicarse a otra profesión o emprender un sueño artístico, o para ayudar incluso a un ser querido en una situación difícil. Aunque estas metas genuinas también son una modalidad del deseo, presentan diferencias significativas con respecto a la interminable lista de deseos que generalmente nos ofrece la Mente Deseante. Más adelante exploraremos dichas diferencias.

Si permitimos que la Mente Deseante controle nuestras vidas financieras, siempre será a un gran costo, tanto a nivel financiero como emocional. Recuerdo a una clienta que constantemente estaba remodelando su casa, se embarcaba en un proyecto tras otro, y siempre decía que esa sería la última remodelación. Su Mente Deseante le hablaba de un ambiente más hermoso y un espacio más amplio. Para ella, el valor de su deseo era innegociable. También recuerdo que una vez me dijo: "Todo el mundo necesita un espacio separado de la sala", en su intento por justificar una expansión de 1.500 pies cuadrados. Sin embargo, ella tuvo que trabajar diez años adicionales en algo que no le gustaba para poder financiar tres remodelaciones en un período de cinco años. Otra persona que conozco, un vendedor de autos del valle de San Fernando, sentía una gran pasión por los viajes y salía de la ciudad cada vez que se le estropeaba una venta a punto de cerrar, o cuando discutía con su esposa e hijos. Algunas veces se iba a escalar varios días a la Sierra y en otras ocasiones pasaba el fin de semana en Palm Springs. Sus ingresos no eran altos; de hecho, no eran suficientes para sostener a su familia aunque dejara de viajar. Su deseo de escapar a las dificultades de su vida lo condujeron a gastar más, algo que no estaba en condiciones de hacer.

Muchas personas se encuentran en una situación semejante. Nuestras mentes deseantes nos obligan a comer con frecuencia, a comprar un auto nuevo cada dos años, a seguir la moda o dieta más reciente, a buscar el último spa o seminario de autoayuda, todo esto en detrimento de nuestro bienestar financiero. Ya se trate de más artículos, seguridad, o incluso de ese tiempo libre que tanto anhelamos, muchos de nosotros terminamos siendo víctimas de los deseos interminables de nuestra Mente Deseante.

MENORES DIVIDENDOS

¿Alguna vez has cenado en un restaurante nuevo que ofrece comida excepcional, en el que cada bocado está lleno de sabores nuevos y excitantes, y tus sentidos se deleitan plenamente con dicha experiencia? Todos queremos repetir esas experiencias placenteras, nos concentramos en sentir de nuevo esa gran felicidad, y generalmente hacemos planes para regresar pronto a ese restaurante.

¿Has notado que cuando vuelves a cenar allí, la comida no te sabe tan bien como la primera vez? Es probable que también notes algunos defectos en el servicio o en la decoración. A la tercera o cuarta vez, el restaurante ha caído al mismo nivel de los demás, y la sofisticación de la primera experiencia que tuviste al cenar se habrá esfumado por completo. Sin embargo, es posible que regresemos una y otra vez con la esperanza de recrear nuestra experiencia inicial, pero lo que no vemos es que gran parte de la magia de esa primera ocasión sucedió porque nos encontrábamos en un estado de desconocimiento, algo que el budismo zen denomina la "mente principiante". En otras palabras, teníamos poca o ninguna expectativa porque nunca antes habíamos ido a ese restaurante. Pero cuando regresamos, esas expectativas ya eran muy altas. Nuestra mente compara sin hacer ningún esfuerzo consciente, algo que está muy relacionado con la búsqueda de problemas.

Lo mismo sucede con cualquier experiencia sensorial placentera, que es precisamente lo que intentamos lograr con la mayoría de nuestras compras. Casi todos nuestros gastos nos ofrecen menores dividendos. Cuando gastamos en algo, muchas veces nuestra mente intenta recrear una experiencia que ha desaparecido y que está relegada a nuestro pasado, pues cree que esto puede hacernos felices. Y concentrarnos en el pasado significa que realmente no estamos presentes ni dispuestos a dejarnos sorprender por el momento actual. Sin embargo, la mente no afloja su garra de hierro, pues cree que podemos ser más felices de lo que somos ahora.

MIENTRAS MÁS DESEAMOS, MÁS DESEAMOS

La solución más frecuente a esta disolución del placer es aumentar nuestra apuesta financiera. Si las vacaciones del verano pasado en Yosemite fueron muy agradables pero comienzan a perder su atractivo, decidimos viajar a Nueva Inglaterra en otoño para ver el cambio del follaje, y pensamos que el próximo año podríamos ir a Europa. ¿Viajar en clase económica te resulta un poco incómodo? Ahí está la primera clase. ¿Con qué frecuencia ves que una persona compra una nueva casa o auto cuyo precio es superior a la anterior (haciendo incluso los ajustes de la inflación o de los cambios en el mercado)? Pero, ¿acaso hay alguien que no quiera mejorar su nivel de vida? Esta tendencia ascendente en nuestro consumo sucede porque alguna experiencia o comportamiento nos ha producido alegría, por lo cual deseamos otra dosis. Las personas que no crean estar incurriendo en un consumo conspicuo deberían tener cuidado. Este deseo no se aplica solo al consumo, sino también a cualquier conducta financiera que creamos que nos ha funcionado en el pasado, incluyendo el hecho de ahorrar, de ser frugales, o de consolidar un negocio. Podemos destinar un porcentaje cada vez mayor de nuestras ganancias a los ahorros, hacer una inversión riesgosa esperando grandes beneficios, o cambiar de empleo en busca de un gran aumento salarial. Podemos incluso "ganar tiempo" al elegir un empleo por los días de vacaciones que nos ofrece o por la menor cantidad de horas que tendremos que trabajar, y poder hacer algo que realmente amamos a nivel profesional. Y solo por un momento tenemos lo que queremos y somos felices. Pero, ¿cuál es el problema? Que casi nunca nos detenemos ahí.

La mente nos atrae hacia este patrón de conducta al decirnos que mientras más deseemos, más cosas obtendremos, y mientras más cosas tengamos, más felices seremos. Los seres humanos somos "animales de costumbres". Mientras más nos comportemos de cierta forma en el día de hoy, mayor será nuestra tendencia a comportarnos del mismo modo en el futuro. Y si regamos las semillas del deseo ahora, no diremos: "¡Guau! ¿Qué sucedió? De un momento a otro siento menos deseos". En realidad, la cantidad de agua con la que reguemos las semillas del deseo hoy, determinará qué tan grandes y sedientas serán mañana las plantas de ese mismo deseo.

Desafortunadamente, este deseo ocasiona tremendos costos financieros que no salen a la superficie. Los últimos capítulos de este libro analizan con mayor profundidad los costos y las conductas financieras inconscientes, y te dirán qué hacer al respecto. Las personas tienen diferentes deseos financieros, y los costos de los deseos excesivos también son diferentes. Sin embargo, ofreceré un ejemplo:

Estás ahorrando para la universidad de tus hijos. Digamos que tus gastos actuales ascienden a $3.000 por mes, y los aumentas un 3 por ciento anual (la tasa de inflación tradicional). Pero tu vecina, quien está enfrascada en desear "lo suficiente", incrementa sus gastos un 16 por ciento anual para lograr un ascenso social. Al cabo de dieciocho años, tú tendrás $457.000 más que tu vecina para destinar a la educación de tus hijos (suponiendo que tu cuenta te dé un rendimiento del 7 por ciento).

LA PLANEACIÓN FINANCIERA Y LOS GRANDES CONSEJOS FINANCIEROS NO TE LLEVARÁN "ALLÁ"

La planeación financiera es un factor importante para una relación más equilibrada y espiritual con el dinero. Lo más recomendable para muchas personas es utilizar los servicios de un Planeador Financiero Certificado® o de otro asesor objetivo y que tenga formación en este campo (Si quieres más información para encontrar un asesor competente, consulta la p. 363). El proceso comienza con la suposición de que estás en la oficina de tu planeador porque quieres llegar a algún lugar, al que llamaremos "allá". En el sector de la planeación financiera, el término más utilizado para el inicio de este proceso es el "establecimiento de metas". Con la ayuda de un planeador financiero competente, estableces tus metas (al definir el "allá" que te dará mas plenitud) y cambias algunos de tus hábitos y comportamientos para llegar "allá" con la mayor prontitud posible. La idea es que seas más feliz cuando hayas llegado a ese punto. Pero si tú y tu planeador no tienen cuidado en definir su lugar de destino, no te sentirás tan feliz como esperas sentirte. Si entiendes las diferencias que hay entre las ansias de la Mente Deseante y sus metas más genuinas, tendrás una probabilidad mucho mayor de tener una vida que te brinde satisfacciones más perdurables; la siguiente tabla contiene algunas diferencias importantes:

LAS ANSIAS DE LA MENTE DESEANTE	LAS METAS GENUINAS
• Generalmente preocupadas de sí mismas.	• Generalmente benefician a los demás.
• Grandiosas y omnipotentes, generalmente te piden más recursos financieros de los que tienes, o plazos increíblemente cortos.	• Realistas y factibles.
• Son acompañadas de una urgencia infantil.	• Se caracterizan por la paciencia.
• Comparativas o competitivas: los perciben generalmente como "deberes" impuestos por la familia, los amigos o la sociedad.	• Se originan desde el interior: son auto-referenciadas.
• Insaciables: tan pronto se satisface un deseo, la mente piensa en otro.	• Un gran sentido de importancia: "quisiera tener o hacer esto antes de morir", lo que crea una satisfacción más duradera.

<u>¿CUÁLES SON TUS METAS REALES?</u>

Escribe la mayor cantidad de deseos, metas y sueños que puedas en tres minutos. No te preocupes por saber si son profundos o superficiales, extravagantes o razonables. Haz una asociación libre y escribe: solo tú verás esta lista. No censures nada, ni analices si deberías escribir o no. Si se te viene a la mente algo, anótalo sin importar lo demás.

Ahora toma otra hoja en blanco y traza una línea vertical por el medio, dividiendo la página en dos columnas. Titula una columna "Las ansias de la Mente Deseante", y la otra "Las metas genuinas". Analiza cada deseo o meta que has escrito en la primera columna según el criterio que aparece en la página anterior y anótalo en una de las dos columnas de acuerdo a las características que consideres predominantes. No tienes por qué cumplir con todos los criterios de la columna derecha para incluirla dentro de tus metas genuinas; simplemente hazlo si posee más características de este tipo que de "Las ansias de la Mente Deseante".

Si no tienes hojas en este momento o no quieres hacer el ejercicio por escrito, evalúa entonces las tres primeras metas o sueños que se te ocurran y compáralas con la lista. Recuerda que las ansias de la Mente Deseante no son malas de por sí, pero ten en cuenta que no nos ofrecerán una satisfacción duradera. Mis amigos saben muy bien que yo siento ansias frecuentes y fuertes de comer helados, algo que evidentemente pertenece a la primera columna de la tabla. Las metas específicas no pertenecen a ninguna de las dos columnas. Es probable que para algunas personas, retirarse a una edad temprana encaje en la primera columna porque es un sueño culturalmente impuesto y no algo que realmente anhelen, mientras que para otras personas podría ser una meta genuina.

➤

No necesitas saber cómo lograr tus metas genuinas ni cuándo. Más bien, cierra los ojos por un minuto e imagina que ya las has logrado. Haz este ejercicio con la participación de todos tus sentidos: ¿Qué aspecto tiene el ambiente a tu alrededor, qué puedes escuchar, cuál es la temperatura, a qué huele el lugar donde te encuentras y cómo te sientes? Limítate a disfrutar de la sensación de haber alcanzado esas metas. Imaginar que las has logrado es algo que te debería dar una considerable sensación de satisfacción y paz. En caso contrario, es probable que se trate de las ansias de la Mente Deseante. ¡Sigue los consejos de este libro y no hay motivo para que no alcances las metas genuinas más importantes para ti!

Si no te tomas el tiempo para diferenciar entre los deseos y las metas genuinas, tu mente girará cada vez más alrededor del deseo luego de haber conseguido o adquirido el objeto que anhelabas. En última instancia, seguirás teniendo pensamientos de "insuficiencia" y seguramente continuarás creyendo que resolverás esos problemas deseando más y más. Así que, de nuevo, aunque la planeación financiera es un gran recurso, generalmente no es la solución a este dilema. Si no eres cuidadoso o consciente, lo que puede suceder con la asesoría de tu planeador financiero es que termines pensando: "Si deseo una vida mejor, ahorrar más, tener metas más elevadas, gastar menos e invertir mejor, entonces seré más feliz".

La profesión de la planeación financiera respalda esta fórmula:

Metas + Recursos= Felicidad

Un planeador financiero competente te enseñará a redefinir tus metas. Él o ella te ayudarán a visualizar una vida agradable y abundante en todos los sentidos. Un planeador financiero com-

petente te ayudará a invertir para ganar dinero mucho antes de
lo que lo harías por tus propios medios; puede ayudarte a reducir
tus gastos, el valor de tu declaración de impuestos, y a canalizar
todos tus recursos para lograr tus metas principales. Estaría con-
tando la mitad de la historia si la interrumpiera aquí: si analizas
tu propia experiencia y la de tus amigos, independientemente del
dinero, verás que la verdadera fórmula es:

Metas + Recursos = Metas más grandes + Más recursos =
Metas aún más grandes + mayores recursos

Y así, indefinidamente.

DESEAR MEJORES DIVIDENDOS POR TUS INVERSIONES

En el mundo financiero, la Mente Deseante no solo afecta nuestros gastos, sino que también tiene un gran impacto en el éxito o
fracaso de nuestras inversiones. La mayoría de los inversionistas
no saben qué sucederá en una situación desconocida, por lo cual
sus mentes creen que lo que ha sucedido en el pasado es lo que
probablemente ocurrirá en el futuro. "¿Qué tal si el mercado cae
otro 25 por ciento?", se preguntan muchas personas después de
una corrección en el mercado, y muchas reaccionan retirando
su dinero del mercado bursátil. Y cuando este sube de nuevo, se
preguntan desconsoladas por qué no están cosechando los beneficios del "boom" del mercado. Si tú permites que tu Mente
Deseante tome sus decisiones financieras, tendrás dificultades
para controlarla.

Una de las compañías más grandes de fondos de inversión
de los Estados Unidos analizó las utilidades que recibieron sus
clientes por concepto de inversiones entre 1969 y 1999, y descubrió que aunque el promedio de ganancias de la compañía

era del 16 por ciento aproximadamente, el cliente promedio que invertía en ese fondo sólo ganaba alrededor del 5. La diferencia se atribuyó al hecho de que el dinero había sido depositado o retirado de los fondos en momentos inoportunos. ¡Este 5 por ciento es menos de lo que habría ganado el inversionista en una cuenta de ahorros en el mismo período de tiempo!

Dalbar Inc., un *think-tank* con sede en Boston, estudió las ganancias reales de todos los inversionistas en fondos mutuos de inversión en los Estados Unidos de 1987 a 2006. El QAIB® —como se conoce el estudio de Dalbar— señala que, durante este período, el inversionista promedio depositó lentamente dinero a sus cuentas de inversión cuando el mercado había subido, y que lo retiró cuando el mercado había bajado. Durante este período de veinte años, el inversionista promedio pasó de tener 10.000 a 23.252 dólares. El índice de las 500 compañías más grandes de Standard&Poor's (S&P 500®), el punto de referencia más utilizado en el mercado bursátil norteamericano, ganó un 11,8 por ciento. Si los inversionistas hubieran comprado y mantenido 10.000 dólares en el S&P 500, habrían terminado con 93.050 dólares. ¿Por qué sucedió esto? Porque la mayoría de los individuos están supeditados a que sus mentes deseantes busquen constantemente el próximo fondo "sensacional", lo cual los lleva a realizar más transacciones de las necesarias.

El incremento masivo en la deuda doméstica y la disminución en los ahorros para los años de retiro en los Estados Unidos durante los últimos veinte años también son resultados directos de la Mente Deseante. Desgraciadamente, nuestra incapacidad colectiva para prolongar la gratificación a través de las compras y para tener más disciplina en nuestras decisiones en materia de inversión se ha convertido en una epidemia.

Dejar que la Mente Deseante controle nuestras decisiones en materia de inversiones es algo que nos ha costado miles de millones de dólares. Pero los pobres resultados financieros no son el único síntoma de la Mente Deseante: nuestro estado emocional también se afecta negativamente cuando la Mente Deseante asume el control.

EN GUERRA CONTIGO MISMO

Cuando estamos sumergidos en un estado de deseo, se presenta un conflicto interno entre lo que tenemos —lo que experimentamos en este momento— y lo que queremos. Una parte de ti está aquí, procesando tu experiencia actual, sin importar cuál sea: "La luz está muy brillante", "Mi auto tiene un ruido extraño", "Tengo rabia". Esa es la parte de ti que simplemente recibe toda la información percibida por tus sentidos, sin interpretar ni responder a esa información. Al mismo tiempo, hay otra parte de ti cuya atención está completamente concentrada en modificar tus experiencias: "Ojalá que no hiciera tanto calor", "Necesito un auto nuevo", "Ella no debería hacerme sentir tanta rabia".

Cuando dices: "Las cosas son así, pero quiero que sean de otra manera", estás peleando contra la realidad. Esta clase de pensamientos equivalen a entablar una guerra con tu propia vida. Además de las consecuencias negativas que tiene este círculo vicioso a nivel financiero, concentrarte en lo que quieres pero que aún no tienes, es algo que te roba una enorme cantidad de energía y te deja completamente exhausto.

Existe otro camino que requiere tener el valor de no seguir automáticamente tus impulsos deseantes. Esto no significa que no vuelvas a comprar nada, que te vayas a vivir a una montaña y regales todo lo que tienes, ni que dejes de ahorrar cada centavo que ganas. Sin embargo, es necesario que "desaprendas" las enseñanzas que has recibido durante décadas, las cuales te dicen que solo puedes ser feliz si consigues aquello que deseas. Habrá ocasiones en las que cada célula de tu cuerpo se niegue a poner en práctica lo que voy a decirte. Pero si estás leyendo este libro porque realmente te interesa tener más abundancia, claridad o libertad, independientemente de tus recursos financieros, encontrarás la determinación necesaria para aceptar este desafío.

IGNÓRALO

Este ejercicio está inspirado en Christina Feldman, quien escribió el libro *Soul Food* en compañía de Jack Kornfeld, un maestro de meditación budista.

Sigue realizando tus actividades diarias y ve si puedes identificar e ignorar aunque sea un impulso de deseo. Por ejemplo, puedes pasar por una tienda y admirar unos pantalones exhibidos con elegancia en la vitrina. Tal vez hayas sentido deseos de renovar tu vestuario y creas que esos pantalones irían perfectos con tu ropa.

No te apresures a comprar aquello que deseas. Haz una pausa considerable entre el momento en que sentiste ese deseo y la ocasión en que hiciste algo para satisfacerlo. Esto podría causarte una leve sensación de tristeza o arrepentimiento. Es probable que tu voz interior objete: "Pero, pero, pero...". Cuando regreses a la oficina, quizá comiences a fantasear sobre esa compra y te imagines incluso el día que estrenarás los pantalones. Ve cómo te afectan físicamente estas fantasías. ¿Tu corazón late un poco más rápido? ¿Sientes más serenidad o felicidad? Simplemente nota cómo te sientes cuando piensas en algo que deseas. No tomes decisiones ni te juzgues a ti mismo. ¿Qué sientes al desear? ¿Sientes mariposas en el estómago o el corazón te palpita con fuerza? ¿Recibes una descarga considerable de adrenalina? ¿La energía que te produce esto circula o permanece en el mismo lugar? ¿Aumenta o disminuye? Espera algunas horas: ¿todavía quieres esos pantalones? ¿Tu atención ya se

➤

ha concentrado en otra cosa? ¿Te sientes más realizado/a un par de días después de haberte abstenido de comprar lo que querías, o tal vez menos?

Haz este ejercicio al menos una vez por semana: tardarás menos de un minuto en hacerlo. Hazlo sin importar de qué se trate: puede ser una golosina o un CD, un regalo para alguien, revisar o modificar tus inversiones, o cualquier aspecto relacionado con el dinero. Limítate a percibir este impulso del deseo y consígnalo por escrito en estos términos:

Impulsos del deseo

- Un croissant de queso y espinaca del restaurante de la esquina.

- Un aumento salarial por las horas extras que estoy trabajando.

- El nuevo iPhone.

- Vender mi fondo de inversión, pues el mes pasado perdí dinero de nuevo.

No tomes medidas con respecto a ninguno de estos impulsos; simplemente obsérvalos y mira cómo se transforma tu experiencia en las próximas horas y días. Independientemente de que termines comprando o no aquello que deseabas inicialmente, el paso del tiempo te permitirá saber hasta qué punto tus actos son inducidos por este hábito de satisfacer de inmediato todo los impulsos que puedas tener (Visita mi página web www.BrentKessel.com y descarga gratis una meditación orientada para observar las reacciones de tu mente, así como una lista de prácticas, maestros y cursos valiosos).

NO DESEAR

Muchos maestros espirituales han dedicado sus vidas a examinar cómo funciona la Mente Deseante. Adyashanti, un maestro y escritor familiarizado con la meditación zen y oriundo de California, afirma que el mayor placer que sentimos cuando conseguimos aquello que queremos es que nuestro deseo desaparece en ese instante. Por una vez, disfrutamos de algo tal y como es, ya se trate de una obra de arte, de la remodelación de nuestra casa, o

> "El simple acto de reflexionar, de hacer una pausa para meditar y razonar, puede tener un impacto".
>
> —Su Santidad el Dalai Lama
> y Howard Cutler, MD.
> *El arte de la felicidad*

de un nuevo traje. Confundida, la mente cree que el objeto en sí es la fuente de nuestra felicidad. Después de todo, esa comida deliciosa, ese paisaje sublime, o ese nuevo reloj se apoderan de nuestra atención consciente. Pero nos equivocaremos si creemos que la adquisición de ese objeto es la causa de nuestra satisfacción, pues si realmente analizamos qué es lo que nos hace sentir bien no es la comida, el paisaje ni el nuevo reloj, sino el poder temporal que tienen estos objetos para impedirnos desear otra cosa.

Por un momento fugaz dejamos de anhelar otra cosa diferente de la que hemos conseguido. Otra forma de expresar esto es que no nos esforzamos en modificar nuestra experiencia, pues estamos ocupados en disfrutar de aquella comida, paisaje o reloj. Y todo eso es simplemente la llave que produjo una ausencia de deseo temporal. Una fresa puede lograr este mismo propósito al igual que un Rolex, y lo mismo sucede con la sonrisa de un niño. Una gran película, concierto sinfónico o novela también captaría nuestra atención y nos impediría desear otra cosa.

Pero la mayoría de nosotros sabemos muy bien que sin importar qué nos produzca esto, ese estado de inapetencia es pasajero por naturaleza. No pasará mucho tiempo antes de que surja en nuestra mente algo que está lejos de ser lo ideal, aunque la mente cree que puede mejorarse o que necesitamos examinar detenidamente.

¿Recuerdan mi nuevo Audi? Pues bien, casi un mes después de comprarlo comencé a notar las primeras imperfecciones. Las llantas chirriaban un poco cuando tomaba una curva a 40 mph, aunque yo estaba seguro de que eso no había sucedido cuando lo ensayé antes de comprarlo. Adicionalmente, los rines sobresalían casi una pulgada y media de las llantas, algo que descubrí al estacionarme y escuchar el sonido producido por el aluminio tras chocar contra la acera de concreto. Finalmente, un amigo me preguntó por qué no había comprado un modelo más grande, y yo me pregunté lo mismo.

Estaba convencido de que ese auto era perfecto porque satisfacía muchas de las necesidades que había creado mi mente. Sin embargo, poco después sentí deseos de hacer algunos cambios. No era nada del otro mundo, pero mi mente se había acostumbrado a pensar que conseguir aquello que deseaba me haría sentir feliz. Aunque yo sabía que el auto estaba bien así, mi mente estableció una nueva serie de deseos relacionados con el sistema de estacionamiento, las ruedas, y con lo que los demás pensaban de mi auto.

Como creemos que los objetos o experiencias son la fuente de nuestra felicidad, no existe nada que le impida a nuestra mente concentrarse en objetos o experiencias similares como fuentes de nuestra felicidad futura. Por eso es que tantas personas siguen adquiriendo una mayor cantidad de aquello que les ha dado felicidad en el pasado, ya se trate de autos, ropas o viajes exóticos. Obviamente, hay cierta dosis de alegría en estas adquisiciones y nosotros debemos disfrutarlas. Pero si nuestro deseo está desequilibrado y tratamos de llenar un vacío que nada del mundo exterior está en capacidad de satisfacer, las consecuencias financieras pueden ser desastrosas. Si lo pensamos de manera cuidadosa y honesta, veremos que la felicidad que sentimos al obtener aquello que deseamos proviene de la ausencia de deseo. Si pudiéramos sentir esta misma ausencia independientemente de que compremos o no algo que deseamos, seríamos capaces de aceptar de lleno nuestra experiencia actual y no depositaríamos la felicidad en los objetos o experiencias que anhelamos. De este modo, nuestro verdadero yo —y no nuestra Mente Deseante— asumiría el control de las decisiones financieras importantes que nos darán o privarán de la verdadera libertad.

Si no perseguimos el objeto que anhela nuestra Mente Deseante, lograremos mantener nuestra atención en nosotros mismos, es decir, en el sujeto, y no en aquello que deseamos: el objeto. Cuando nos observamos de este modo, nuestra satisfacción más profunda proviene del simple hecho de estar libres de los deseos que nos llevan a hacer algo diferente de lo que estamos haciendo.

Permite que tu mente sea como es, sin indulgencias ni rechazos. Analízate con honestidad, curiosidad y humildad, y ve qué descubres. Sin la perspectiva que te dará esta simple práctica, estarás atrapado para siempre en el deseo y nunca tendrás suficiente, probablemente en términos materiales, y seguramente en términos emocionales. Por otro lado, si estás dispuesto a observar tu mente con sinceridad, dejarás de perseguir de manera inconsciente esa promesa de un futuro mejor; tomarás decisiones más inteligentes y útiles, y estarás en camino de encontrar una nueva paz y claridad con el dinero.

¿QUÉ DESEAS?

¿Qué deseas exactamente con respecto a tus finanzas? Sincroniza un cronómetro en dos minutos y comienza a hacer una lista en la que cada frase comience con "Yo quiero...". No es

➤

necesario que limites tu lista a las posesiones materiales: puedes incluir deseos que no sean materiales, como, por ejemplo, jubilarte temprano, estar más con tus hijos o tener tiempo para escribir un libro: cualquier aspecto que no tenga relación con el dinero. También puedes escribir sobre ese nuevo televisor de plasma, las botas de moda, remodelar tu cocina, o una nueva computadora portátil. Escribe cualquier cosa que desees, sin censurarte; sólo tú verás tu lista.

Deja de escribir al cabo de dos minutos. Lee la lista e imagina que tienes todo aquello que escribiste, bien sea en bonos libres de impuestos por valor de 10 millones de dólares, un fondo para pagar la universidad de tus hijos, o la libertad de no pensar nunca más en el dinero. Imagina que yo tengo una vara mágica y que te he concedido todo lo que anotaste en tu lista. Aún más, imagina que tienes todo eso desde hace varios años.

Cierra los ojos y observa qué sientes. ¿Tus pulsaciones se hacen más lentas? ¿Los músculos de tu estómago se relajan? ¿Respiras con mayor facilidad? Es una sensación muy agradable, ¿verdad? Es lo que sientes al saber que lo has logrado.

Sin embargo, esa maravillosa sensación de felicidad es pasajera. Esa sorprendente sensación tiende a hacer una sola cosa: producir más deseos. Si eres como la mayoría de las personas, esta lista es solo el comienzo, y con el paso del tiempo tus deseos financieros podrían llenar varias páginas.

¿Cuál es el objetivo? No las cosas de la lista que deseas, sino la sensación que buscas; es decir, poder liberarte de los deseos. Lo más preocupante es que puedes obtener todo lo que escribiste en la lista y mucho más, pero esa sensación agradable y pacífica de haberlo logrado no durará si tu Mente Deseante sigue detentando el control.

En las páginas siguientes, aprenderás otras técnicas que te permitirán experimentar esa maravillosa sensación independientemente de tus circunstancias externas.Has llegado a este punto, pero ahora te dispones a crear una vida financiera más tranquila y satisfactoria. El simple hecho de ser consciente de nuestra Mente Deseante y de cómo funciona, es el primer paso para librarnos de sus garras. Luego analizaremos con mayor profundidad la naturaleza de la mente y cómo afecta nuestras interacciones y decisiones diarias con el dinero. ¿Cuáles serán los resultados? Tendrás recursos eficaces que te ayudarán a implementar cambios significativos en tu relación con el dinero.

CAPÍTULO DOS

EL INCONSCIENTE SIEMPRE GANA

> "Una de las dificultades de la infancia es que no tenemos que entender algo para sentirlo. Y cuando la mente es capaz de comprender lo que ha sucedido, las heridas del corazón ya son muy profundas".
>
> —CARLOS RUIZ ZAFÓN, NOVELISTA

Una clienta mía era propietaria de un negocio, pero no le agradaba mucho su trabajo. Cuando era joven, su padre se declaró en bancarrota y la familia sufrió mucho. Durante las numerosas reuniones que tuvimos, ella me dijo que soñaba con retirarse. Le demostré que su seguridad económica no sufriría ninguna amenaza así se desatara otra Gran Depresión, pero ella no dejaba de analizar sus informes de gastos y se preocupaba casi hasta sentir pánico. Como si fuera poco, su esposo, quien era socio de su negocio, siempre quería hacer costosas remodelaciones en la oficina, en los vehículos de la compañía, en sus casas de vacaciones, y en el vestuario del personal. Él argumentaba que estas manifestaciones externas de prosperidad atraían más riqueza, pues los clientes se impresionaban de manera positiva, lo cual era un argumento difícil de rebatir. Su esposa se sentía continuamente obligada a aumentar su patrimonio neto debido a la ansiedad que sentía. Y las ideas que tenía su esposo sobre el dinero y el estatus, que indudablemente había adquirido gracias a las experiencias de su infancia, lo mantenían atrapado en un círculo de gastos excesivos. Esta diferencia de principios con respecto al dinero los hizo trabajar muchos años más de los necesarios.

Constantemente veo estas conductas arraigadas. Los buenos Ahorradores tienden a ahorrar todo el tiempo, incluso cuando han conseguido dinero suficiente para ellos y para cubrir las necesidades de su familia; y los que viven al día también parecen encontrarse siempre en este predicamento. Los que tienden a gastar en exceso o a renovar todo lo que tienen, se la pasan haciendo lo mismo. Y los que se sienten ansiosos sobre su seguridad financiera se preocupan sin importar los cambios externos que ocurran.

La mayoría de nosotros hemos visto o escuchado casos de verdaderos disparates financieros. Es probable incluso que seamos conscientes de cometer los mismos errores financieros una y otra vez. Y sin embargo, no nos preguntamos por qué seguimos teniendo la misma relación con el dinero, a pesar de nuestra situación financiera.

OBTENEMOS LO QUE CREEMOS QUE MERECEMOS

La mayoría de las personas dicen que quieren una vida financiera diferente de la que tienen. Es probable que deseen más dinero, paz mental o posesiones, tener más armonía con su familia en torno al dinero, o más recursos para administrarlo. Sin embargo, sostengo que realmente tenemos la relación con el dinero que desea nuestra mente inconsciente.

"EL CAPÍTULO ONCE"

Analiza las siguientes estadísticas:

- El 78 por ciento de los jugadores de la NFL se declaran en bancarrota, se divorcian o están desempleados dos años después de jugar su último partido.

- Los cálculos muestran que casi una tercera parte (33 por ciento) de quienes ganan la lotería, aplican para la bancarrota en algún momento.

- A pesar de su tremendo éxito financiero, personajes como Burt Reynolds, Kim Basinger, Gary Coleman, Mike Tyson, Debbie Reynolds, Michael Jackson y MC Hammer han aplicado para declararse en bancarrota.

Es probable que digas: "¿Cómo es posible? ¿Y qué tal si los que están en bancarrota y los que viven al día o se preocupan por el dinero es porque así lo desean?".

Mi respuesta es que obtenemos lo que creemos que merecemos, y para cambiar estos patrones necesitas entender tu Historia Básica financiera. En términos financieros, nuestra Historia Básica representa los sentimientos y creencias más arraigados sobre el dinero, lo que nos decimos inconscientemente acerca de lo que somos, lo que podemos tener y no tener, y lo que debemos hacer o no. El poder de la mente inconsciente es tan fuerte que así nos esforcemos para mejorar nuestra situación financiera exterior, lo cierto es que suceden muy pocos cambios en nuestro interior. En el mundo real, la mente inconsciente nos detiene en términos financieros, aunque intentemos establecer a toda costa otra relación con el dinero. Tu vida financiera exterior será un espejo de tus expectativas inconscientes hasta que identifiques y examines tu Historia Básica. Solamente podrás cambiar la historia que constantemente se repite en tu cabeza cuando entiendas lo que tu mente inconsciente opina de tu papel financiero en la vida y lo que ella cree que le dará felicidad o seguridad.

TU HISTORIA BÁSICA

Thich Nhat Hanh nos explica esta idea de la Historia Básica en términos ligeramente diferentes. Este monje vietnamita y practicante del budismo zen, dice que es como si cada uno de nosotros tuviera un sótano en la mente en el que almacenáramos cientos de películas. La mayoría de las personas repiten una y otra vez las mismas "películas" en sus mentes: cómo deben cambiar las cosas para que seamos felices, quién es culpable de nuestro dolor, y qué es lo que anda mal en nuestras vidas. Lo más sorprendente es que mientras más repetimos cada película, más tienden los actos de nuestra vida a parecerse a su argumento.

Podemos encontrar ejemplos de esto en la relación que tienen las personas con el dinero. Por ejemplo, mientras más se preocupe, sienta ansiedad y repita la escena de su infancia en la que su familia perdió la casa, mayores probabilidades tendrá esa persona de crear una vida llena de preocupaciones y ansiedades y, posiblemente, de perder su propia casa cuando sea adulta. Esta persona también podría repetir la escena del decomiso hipotecario y volverse adicta al trabajo o cuidar cada centavo para no repetir esa experiencia dolorosa. En ambos casos, la respuesta a su experiencia amarga y su sensación de malestar hacen que esta persona tenga comportamientos financieros inconscientes, irracionales y desequilibrados.

Muchas personas no repetirán estas películas por elección propia ni de manera consciente. Con frecuencia, se trata simplemente de la grabación subliminal que acompaña nuestra vida. Pero aunque esto sea consciente o no, no modificarás tu relación general con el dinero a menos que aprendas a observar esa película con la objetividad de un crítico cinematográfico, y no desde la óptica parcializada del productor, del guionista, del director o del protagonista.

EL GUIÓN ESTÁ ESCRITO

Esta película —o nuestra Historia Básica— es tan poderosa que nos lleva a manifestar las circunstancias financieras exteriores con las que nuestra mente inconsciente se siente más cómoda. Tal vez sea por esto que Donald Trump, cuyo padre también era un magnate de los bienes inmobiliarios, aún sigue trabajando para consolidar y expandir su gran imperio, a pesar de tener una gran fortuna. Trump ha dicho: "Me gusta pensar en grande. Si vas a pensar, más vale que lo hagas en grande". Este tipo de Historia Básica puede crear una enorme riqueza y prosperidad, pero si persigues tus objetivos de una forma desequilibrada, muchas veces los frutos del éxito se darán a expensas de las relaciones personales, de la salud y del bienestar físico, o de una vida equilibrada e integrada.

Otro ejemplo de cómo influye en nosotros este guión mental es George Soros, el filántropo y administrador de fondos que ha donado sus grandes riquezas de formas inusuales. Soros aprecia las formas creativas y sofisticadas de conseguir dinero en vez de consolidar un imperio más grande. A este refugiado de la Segunda Guerra Mundial le conmueven las dificultades de las personas a quienes vio sufrir, y desde muy temprano se vio motivado a conseguir dinero para ayudar a los demás y para beneficio propio.

¿Por qué no podemos cambiar nuestros patrones de conducta y comportamientos financieros con mayor facilidad? La respuesta es que hasta que no la entendamos, nuestra Historia Básica seguirá controlando nuestros aspectos financieros.

Si nos dice que un gran imperio comercial nos dará seguridad y felicidad, entonces construiremos nuestra vida profesional alrededor de eso. Si la Historia Básica nos dice que debemos emplear el dinero para comprar ropas o alimentos y hacernos sentir amados y estimulados, entonces gastaremos nuestro dinero básicamente para cubrir esas necesidades. Si creemos que nunca deberíamos comprar bienes inmobiliarios, entonces no lo haremos. La Historia Básica inconsciente determina por qué algunas personas se casan con "fracasados" financieros, y por qué otras gastan más de lo que pueden sin importar cuánto ganen. La Historia Básica generalmente opera tras bambalinas, fuera del campo de visión de nuestra atención consciente. Podemos tener deseos y pensamientos conscientes con respecto a la vida financiera que supuestamente queremos, pero si no analizamos exhaustivamente nuestra Historia Básica, la mente inconsciente siempre se saldrá con la suya.

Esto se hace evidente en las personas que trabajan en el sector de los servicios financieros, donde continuamente vemos a individuos con orígenes similares que se comportan, sin embargo, de un modo muy diferente con el dinero, algo que sucede incluso entre los miembros de una misma familia. A propósito, les contaré la historia de Lance y Bob, dos clientes míos. Aunque no son hermanos, los dos tienen alrededor de cincuenta y cinco años, crecieron en circunstancias semejantes y tenían las mismas posibilidades económicas cuando terminaron sus estudios universitarios; pero como sus historias básicas son diferentes, terminaron en situaciones económicas muy distintas.

El padre de Lance murió de un paro cardiaco cuando él tenía quince años. Su madre, quien se había graduado como profesora pero nunca había ejercido su profesión, comenzó a trabajar en una escuela primaria y a ofrecer tutorías para complementar sus ingresos. Lance se vio obligado a preparar la cena y a cuidar de sus dos hermanos menores cuando su madre no estaba en casa. Ella sintió una creciente ansiedad por el dinero, y Lance consiguió un trabajo en una tienda de bicicletas para ayudar a pagar las cuentas de la familia. Estas experiencias tempranas lo condujeron a su creencia básica: "El dinero debe utilizarse para ayudar a los que tienen dificultades y lo necesitan más que yo". Lance se graduó como pediatra, y cuando acudió a mí en calidad de cliente, ganaba 75.000 dólares al año pero no había ahorrado nada. Yo sabía que era soltero y que vivía modestamente, y le pregunté qué había hecho con su dinero. Me dijo que les había prestado o regalado más de 20.000 dólares a sus parientes, amigos o a instituciones de caridad. Mientras tanto, hacía mucho tiempo que no se tomaba unas vacaciones —que necesitaba con urgencia—, además de no haber ahorrado nada para su futuro.

En contraste, Bob ha ahorrado más de dos millones y gasta menos de 35.000 dólares al año. Esta proporción entre pasivos y activos significa que Bob nunca se quedará sin dinero mientras siga una estrategia prudente en materia de inversión. Sin embargo, él reconoce que el dinero le produce temores irracionales que lo han conducido —a diferencia de Lance y para disgusto de su esposa— a pensarlo dos veces antes de sacar un dólar de su billetera. Bob creció en el oeste de Pennsylvania. Su padre trabajaba en una fábrica, y al igual que la familia de Lance, la suya siempre tuvo problemas con el dinero. Bob recuerda con claridad que sus padres compartían un plato de comida para que él y sus tres hermanos pudieran comer un poco más. Sin embargo, sus primos vivían holgadamente porque sus padres tenían un negocio de confección de uniformes.

A los ocho años, en una de esas épocas difíciles en la que había pocos alimentos en su casa, Bob visitó a sus primos, quienes podían comer todo lo que quisieran. Durante la cena, escuchó a su tío y a su tía comentar con emoción que habían conseguido un nuevo cliente y que su situación financiera iba a mejorar aún más.

Bob recuerda que aquella ocasión, así como las numerosas cenas y vacaciones de verano que pasó con sus primos, tuvieron una influencia decisiva en él. El alivio que sentía durante esas visitas suponía un gran contraste con las privaciones de su casa, e inconscientemente empezó a modelar su futuro basado en sus tíos y no en sus padres. Cuando estaba en secundaria, Bob tenía claro que sería el propietario de un negocio y que ahorraría e invertiría todas las ganancias posibles para nunca pasar hambre como lo hicieron sus padres. Los principios de Bob siguen siendo: "Conserva lo que tienes; ten tu propio negocio, ahorra la mayor parte de tus ganancias, invierte de manera segura y conservadora, y no tendrás problemas".

¿Por qué dos personas con circunstancias semejantes terminaron en situaciones tan diferentes a nivel emocional y práctico? La respuesta es que sus creencias inconscientes, establecidas a una corta edad en respuesta a fuertes experiencias emocionales relacionadas con el dinero, son completamente diferentes. Lance se sentía responsable por su madre, y por eso se convirtió en un adulto que es el apoyo financiero de sus familiares y amigos. Sin embargo, su generosidad no estuvo acompañada de ningún tipo de planeación financiera ni de preocuparse por suplir sus necesidades, y por lo tanto ha regalado todo el dinero que le sobra. Por otra parte, Bob comprendió que abrir un negocio e invertir de manera segura era un antídoto contra el hambre, y aunque ahora se encuentra en una situación mucho mejor en el papel, sus ahorros han sido posibles a expensas de una frugalidad extrema que lo ha separado de sus familiares, amigos y comunidad. Su esposa dice que es miserable, y esto ha causado dificultades en su relación. Sus amigos lo han marginado, pues saben que no está dispuesto a contribuir a sus obras de caridad.

MIRA HACIA ADENTRO

Las siguientes preguntas te ayudarán a comprender mejor tu Historia Básica:

- ¿Cuál es tu recuerdo más doloroso relacionado con el dinero? Si no lo recuerdas con facilidad, concéntrate en los primeros recuerdos que tengas sobre el dinero; puede ser algo relacionado con uno de tus padres o algún compañero de estudios. Expresa tu respuesta en los términos más infantiles posibles y en una sola frase; ¿cuál sería tu respuesta? (por ejemplo: "Ahorré dinero para no pasar hambre", o "El dinero es para ayudar a los demás"). ¿Cuál fue la primera historia que te contaron sobre el dinero?

- ¿Cuál es tu miedo más grande con respecto al dinero? Con frecuencia, nuestros temores alimentan nuestra Historia Básica. Piensa en tus temores como en un faro que te muestra los aspectos inconscientes y poderosos que hay en tu interior. Tal vez hayas temido quedarte en las últimas, o que los demás te odiaran porque eres rico. ¿Qué experiencias de tu pasado financiero pudieron contribuir a tu miedo? Si no hay una que sea evidente, ¿deseas más dinero aunque ya tengas suficiente? ¿Te sientes confundido con respecto al dinero? Sin importar cuáles sean tus sensaciones básicas sobre el dinero, pregúntate de qué manera tus experiencias pasadas han contribuido a estas sensaciones.

- ¿Cuál fue la enseñanza más importante que recibiste sobre el dinero? ¿Cuáles eran los prejuicios y valores de tus padres? ¿Los adoptaste o te rebelaste contra ellos?

➤

- ¿En qué ocasiones te has visto afectado de manera positiva o negativa por el dinero? ¿Cuando compraste tu primer juguete con tu propio dinero? ¿Cuando al juguete que habías deseado durante varios meses se lo dieron a tu hermana y no a ti? ¿Cuando tus padres finalmente te compraron esa bicicleta por la que habías suspirado varios meses? ¿Cuando compartiste tu dinero de bolsillo con un niño menos afortunado que tú? Piensa en las experiencias alegres o en las épocas que sentiste placer, estatus, poder, o una generosidad incomparable. ¿Qué papel jugó el dinero en estas experiencias?

Hacerte estas preguntas te ayudará a identificar y a entender tu Historia Básica, y a librarte de sus garras.

SEMILLAS DE LA HISTORIA BÁSICA

Nuestra Historia Básica es el esfuerzo que realiza nuestra mente para defendernos del dolor y del sufrimiento. Esta historia se consolida a una edad muy tierna, en la que generalmente no somos conscientes de que está ocurriendo algo doloroso. Sin embargo, la angustia producida por la formación de nuestra Historia Básica puede ser muy profunda. Estamos programados para sobrevivir a toda costa, y por eso enfrentamos nuestra vulnerabilidad recurriendo inconscientemente a una serie de creencias sobre el dinero, con la esperanza de que nos ayude a evitar el dolor y a ser más felices. Es como si en los momentos más importantes de nuestras vidas grabáramos las películas de las que habla Thich Nhat Hanh. Cuando sentimos o nos resistimos a sentir un cúmulo de emociones difíciles, nuestra mente procura impedir que la experiencia suceda de nuevo. De igual forma, cuando sentimos emociones placenteras, nuestra mente intenta repetir los comportamientos que las han generado.

Recuerdo a un cliente que siempre recibía la ropa usada de sus hermanos mayores. Creció en un suburbio de Chicago donde los inviernos eran sumamente fríos y cuando analizamos su caso, comprendió que se había visto impulsado de manera inconsciente a ganar dinero suficiente para poder comprar toda la ropa que quisiera, especialmente chaquetas abrigadas. Y aunque desde hace varios años vive en el sur de California, me dijo que tenía seis chaquetas de invierno en su clóset.

En algunas personas, especialmente quienes tuvieron muchos problemas o pobreza durante la infancia, su Historia Básica consiste en ahorrar más para sentirse seguras y estables. Para otras, especialmente para las que no tuvieron tanto amor, alimentos o bienes materiales como sus amigos, la Historia Básica les suplica: "Disfruta el dinero ahora, porque es probable que no dure".

Intentamos consolidar nuestra Historia Básica independientemente de su contenido, con la esperanza inconsciente de que no tendremos dificultades ni emociones dolorosas si le hacemos caso. Cuando un niño copia o se rebela contra los modelos establecidos, casi siempre está demostrando una gran inteligencia. Sin embargo, la mayoría de los adultos que han vivido mucho tiempo según las reglas y creencias de sus historias básicas, nunca se han preguntado si son válidas, por qué son así, ni por qué dichas estrategias les producen una verdadera felicidad. Es como si viviéramos en un cuerpo adulto con la agenda financiera de un niño. La buena noticia es que tú puedes aprender a utilizar tu sabiduría madura y adulta, y ver de qué manera estás obedeciéndole a esa inteligencia infantil que, en muchos casos, ya no se aplica a su situación actual.

ENTIENDE TU HISTORIA

El punto de vista que has adquirido al entender tu Historia Básica te permitirá tomar las medidas necesarias para crear una estrategia más equilibrada con respecto al dinero.

Mi propia vida es un ejemplo de cómo la Historia Básica puede controlarlo todo. Yo tenía veintitrés años, trabajaba en el sector de créditos comerciales y ganaba unos dos mil dólares al mes. Recibía una comisión por cada préstamo que cerrara exitosamente. Estaba trabajando en mi primer negocio realmente grande, y tenía la posibilidad de ganar 11.000 dólares, que en esa época era toda una fortuna para mí. Sin embargo, el dueño de la propiedad me dijo que había conseguido el préstamo con otro intermediario. Peor aún, mi competencia le había ofrecido una tasa de interés más baja que mi prestamista.

Durante un momento todo se hizo negro. Sentí una oleada de calor en el cuello y la espalda; el corazón me latía a toda prisa. Era una sensación completamente intensa. Colgué el teléfono pero no pude moverme: me sentí estupefacto ante la posibilidad de tener que prestarme dinero con mis tarjetas de crédito para cubrir mis necesidades básicas. Y en ese instante juré que iba a trabajar de manera incansable para que este tipo de situaciones nunca me afectaran de ese modo.

Tardé un buen tiempo en comprender que yo había desarrollado una Historia Básica para compensar el miedo al abandono, la soledad y la pobreza que sentí en etapas oscuras de mi vida: mis padres se divorciaron cuando yo tenía cuatro años; mi familia tuvo que comenzar de nuevo en términos económicos luego de emigrar de Sudáfrica a los Estados Unidos cuando yo tenía 10 años; mi padrastro nos dejó a mi mamá, a mi hermana menor y a mí cuando cumplí doce, y durante mis años de pubertad mi padre perdió todo lo que tenía. Luego de estos traumas, la única estrategia de supervivencia coherente consistía en que yo tendría que conseguir mucho dinero cuando fuera grande, pues eso era lo que hacían las personas a las que yo consideraba más felices y seguras. Por lo tanto, mi Historia Básica me dice que si trabajo duro, soy inteligente y disciplinado, no hago gastos innecesarios, no doy el éxito por descontado, cuido mi dinero, y ahorro e invierto un porcentaje sustancial de mis ingresos anuales, tendré una seguridad emocional y financiera. Cuando se hizo evidente que no iba a cerrar aquel gran negocio —aunque realmente tenía recursos para sobrevivir y no iba a morirme de hambre— exageré mi respuesta debido a mi creencia en esa Historia Básica.

> ## TU HISTORIA EN ACCIÓN
>
> ¿Qué te dice tu mente cuando el dinero te produce ansiedad? Piensa en la situación financiera más reciente y estresante que hayas tenido. ¿Cómo terminaste en esa situación? ¿Te ha sucedido en más de una ocasión? ¿Puedes ver de qué manera tu Historia Básica con el dinero contribuyó a involucrarte en esa situación o a reaccionar de cierta manera?

La Historia Básica tiene aspectos positivos y puede motivarte a actuar de formas saludables. Por ejemplo, mi deseo de tener más seguridad me ha permitido adquirir buenos hábitos financieros y de ahorros. Pero cuando las cosas se hacen difíciles, mi Historia Básica me asusta mucho, pues me dice que no estoy ahorrando lo suficiente y me hace temer que algún día termine en la ruina financiera. Cuando yo era menos consciente de sus semillas y le obedecía ciegamente, mi Historia Básica hizo que me comportara de una manera desequilibrada. Por ejemplo, yo estaba obsesionado con el trabajo y dejé que mi ambición me impidiera alimentar otras relaciones y pasiones. La mía es solo un tipo de Historia Básica. Algunas personas creen que el mundo financiero está contra ellas, y que nunca ganarán o ahorrarán lo suficiente para sentirse seguras. Otras se enfrascan en la "terapia de compras" cuando la vida se les hace completamente estresante. Comprar con moderación es muy agradable y puede producir grandes placeres sensoriales. Pero para aquellas personas que creen de manera inconsciente que siempre vivirán al día, comprar es solo una de las muchas conductas que las mantienen atascadas en los obstáculos financieros de los que dicen querer salir.

Todas las historias básicas tienen un elemento de sabiduría y de verdad. Funcionan y nos han funcionado en el pasado, por lo que no deberíamos olvidarlas del todo. La alegría, la frugalidad, la innovación, la generosidad, el reconocimiento y la creatividad son componentes saludables de varias historias básicas. Pero si nos aferramos a ellas con una convicción ciega e intensa, o si creemos que solo existe un camino adecuado en materia de dinero, probablemente estaremos controlados por una fuerza que no nos permitirá alcanzar una verdadera libertad financiera. De hecho, esta atadura es la que genera los comportamientos financieros más desequilibrados y destructivos en nuestra cultura, entre los cuales están los gastos excesivos, las deudas crónicas, la adicción al trabajo, el analfabetismo financiero, la tacañería y las relaciones dependientes.

MI HISTORIA CON EL DINERO

Muchas veces tenemos más de una Historia Básica, así que no te sientas presionado a identificar solamente una; simplemente escribe lo primero que se te venga a la mente. Identificarás más historias a medida que pase el tiempo, y pronto veremos cuál es la predominante.

I. Una de las experiencias financieras más significativas de mi vida fue cuando.

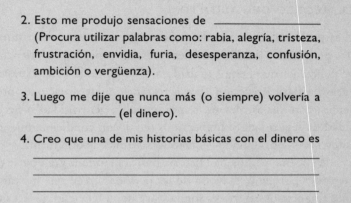

2. Esto me produjo sensaciones de _____ (Procura utilizar palabras como: rabia, alegría, tristeza, frustración, envidia, furia, desesperanza, confusión, ambición o vergüenza).

3. Luego me dije que nunca más (o siempre) volvería a _____ (el dinero).

4. Creo que una de mis historias básicas con el dinero es

_____

_____

_____

Valeria es una agente de bienes inmobiliarios de treinta y cinco años, quien respondió las preguntas de la siguiente forma: "Una de las experiencias financieras más significativas de mi vida fue cuando yo tenía diecinueve años. Me devolvieron un cheque y mi padre me gritó que yo era una idiota porque no era capaz de balancear mi chequera, lo cual me produjo una terrible sensación de insuficiencia y de inutilidad. Se me hizo insoportable confrontar mis finanzas y dejé de hacerlo. Y aunque esperaba que el hecho de no mirar la pila de cuentas me diera un poco de paz, lo cierto es que durante mi vida adulta he tenido que hacer malabarismos para pagar las deudas de la tarjeta de crédito, los sobregiros, el decomiso del auto y la notificación de desalojo. Realmente creo que mi Historia Básica con el dinero es que yo no soy lo suficientemente responsable para tenerlo". Nuestras relaciones con el dinero son complejas, pero de acuerdo a mi experiencia, son nuestros miedos más básicos los que casi siempre motivan nuestras elecciones financieras.

EL MEOLLO DEL ASUNTO

Casi todas nuestras circunstancias financieras están determinadas por nuestro condicionamiento, es decir, por las experiencias y "películas" que hemos grabado a lo largo de la vida. Nuestra Historia Básica reacciona por acto reflejo a las situaciones presentes: con ansias, deseos, temor, envidia, generosidad o necesidad de seguridad. Si hubiéramos tenido un condicionamiento diferente —otro pasado—, reaccionaríamos de otra forma.

En buena medida, la Historia Básica mantiene gran parte de su poder porque la mayoría de las personas creen que los cambios financieros exteriores son la clave de su felicidad: "Necesito pagar todas mis tarjetas de crédito", "Necesito vender mi negocio para sentirme más relajado", "Necesito que mi esposa deje de gastar tanto", "Necesito conseguir un millón de dólares para renunciar a mi empleo", "Me sentiría bien si no me obsesionara tanto con el dinero".

Ninguno de estos planes es malo en sí, pero cuando descartas estas soluciones exteriores y analizas tu Historia Básica, probablemente sientas una gran incomodidad. Generalmente experimentamos nuestras creencias sobre el dinero como un conjunto de leyes universal semejante a la ley de la gravedad. Nuestra Historia Básica cumple una función valiosa, pues nos da la sensación de que sobreviviremos y estamos a salvo. En el caso de Valerie, su autoestima financiera era tan baja que el hecho de ignorar y evadir su situación financiera la llevó a creer que las cosas podrían funcionar. Nuestra vida misma parece ser incierta durante las experiencias traumáticas, especialmente las financieras. Comprendemos que no hay garantías, que nuestros cuerpos dependen de los alimentos, del abrigo, los cuidados médicos y otros factores para sobrevivir, y que todo esto implica dinero, bien sea nuestro o ajeno.

La función de la mente es mantenernos con vida durante tanto tiempo como sea posible, por lo cual se idea una estrategia para ayudarnos a sobrevivir: "Si haces esto, estarás bien". Pero cuando elaboramos nuestras creencias con tanta prisa, no alcanzamos a tener una conciencia plena del miedo ni de otras emociones fuertes que generaron nuestra Historia Básica. Al contrario, todas nuestras energías se dirigen a ese pensamiento o creencia que supuestamente nos protegerá. El primer paso importante para liberarnos de las garras de nuestra Historia Básica es descartar nuestras creencias sobre el dinero y recurrir de nuevo a las sensaciones de las que nos han protegido dichas creencias. Si tenemos el valor de confrontar esas sensaciones, podremos ver nuestras reacciones y defensas irracionales con mayor claridad. A fin de cuentas, nuestras sensaciones son solo eso, y tal como aprendí aquel día terrible en que mi préstamo se fue a pique, los peligros que tanto tememos casi nunca se manifiestan realmente. La buena noticia es que enfrentar lo que se oculta detrás de nuestra Historia Básica no es tan de temer como parece ser cuando estamos atrapados en nuestra Historia Básica.

Puedes ser un Protector, un Buscador de Placeres, o un Idealista con respecto al dinero. No te preocupes si no has identificado con exactitud cuál es tu Historia Básica, ya que puede tomarte un tiempo. A medida que leas las historias que aparecen en los capítulos siguientes, seguramente reconocerás tu propia experiencia.

PREGUNTA

Aunque no hayas podido definir con claridad tu Historia Básica, es probable que hayas identificado algunas sensaciones que no quisieras sentir de nuevo. ¿Cuáles son? ¿Qué has hecho a nivel financiero para evitar esas sensaciones? Si quieres una guía de audio para preguntarte esto y entender tu Historia Básica y el poder que ésta tiene, visita mi página web http://www.BrentKessel.com

NO EXISTE UNA SOLUCIÓN RÁPIDA

Debido al enorme poder que tiene nuestro instinto de supervivencia, entender tu Historia Básica no es una solución rápida. Hay varios libros de autoayuda financiera que hablan de la necesidad de descubrir y entender la relación histórica que hemos tenido con el dinero para liberarnos de los antiguos hábitos y mensajes del dinero. No obstante, considero que otras perspectivas sobre este tema subestiman el poder que tiene el inconsciente para perpetuar los patrones de conducta insatisfactorios. Muchos autores y expertos creen que podemos liberarnos de nuestra Historia Básica simplemente si somos conscientes de ella. Según mi experiencia, incluso cuando adquieres información valiosa sobre tu Historia Básica, se requiere una gran dosis de habilidad, intención y perseverancia para no tener un condicionamiento tan inconsciente. Ármate de valor: los cambios son posibles y de hecho están a nuestro alcance.

¿Cuál es el secreto? Debemos seguir trabajando para detectar y conservar los aspectos más saludables de nuestra historia, mientras que al mismo tiempo desechamos los comportamientos extremados y malsanos, así como las actitudes que ha engendrado en nosotros.

Nuestro condicionamiento nos afecta hasta el día en que morimos, ya que forma parte de la condición humana. Así como el yoga, la oración, la meditación, el ejercicio físico, el aprendizaje intelectual o una relación amorosa, cultivar la conciencia financiera es una práctica de toda una vida que puede ofrecernos resultados increíbles.

Sin embargo, no tenemos por qué limitarnos a repetir nuestros patrones financieros del pasado. Muchas personas comparten la misma Historia Básica, y eso nos permite aprender muchas cosas de las experiencias ajenas. Analicemos ocho de las historias básicas más comunes, a las que yo denomino arquetipos financieros.

SEGUNDA PARTE

Los ocho arquetipos financieros

INTRODUCCIÓN A LOS ARQUETIPOS

Sin importar quién seas, lo cierto es que has llegado a tu vida financiera con experiencias únicas de vida que te han condicionado para reaccionar ante el dinero de formas particulares y a veces peculiares. Tus experiencias de vida hicieron que desarrollaras ciertas creencias y hábitos financieros y que evitaras otros. La buena noticia es que no estás solo. He trabajado con personas que tienen diversas situaciones financieras, y he notado que aunque las conductas y problemas individuales son únicos, existen grandes semejanzas entre ciertos grupos de personas. Luego de retomar el trabajo de varios maestros, mentores y filósofos, así como mis propias observaciones, he creado unas definiciones amplias para estos grupos (o arquetipos), para que las demás personas puedan aprender de quienes han tenido experiencias similares.

Los arquetipos se pueden interpretar como energías interiores. No son patrones colectivos sino más bien personales que se manifiestan en nuestro interior y son reconocibles para los demás. La importancia de definir estos arquetipos radica en que nos dan una base para

> "Nuestro condicionamiento consiste en salir del abismo propio de la condición humana. Evitamos confrontar esto de formas múltiples y complejas. Pasamos nuestras vidas evitándolo porque se parece a la muerte, y todos los organismos están diseñados para evitarla".
>
> —GANGAJI, MAESTRO ESPIRITUAL

entender por qué tenemos una situación financiera determinada, así como muchas herramientas que nos permitirán alcanzar la vida financiera que realmente deseamos.

Los capítulos siguientes definen ocho de los conjuntos de comportamientos y creencias más comunes sobre el dinero. Estos arquetipos de la Historia Básica pueden ayudarnos a identificar las poderosas fuerzas interiores que afectan nuestras vidas cotidianas. Si todavía no has identificado tu Historia Básica, sigue leyendo este libro. Estas fuerzas arquetípicas, tan arraigadas en nuestra cultura y en nuestras personalidades, pueden afectarnos de formas equilibradas y positivas, pero también de formas negativas. Como veremos, es imposible deshacernos de nuestros arquetipos predominantes, aunque también es posible y fundamental cultivar un equilibrio saludable para tener una vida financiera satisfactoria.

Los siguientes capítulos te mostrarán estrategias que pueden fortalecer las cualidades deseables de tus arquetipos y despertar aquellas que están latentes. La mayoría de las personas exitosas que conozco son una combinación de al menos tres o cuatro arquetipos; de hecho, todos somos una mezcla de dos o más. Es probable que uno o dos arquetipos sean los predominantes y se disputen la primacía. Existen ciertos patrones que aparecen súbitamente dependiendo de nuestros condicionamientos pasados y circunstancias presentes, mientras que otros son relegados a un segundo plano.

En mi opinión, lo mejor sería tener un balance de los ocho arquetipos. ¿A quién no le gustaría ser una persona segura y plena, llena de placeres y alegre, poderosa y creativa, autosuficiente, significativa y valiosa, relajada, generosa y compasiva, y con una vida financiera sólida? Seguramente identificarás tu conducta y personalidad en materia de dinero por lo menos en uno de estos arquetipos:

- **EL GUARDIÁN** está siempre alerta y es cuidadoso.

- **EL BUSCADOR DE PLACERES** le da prioridad al placer y a disfrutar el aquí y el ahora.

- **EL IDEALISTA** le atribuye el valor más grande a la creatividad, la compasión, la justicia social, o al crecimiento espiritual.

- **EL AHORRADOR** busca la seguridad y la abundancia al acumular activos financieros.

- **LA ESTRELLA** gasta, invierte o regala dinero para ser reconocida, estar "a la moda", tener clase, y para aumentar su autoestima.

- **EL INOCENTE** evita prestarle mucha atención al dinero y cree o espera que el tiempo se encargará de solucionarlo todo.

- **EL PROTECTOR** regala y presta dinero para expresar compasión y generosidad.

- **EL CONSTRUCTOR DE IMPERIOS** prospera en el poder y en la innovación para crear algo que tenga un valor perdurable.

Aprender sobre estas energías y patrones arquetípicos te dará las herramientas y el poder para cambiar. Este no pretende ser un sistema para clasificar, encasillar ni limitar a ningún individuo. No necesitas incluirte dentro de uno o dos arquetipos: puedes reconocer o no aspectos tuyos en los ocho. Por ejemplo, todos nos preocupamos hasta cierto grado por el dinero, así que todos tenemos un Guardián dentro de nosotros. Todos sentimos placer cuando compramos cosas, así que todos nos identificamos con el Buscador de Placeres.

Sin embargo, en términos generales nos inclinamos considerablemente hacia una dirección en la vida real. Establecemos un conjunto de creencias y estrategias —un arquetipo— como respuesta a nuestras experiencias de vida. Las personas que están firmemente arraigadas en solo uno o dos arquetipos son quienes tienen la menor libertad para elegir y crear las vidas financieras que desean.

Adicionalmente, cada arquetipo tiene variantes. Aunque es probable que nuestro comportamiento sea desequilibrado en muchas ocasiones, la estrategia de imitación de cada arquetipo tiene rasgos muy inteligentes. Por ejemplo, un Ahorrador disfuncional puede cuidar cada centavo o ahorrar mucho más de lo que necesita, pero, en el fondo, esta persona está concentrada en la autosuficiencia financiera, lo cual es una meta razonable. A continuación ofrezco una lista de cada arquetipo, una breve definición de sus atributos poco funcionales (o problemas) y de los funcionales (o talentos):

ARQUETIPOS	PROBLEMAS	TALENTOS
El Guardián	Preocupación, ansiedad	Vigilancia, prudencia
El Buscador de Placeres	Hedonismo, impulsividad	Placer, deleite
El Idealista	Desconfianza, aversión	Visión, compasión
El Ahorrador	Acumulación, tacañería	Autosuficiencia, abundancia
La Estrella	Pretensión, autoimportancia	Liderazgo, estilo
El Inocente	Evasión, impotencia	Esperanza, adaptabilidad
El Protector	Permisividad, abandono	Empatía, generosidad
El Constructor de Imperios	Gula, dominancia	Innovación, decisión

Generalmente entendemos y valoramos la forma en que se comporta nuestro propio arquetipo, pero pensamos que los individuos con comportamientos diferentes son de otro planeta. Es probable que nos disgustemos al reconocer los problemas de nuestro arquetipo, y que nos aferremos firmemente a la creencia de que la nuestra es la única estrategia adecuada con respecto al dinero. Es probable también que otros arquetipos nos parezcan completamente repulsivos; esto puede deberse a que un padre o pareja que nos causó un gran daño emocional pertenecía a ese arquetipo, por lo cual rechazamos sus valores y cualidades financieras. Cuando leas las descripciones e historias que aparecen a continuación, no te sorprendas si terminas diciendo: "Nadie que esté en sus cabales pensaría o haría eso con el dinero". Sin embargo, eso es lo que sucede en la realidad. Todos los casos incluidos en este libro les han pasado a personas comunes y corrientes que puedes ver en cualquier lugar.

Tampoco te sorprendas si te sientes ansioso o a la defensiva; sé amable contigo mismo y continúa leyendo, pues podrías encontrar una dosis de verdad en aquello que más te inclinas a rechazar.

NUESTRAS HISTORIAS CAMBIAN

No presento los arquetipos como un sistema inflexible de categorizaciones, sino para que descubras qué es lo que afecta tu vida financiera a nivel inconsciente. Es importante notar que en ciertas ocasiones tenemos pensamientos, creencias y conductas que se derivan de diferentes arquetipos. Para citar mi propia vida a manera de ejemplo, diré que en los últimos años de mi adolescencia fui un Ahorrador nato. Recuerdo que ahorré los trescientos dólares que necesitaba para comprar una bicicleta de diez velocidades y poco después comencé a fantasear con tener algún día recursos suficientes para no trabajar por dinero. Cuando empecé a trabajar me convertí en un Constructor de Imperios; soñaba con no preocuparme por aspectos materiales y con tener un impacto positivo en el mundo. Durante mi tercera década de vida, cuando mi negocio atravesaba momentos difíciles, apareció el Guardián. Recuerdo muchas noches de insomnio en las que recreaba escenarios apocalípticos en mi cabeza y me sentía paralizado por el miedo. Y cuando mi negocio comenzó a tener más éxito, apareció mi Buscador de Placeres, pues aprovechamos nuestra abundancia para remodelar nuestra casa, viajar a Europa y a Hawai, cenar en restaurantes de primera clase y asistir a grandes conciertos. Es interesante anotar que este aumento en los gastos no se produjo a expensas del Ahorrador, pues ahorré al menos el 20 por ciento de mis ingresos anuales.

Los ejemplos que aparecen en las páginas siguientes te permitirán reconocer fácilmente los diferentes arquetipos. Y aunque los arquetipos y sus atributos no siempre son completamente evidentes, estoy seguro de que te reconocerás a ti mismo, a tus amigos y a tu familia en las páginas que siguen a continuación.

Identificar los arquetipos más activos dentro de nosotros es un paso importante para alcanzar una verdadera libertad financiera. Al dirigir nuestra atención consciente hacia lo inconsciente, obtenemos un equilibrio y un sentido del control sobre nuestro destino financiero.

CAPÍTULO TRES

EL GUARDIÁN

"Ahora que todas tus preocupaciones han demostrado ser un asunto tan poco rentable, ¿por qué no te ocupas de algo mejor?".

—Hafiz, poeta sufí

Jared es un veterinario de poco más de treinta años que vive en Paso Robles, California, y tiene un buen nivel económico gracias a sus diez años de vida profesional, dedicada especialmente a criar caballos y ganado. Es hijo de una amiga mía, quien me pidió que hablara con él porque siempre vive preocupado por el dinero.

"Háblame de tu vida financiera", le dije mientras recorríamos su agradable establo, rodeado por un exuberante césped verde con vista a unas colinas ondulantes.

"¿Por dónde comenzar?", dijo haciendo una mueca. "Siento que siempre tengo que estar en guardia. Me preocupa quedar en la ruina porque creo que muchas de las pequeñas granjas que hay alrededor serán compradas por grandes corporaciones agrícolas que cuentan con sus propios veterinarios y que no utilizarán mis servicios".

"¿Te ha sucedido esto? ¿Has visto las primeras señales?".

"En realidad no. El año pasado me fue un poco mejor que el antepasado".

"¿Qué tan bien en términos de dólares o en porcentajes?".

"Casi un 30 por ciento. Me quedaron casi 40.000 dólares después de pagar impuestos, pero eso es poco a comparación de todas las pérdidas que he tenido".

Recordé una vez más que nuestros ingresos pueden cambiar para bien o para mal.

"Y como si fuera poco", añadió Jared, "mis inversiones se han diezmado en los últimos años".

"¿Qué te sucedió?".

"Mi cuñado había ganado mucho dinero con un corredor de bolsa en los años 90, así que contraté sus servicios a finales de 2000. El mercado comenzó a caer, pero creí que era una recaída temporal y que pronto se recuperaría. El corredor me dijo que era una "oportunidad para comprar" y me hizo adquirir acciones en compañías de telecomunicaciones y de servicios médicos, pero sus precios se derrumbaron. Cuando mi portafolio había perdido casi un 40 por ciento de su valor, me propuso que nos retiráramos e invirtiéramos en compañías de petróleo, materias primas y en bancos. Yo protesté, lo despedí, y esperé a que las acciones se recuperaran, pero nunca lo hicieron. En total, perdí casi el 75 por ciento del dinero que le di: fue terrible. Mi cuñado me había convencido de que si yo invertía con él, podría duplicar mi dinero en un par de años, pagar mi hipoteca, y tener además una buena suma de dinero para mi retiro".

Pensé que debió de ser muy duro perder ese dinero, y le pregunté: "¿Pagaste la hipoteca después de eso?".

"Sí", respondió, "pero pensé muchos meses en mi pérdida. Permanecía despierto por las noches y calculaba si tendría o no suficiente dinero para mi retiro. Escuchaba programas de negocios en la radio y algún experto aconsejaba: 'Mantenga su dinero fuera del mercado, pague sus deudas y téngalo en efectivo', pero, a la semana siguiente, otro experto recomendaba: 'Regrese al mercado ahora mismo y compre en la Nasdaq 100 (un índice de acciones básicamente tecnológicas) porque están muy baratas'. Todas las opciones me parecían malas y me sentí paralizado".

Su madre lo visitaba durante los fines de semana y me dijo que lo veía "obsesionado" con su situación financiera. "Está afectando mucho su matrimonio. Creo que realmente no tiene por qué preocuparse. Siempre ha vivido decorosamente y ahora le está yendo bien".

Pero Jared veía las cosas de un modo diferente: "Mi mamá piensa que me preocupo mucho por el dinero, pero simplemente creo estar alerta. Estoy diseñando un plan de contingencia". Él estaba firmemente convencido de que debía prepararse contra un desastre financiero y tomar las mejores decisiones posibles. Él dedica mucho tiempo y energías a analizar su situación financiera con la esperanza de poder controlarla, y concluye que, después de todo, no sería un buen padre ni esposo si condujera a su familia a la ruina financiera.

Los Guardianes tienen muchas cualidades positivas que pueden servirles para protegerse no solo a sí mismos y a sus familias, sino también a la sociedad si se utilizan bien. En el mejor de los casos, los sentimientos de preocupación son señales de alerta válidas a las cuales debemos hacerles caso. En *Maestro*, el libro de Bob Woodward sobre el antiguo director de la Reserva Federal conocido por su astucia, el autor cuenta que Alan Greenspan le pidió al resto de la Junta que no subieran las tasas de interés en un 0,5 por ciento. Greenspan dijo: "He estado desde 1948 en el negocio

➤

de las predicciones económicas en Wall Street, y les digo que siento una agonía en la boca del estómago". Woodward explica que Greenspan "señaló que anteriormente había confiado en sus instintos, los cuales habían demostrado ser acertados. El dolor en el estómago era una señal física que Greenspan había sentido en muchas ocasiones. Creía tener una mayor comprensión sobre el tema —todo un cúmulo de conocimientos en su cabeza y un sistema de valores con-solidado— de lo que podía expresar en ese momento. Si iba a decir algo que no era acertado, afirmaba sentirlo antes de ser intelectualmente consciente del problema; creía que esa sensación física le impedía realizar declaraciones peligrosas o absurdas que podrían aparecer en la primera página de los periódicos"*.

Jared es un Guardián; alguien que, según los estándares objetivos de planeación financiera, tiene suficiente dinero para el futuro inmediato, pero sus preocupaciones son una debilidad suya. No puede evaluar objetivamente si su situación es difícil porque es muy emotivo con respecto a los posibles riesgos.

En contraste, Joan —que también siente una gran ansiedad por el dinero— es otro tipo de Guardián. Esta mujer de cuaren-ta y ocho años es una estudiante poco convencional que nunca había trabajado fuera de casa y volvió a estudiar después de un divorcio complicado. En términos objetivos, ella tiene una si-tuación económica mucho menos saludable que Jared; se ha dis-traído con sus preocupaciones y no ha podido tomar decisiones financieras que habrían incrementado su patrimonio.

---

* Woodward, Bob: *Maestro: Greenspan's Fed and the American Boom.* New York: Simon & Schuster, 2000.

La conocí gracias a un amigo mutuo, quien me dijo que ella estaba buscando una asesoría financiera sólida. Según el acuerdo de divorcio, Joan recibió la modesta casa en la que había vivido toda su vida: había crecido en ella y estaba avaluada en $150.000, pero no recibió ninguna pensión. Sus hijos ya eran adultos e independientes, y, según sus propias palabras, no habían ahorrado "absolutamente nada" para su retiro. Aunque yo le informé que era elegible para recibir un porcentaje de lo que su esposo había acumulado en la Seguridad Social para su jubilación, concluyó erróneamente que tendría que enfrascarse en una batalla legal con él para recibir dicho porcentaje, y no quería seguir ese camino en lo más mínimo porque era ella la que había solicitado el divorcio. "No vale la pena pelear con él por eso", me dijo masajeándose las sienes, y las arrugas de su frente se hicieron más profundas debido a la preocupación. "Es una pesadilla burocrática que tal vez no resulte nunca. Realmente no puedo depender de eso".

Aunque permanecía despierta hasta altas horas de la noche por su falta de ingresos y por la rapidez con que disminuía su cuenta de ahorros, Joan estudiaba en una institución universitaria local y le faltaban dos semestres para obtener su certificado como profesora. Dijo que sentía aprehensión, pero también emoción por su nueva profesión. Siempre había servido como voluntaria en la escuela de sus hijos cuando eran pequeños, y esperaba que el trabajo no solo le produjera satisfacción sino también una independencia y una seguridad financieras. Lo cierto es que Joan casi no podía mantenerse a flote. Sus hijos le enviaban dinero cuando podían, pero ellos tampoco tenían una seguridad económica. Muchos Guardianes (y algunos Ahorradores) no acostumbran comparar ciertos gastos con otros. Por ejemplo, Joan pensó durante cuarenta y cinco minutos si debía comprar una tostadora por 10 dólares en una venta de garaje, pero no lo pensaba dos veces para utilizar servicios de estacionamiento asistido siempre que podía, algo que le costaba alrededor de $100 al mes. Entró en pánico cuando su ayuda financiera y préstamo estudiantil se atrasó un mes debido a un error en el procedimiento. Esperaba recibir $7.500, suma que le alcanzaría para vivir seis meses, pues no tenía que pagar renta. Tuvo dificultades para comer y dormir durante el tiempo que no recibió ese dinero, y muchas veces se despertaba bañada en sudor. Comenzó a perder peso con mucha rapidez porque no podía comer, pues tenía el estómago alterado. Guardó las cuentas sin abrir en el fondo de un archivador, sufría pesadillas y una gran ansiedad se apoderó de ella. "Era lo único que podía hacer", me dijo, "… solicitar sellos de alimentos y ayuda estatal para pagar la luz". Afortunadamente, el auto que utilizaba para ir a la escuela se lo había financiado un familiar que vendía autos. "Si no hubiera sido por mi primo, me lo habrían decomisado", explicó. "Y entonces me habría visto obligada a suspender mis estudios, porque en mi vecindario no hay ningún sistema de transporte público". El estrés y el miedo le estaban impidiendo concentrarse en sus estudios, y a pesar de sentir que era "su único camino para salir de la pobreza", estaba pensando seriamente en retirarse. "Siento que me quedaré en la calle", reconoció. Aunque tenía su propia casa, le preocupaba no poder pagar los impuestos de su propiedad.

Según sus propias palabras, sus sentimientos "van más allá de la preocupación. ¡Creo que realmente me siento desesperada!". Aparentemente, la preocupación de Joan era más "razonable" que la de Jared. A fin de cuentas, tenía menos opciones y su situación era más inestable. Pero aunque creamos o no que Joan tiene más motivos para preocuparse que Jared, lo importante es saber si su preocupación les está ayudando o no.

La respuesta es la misma para ambos: no. Ninguna decisión sólida a nivel financiero le producirá felicidad a Jared si no puede disfrutar de su trabajo o de su vida familiar. Y si la ansiedad no le permite a Joan terminar sus estudios, ella estará en una posición aun más precaria en términos financieros, para no mencionar los emocionales. Aún más, su falta de disposición para reclamar la parte que le correspondía del Seguro Social de su esposo, pues temía que fuera "una pesadilla", tampoco contribuyó a mejorar su situación financiera.

LA HISTORIA BÁSICA DEL GUARDIÁN

Sin importar cuál sea su situación financiera, los Guardianes sienten miedo —mucho miedo— de que algo salga terriblemente mal. Su Historia Básica casi siempre encierra algún tipo de escenario apocalíptico. Algunos Guardianes se concentran en crisis mundiales como el terrorismo, el calentamiento global, el Y2K, armamento nuclear en manos equivocadas, o en las crisis económicas. Sus temores del pasado pueden ser justificados o injustificados, pero además del miedo que sienten, también dicen con frecuencia: "Esta vez las cosas serán incluso peores", bien sea que se concentren en el *crash* de 2000-2003, en los escándalos de las compañías de contabilidad, en el 9/11, en Enron, en la guerra del Medio Oriente, o en la forma en que los Estados Unidos competirán con China e India. Para otros Guardianes como Jared y Joan, la crisis que temen está mucho más cerca de casa: "Podría perder mi empleo o negocio", o "¿De dónde sacaremos el dinero si alguno de nosotros tiene un problema médico delicado?", o "No podré depender exclusivamente de la Seguridad Social".

Algunos Guardianes son altamente eficaces con el dinero. En algún momento aprendieron que la mejor forma de lidiar con la ansiedad era por medio de los ahorros, la frugalidad y las inversiones (aunque sean muy conservadoras). Jared es el tipo de este Guardián altamente funcional, como lo demuestra el hecho de que tenía dinero suficiente para pagar su hipoteca incluso después de perder el 75% de sus ahorros. Pero aunque los Guardianes recurren a estrategias que parecen ser prudentes, lo cierto es que sus preocupaciones no disminuyen.

De nuevo, estar en guardia y preocuparse puede ser útil; es algo que puede alertarnos cuando recorremos un camino financiero peligroso. En el caso de Joan, la preocupación por su futuro financiero la había motivado a tomar la decisión acertada de estudiar. He conocido a muchos clientes que se preocupan excesivamente por su situación financiera. Sienten un temor, ansiedad o inquietud poco saludables con respecto al dinero, aunque es probable que no lo consideren así. No se trata de saber si su conducta es justificada o no, pero lo cierto es que esta preocupación excesiva nubla su juicio y muchas veces los hará tomar malas decisiones financieras y sufrir mucho más de lo necesario.

Probablemente seas un Guardián si:

- Tus decisiones financieras caen en uno de estos dos extremos: (1) te sientes paralizado y eres incapaz de tomar decisiones financieras aunque creas que son las que más te convienen, o (2) tomas decisiones financieras solo después de analizarlas excesivamente.

- Te concentras en escenarios financieros apocalípticos, bien sea que sucedan en el mundo o a ti, y piensas en situaciones hipotéticas mucho más que la mayoría de las personas.

- Te riges por ciertas reglas dictadas por el miedo, como, por ejemplo, no tener deudas o vivir sólo de tus intereses y otros ingresos durante el retiro, pero nunca de tu inversión principal.

- Tus respuestas emocionales y niveles de preocupación son completamente desproporcionados con respecto ▶

a tus actuales circunstancias financieras. Por ejemplo, es probable que te preocupes excesivamente por tus cuentas aunque nunca te hayas visto sin dinero para pagarlas.

- El miedo a tomar decisiones financieras equivocadas es más intenso que la satisfacción que sentirías si tomaras una decisión acertada.

LO QUE SIENTE EL GUARDIÁN

La mayoría de los otros arquetipos que aparecen en este libro serán descritos según los pensamientos o creencias que hacen que este tipo de personas se sientan seguras o felices con el dinero. Sin embargo, el Guardián se identifica más por lo que siente que por lo que piensa. Lee la lista de sensaciones que aparece a continuación. Obviamente, nadie experimenta todas estas emociones —ni siquiera la mayoría— de manera simultánea. Pero, en términos generales, los Guardianes encontrarán uno o dos términos de esta lista que constituyen una parte significativa de su experiencia emocional.

> "La mayoría de las personas sienten mucho más miedo de vivir que de morir".
>
> —ADYASHANTI

- Miedo
- Ansiedad
- Duda
- Pesimismo
- Desasosiego
- Obsesión

- Pánico
- Pérdida del apetito
- Sudoración
- Melancolía y depresión

- Irritabilidad
- Tensión en las mandíbulas
- Dolor en el cuello y en la espalda

- Contracción del plexo solar
- Trastornos estomacales
- Falta de aire
- Tics nerviosos

Nadie puede negar que en el mundo hay muchos problemas graves, incluyendo la pobreza, el hambre y los actos violentos que algunos seres humanos cometen contra otros. Hace apenas cien años, la mayoría de las personas tenían muchas razones para temer por sus vidas, y lo mismo sucede en la actualidad. En 1900, el 9 por ciento de las madres morían durante el embarazo o por complicaciones relacionadas con el parto, y el 10 por ciento de los bebés morían antes de cumplir su primer año de vida. En Europa y Rusia ocurrieron purgas terribles y crímenes salvajes contra mujeres y niños, que nunca fueron castigados. Pero lo cierto es que la mayoría de los habitantes de los países desarrollados no están enfrascados en una lucha diaria para sobrevivir (cosa que sí sucede en otras latitudes). ¿Por qué estos temores continúan determinando tantos de nuestros comportamientos con el dinero?

SEMILLAS DEL GUARDIÁN: SUPERVIVENCIA

Prácticamente todos los habitantes de Occidente tienen al menos un recuerdo doloroso relacionado con el dinero, algo que yo denomino una "herida monetaria". De hecho, esta herida original pudo ocurrir durante nuestro nacimiento. En *Encontrando la claridad*, libro publicado recientemente de manera póstuma, el maestro espiritual Jeru Kabbal describe la experiencia universal de abandonar el vientre suave y cálido de nuestra madre, y pasar del "paraíso al shock" en cuestión de minutos. Según Kabbal, al pasar del bienestar y la seguridad del vientre a una experiencia muy semejante a la muerte, lo primero que hacemos es contraer nuestros cuerpos, apretar las manos y cerrar los ojos en un intento por sobrevivir.

Aunque los bebés no tienen un concepto del dinero, esta experiencia puede ser la semilla de la ansiedad financiera que experimentamos posteriormente en la vida. Generalmente, hay otras heridas monetarias que suceden antes de los quince años. Es probable que hayas sufrido tu primera herida monetaria cuando perdiste tu billetera por primera vez con todo el dinero de tu mesada, o cuando comprendiste que si tus padres no tenían dinero, tampoco podrían comprar alimentos, tener una casa y cubrir otras necesidades de la vida. Las heridas monetarias siempre traen consigo la amenaza implícita de llevarnos de nuevo al terror y a la dependencia de nuestro pánico original después del parto. El miedo que sentimos ante la falta de dinero es realmente el miedo a no poder sobrevivir. Esos temores pueden manifestarse en pensamientos como "terminar pidiendo limosna", y aumentar con el paso del tiempo debido a experiencias reales que hayan tenido nuestros familiares o miembros de la comunidad, quienes lo han perdido todo debido a reveses económicos o a eventos catastróficos como la enfermedad o la muerte.

Aquellos que crecieron en la abundancia, seguramente no tuvieron dificultades en la infancia, ni experiencias relacionadas con la pérdida de dinero. Sus sentimientos conflictivos podrían ser de tristeza, rabia o vergüenza al advertir que los demás los odiaban por tener más. Aunque este miedo a ser odiados, rechazados o abandonados es muy diferente a temer por nuestra supervivencia, es algo extremadamente doloroso para niños de familias adineradas y hasta de clase media. El abandono y el rechazo social pueden producir ansiedad, especialmente en los adolescentes. Y bien sea que temamos ser aniquilados o marginados socialmente, nuestras mentes le echan la culpa al dinero, a la vez que le atribuyen la capacidad de salvarnos o de perjudicarnos.

Es claro que a muchas personas les preocupa el dinero o la posibilidad de perder su seguridad financiera. Lo que separa al Guardián de los otros arquetipos es que los Guardianes no han creado una seguridad emocional que les permita prosperar y disfrutar sus vidas. Permanecen sumidos en la ansiedad mucho más tiempo que los demás, y se preocupan tanto que se sienten relativamente anestesiados en términos emocionales. Para algunos, estos miedos pueden estar justificados: necesitan tomar medidas externas (por ejemplo, reducir sus gastos) para tener una seguridad más real. Para otros, sus temores no están justificados porque realmente no corren peligro de sufrir un fracaso financiero, así puedan experimentar un descenso a nivel social. En términos emocionales, todos sentimos pánico ante la posibilidad de tener que renunciar a nuestra casa, de que nuestros hijos no puedan estudiar en la universidad, de no tener dinero suficiente para nuestro retiro, como si no fuéramos capaces de sobrevivir, cuando realmente nuestra supervivencia no está amenazada. Si tus miedos no tienen una base real pero no puedes mitigar tu ansiedad aunque pienses en términos racionales, te recomiendo un ejercicio muy útil que consiste en utilizar la respiración y la mente para relajarte.

¿CÓMO RELAJARTE?

Saca un minuto ahora mismo y respira profundamente, llevando el aire a la parte baja de tu abdomen. No contengas la respiración ni respires muy despacio. Relaja toda tu tensión y permite que el oxígeno descienda a la parte inferior de tus pulmones. Al mismo tiempo, relaja por completo tus músculos estomacales y tu plexo solar. Si te parece incómodo hacer esto sentado o de pie, tiéndete de espaldas y coloca una almohada debajo de tus rodillas. Si tu estómago y plexo solar están relajados, será prácticamente imposible que sientas miedo o ansiedad.

Una historia de mi familia podría ilustrar el concepto de la herida monetaria. A comienzos del siglo XX ocurrió una oleada de antisemitismo en Europa, y muchos judíos, entre ellos mis bisabuelos, emigraron a Sudáfrica, donde yo nací. Mis antepasados no hablaban inglés y solo viajaron con sus posesiones.

En términos racionales, mi vida relativamente privilegiada no justifica en lo más mínimo el nivel de miedo y ansiedad que debieron sentir ellos. Y, sin embargo, este miedo heredado está firmemente arraigado en mi memoria fisiológica, independientemente de mis circunstancias actuales.

Tuve una etapa en la que el Guardián fue mi arquetipo predominante. A finales de 2000 y comienzos de 2001, comprendí que necesitaba contratar otro asesor profesional y mudarme a una oficina más grande, pues mi negocio habría crecido el triple en un lapso de dos años. Pero en el verano y otoño de 2001, quince meses después del peor derrumbe del mercado desde la Gran Depresión, dos de mis clientes no soportaron más la incertidumbre del mercado e invirtieron su dinero en CDs bancarios en lugar de seguir trabajando conmigo. Después de leer la segunda carta de terminación del contrato, me sentí como un fracasado y pensé que debí haberme comunicado mejor con mis clientes para no perderlos. El corazón me latía con rapidez, sentía calor en la cabeza y una corriente de miedo descendía por mi cuello y por la parte posterior de mis brazos. Yo perdería unos 20.000 dólares al año en ingresos, y la posibilidad de que esto desatara una reacción en cadena por parte de mis clientes me pareció más inquietante aún. Sin embargo, dos clientes entre cincuenta que tenía yo no representaban un porcentaje alto. Y a pesar de estas preocupaciones, seguí adelante con mi plan para expandir mi negocio.

A comienzos de 2000 contraté a un asesor financiero, a quien le pagué un salario de seis dígitos, y cerré negociaciones que triplicaron mis ingresos mensuales. Apenas cuatro años atrás, mi negocio de planeación financiera había producido menos de 100.000 dólares, cifra que ahora destinaba a pagar salarios. Sin embargo, el mercado bursátil siguió cayendo. Recuerdo con claridad la ansiedad que sentí en esa época. Desde 2001 hasta 2003, una descarga de adrenalina y de terror me despertaba casi todas las noches entre las 3:00 y las 5:00 de la madrugada Temía realmente por mi vida y por la de mi esposa e hijos en términos fisiológicos. A medida que recobraba la conciencia, el terror dio paso a interminables pensamientos sobre mis clientes, sobre el flujo de caja de la compañía, si expandir mi negocio era la estrategia adecuada, dónde alquilar una oficina con opción de compra, sobre los problemas inesperados que podría tener mi negocio y que el flujo de dinero estaba disminuyendo peligrosamente.

Pero mis pensamientos no se comparaban con las terribles sensaciones físicas que experimenté: el corazón me latía de manera descontrolada, una corriente eléctrica y caliente en mis costillas descendía por mis brazos y dedos; las palmas de las manos me sudaban, mi respiración era liviana y agitada, y mi torso convulsionaba del susto. No podía levantarme ni dejar de sentir dolor, y la ansiedad me mantenía despierto durante varias horas. La última vez que había sentido esa sensación fue cuando no pude cerrar aquel préstamo a los veintitrés años de edad.

Lo más importante de esta historia es que mi supervivencia no estaba amenazada en modo alguno. De hecho, mi situación le parecería desahogada a la mayoría de los observadores imparciales. Mi negocio había crecido relativamente rápido, mi esposa Britta y yo estábamos ahorrando más del 20 por ciento de nuestros ingresos; y, en el peor de los casos, yo podía abrir un negocio más pequeño y ser su único propietario. Sin embargo, mis pensamientos y reacciones físicas eran tan fuertes como si tuviéramos que irnos a vivir en un refugio para desamparados.

LO QUE PIENSA EL GUARDIÁN

Recuerde que la mente soluciona problemas y se activa por completo cuando experimentamos sensaciones que en el mejor de los casos son desagradables, o intolerables en el peor. Cuando surge alguno de estos estados desagradables, la mente intenta responder a la pregunta: "¿por qué me estoy sintiendo así?". Y para el Guardián, la respuesta generalmente encaja dentro de las siguientes líneas:

LOS MANTRAS MONETARIOS DEL GUARDIÁN

- Me voy a quedar sin dinero porque _____ .

- Ocurrirá un desastre mundial o un fuerte cambio que producirá _____ .

- Mis inversiones son demasiado _____ .

- Yo gasto demasiado (o mi esposo/ esposa/ hijo).

- Mi vida se trastornará por completo si dejo de trabajar.

- Si no estoy alerta, yo (o cualquier persona) podría cometer un error que me lleve a la ruina.

LA RECOMPENSA

De hecho, aunque los Guardianes sienten que al preocuparse por sus finanzas también logran controlar lo incontrolable (algunos tienen una capacidad analítica aguda y útil cuando se trata de cuidar su dinero), la recompensa a todas sus preocupaciones es muy poca. La mente opera bajo la suposición de que cuando logra saber por qué nos sentimos así, lo mejor es hacer algo al respecto, es decir, eliminar estas sensaciones o sentirnos mejor. Sin embargo, las medidas que tomamos cuando estamos preocupados o ansiosos rara vez nos conducen a una paz interior prolongada. La mayoría de las veces, los Guardianes terminan extenuados y quedan sin energías para preocuparse, aunque pronto lo hacen de nuevo.

EL PEOR ESCENARIO POSIBLE

Sigue los tres pasos descritos a continuación la próxima vez que experimentes los sentimientos o sensaciones corporales incómodas descritos en la página 69. Puedes hacer este ejercicio solo o con un amigo, en un espacio público o en un recinto cerrado: lo importante es realizarlo. Puedes hacerlo mentalmente, tomar notas, o simplemente dictarle tus respuestas a alguien.

Procura exagerar el peor escenario posible. Sé tan gráfico como puedas: "Creo que cometí un grave error en el informe para mi jefe. ¡Dios mío! ¡Podría perder mi empleo!", "Ahora todos sabrán lo incompetente que soy", "No podré hacer los pagos de mi hipoteca", "Tendremos que mudarnos a un apartamento destartalado", "Mi esposa se disgustará tanto que me abandonará".

Ahora imagina una reacción más sensata si realmente te sucediera algo catastrófico. ¿Qué harías? No digas: "Soy un caso perdido", sino: "Me mudaría al garaje de la casa de mi hermana con una bolsa de dormir y un colchón de aire, y me ganaría la vida trabajando como mensajero". Sé concreto y realista. Querrás sobrevivir y hacer todo lo posible para hacerlo.

Por último, pregúntate qué deberías hacer. Si no puedes pensar en nada en concreto, hazlo como lo harías con un

➤

niño que les cuenta historias macabras a sus hermanos. Pon los pies en la tierra y dile a tu mente preocupada que te hable solo cuando se le ocurra algo que tú puedas hacer ahora mismo con respecto a esa situación.

El único valor potencial de preocuparnos es advertirnos que necesitamos cambiar nuestra conducta. Pero si no modificamos nuestros comportamientos financieros reales y no tomamos decisiones financieras útiles, cualquier circunstancia a la que culpemos de causar nuestros sentimientos seguirá vigente. Esta circunstancia nos hace preocupar más, y esto es precisamente con lo que más familiarizado está el inconsciente del Guardián. En otras palabras, a no ser que intentes calmarte si te sientes preocupado, la próxima vez que tengas sensaciones desagradables con respecto a tu vida financiera, recurrirás a esos pensamientos obsesivos que justifican todo lo que siente tu sistema nervioso, y eso se convierte en un círculo vicioso.

Esto no parece ser una recompensa, especialmente si se le compara con los considerables activos que pueden amasar los Ahorradores, o con la forma en que los Buscadores de Placeres disfrutan la buena mesa y los viajes, o la manera en que las Estrellas llaman la atención. Sin embargo, preocuparse y no tomar medidas al respecto puede hacer que el Guardián esté alerta y atento ante un grave peligro. También es cierto que un considerable número de Guardianes toman decisiones financieras acertadas aunque se torturen a sí mismos antes de hacerlo. Este tipo de Guardianes pueden relacionar su lamentable situación con la buena decisión que tomaron, y asumir —sin razón— que no pueden tener lo uno sin lo otro.

LIBERARSE DE LAS GARRAS
DE LA MUERTE DEL GUARDIÁN

Además de las experiencias cercanas a la muerte, del despertar espiritual o de la búsqueda de un modelo de conducta, que sirven para eliminar las preocupaciones crónicas que difícilmente podemos controlar, hay otras estrategias que he utilizado con gran éxito. El primer paso es reconocer que tu preocupación no te permitirá tener el control que deseas, y que, de hecho, sucederá todo lo contrario.

> "Cuando somos emotivos con respecto a algo, es muy probable que cometamos errores".
>
> —Joe Moglia,
> CEO de TD Ameritrade

Recuerdo a un cliente que siempre estaba ansioso por los gastos de su familia. Insistía en que él y su esposa gastaran menos, y dedicaba horas incontables a rescatar centavos del libro de cuentas de su hogar. Después de utilizar varias estrategias que compartiré con ustedes, él logró calmarse significativamente, tomó dos decisiones específicas que le produjeron un gran alivio (refinanciar su hipoteca y reducir sus gastos de viajes), y pasó más tiempo con su esposa en lugar de mirar ansiosamente cifras y números en su computadora durante horas interminables.

Ensaya esta técnica si quieres dejar de preocuparte:

Cuando me encuentro con Guardianes particularmente tercos en mi trabajo o seminarios, utilizo una analogía que no está alejada de la realidad. Imagina que eres el padre de una niña pequeña, digamos de tres o cuatro años. Ella se levanta aterrorizada a medianoche, pues confunde el sonido producido por las ramas del roble golpeando contra el techo con una legión de tarántulas gigantes que vienen a raptarla y a comérsela viva. Un padre sensato probablemente le diría: "Cariño, sé que estás asustada. Yo también escuché esos sonidos, y son un poco inquietantes. Pero no se trata de tarántulas gigantes, sino del árbol al que tanto te gusta subirte: se está meciendo con el viento. Intentemos escuchar las hojas al chocar contra el techo". Si tu hija sigue asustada, podrías decirle: "Salgamos a la calle y observemos. Yo estaré a tu lado para protegerte".

Pero en vez de aplacar sus sentimientos más terroríficos tal como lo harían con sus hijos, los Guardianes dejan que sus pesadillas continúen. En el peor de los casos, permiten que se conviertan en escenarios escabrosos que no tienen ninguna relación con la realidad. Obviamente, la mayoría de los adultos no se preocupan por tarántulas gigantescas, sino por las cuotas del auto, por mantener a sus hijos, o por invertir bien. Sin embargo, sus reacciones a estos pensamientos deberían ser similares a la forma en que lo hace el padre con su hija asustada.

CREANDO UNA SEGURIDAD PARA EL GUARDIÁN

- **CONFRONTA TUS IDEAS CON LA REALIDAD.** Haz una interpretación práctica de lo que podría ser tu peor escenario posible. Considera la posibilidad de contratar un Planeador Financiero® profesional, o de acudir a un Servicio de Consejería de Crédito a Consumidores (CCCS) (consulta la p. 365). ¿Qué posibilidad existe de que ocurra ese hecho imaginario? Si no lo sabes, dite a ti mismo que realmente no lo sabes, y comprométete a averiguarlo para hacer una evaluación exacta del escenario que has imaginado (así como el padre saldría con su hija para ver si realmente hay tarántulas gigantes en el techo). Si el escenario negativo pudiera presentarse, toma las medidas para reaccionar de manera preactiva.

- **NADA CAMBIARÁ HASTA QUE EL NIÑO PREOCUPADO SIENTA QUE REALMENTE LO ENTIENDEN.** Háblale al niño que lle-

➤

vas adentro con la voz interior del padre sabio (puedes escribir tus pensamientos). Deja que la niña preocupada se desahogue y se consuele al ver a ese ser maduro y centrado que eres. Es importante que el padre no la obligue a "ver" la realidad, sino que más bien abrace a la niña asustada y la conforte. Esto no quiere decir que te limites a decirle: "Todo estará bien", sino: "Es perfectamente natural que te sientas así. De hecho, sería imposible sentir de otra forma". Es probable que su niña necesite profundizar más en lo que podría suceder (en el peor de los escenarios) para que pueda sentir todo su terror con plenitud. Mientras tanto, el padre le dirá: "No pasa nada; estás segura, yo te estoy cuidando y es normal que sientas miedo. Pero ese ruido es simplemente el árbol de afuera mecido por el viento". Sin embargo, esto solo surtiría efecto si ya has realizado el primer paso y sabes que todo ha sido producto de la imaginación.

- **EL GUARDIÁN NECESITA SABER SI SE SENTIRÁ INSEGURO SIEMPRE O DE VEZ EN CUANDO.** Cuando yo trabajé con Jared, le ayudé a decidir que vendería su rancho si le iba mal dos años seguidos o sus ingresos disminuían más del 25 por ciento en un año. Esto le ayudó a sentirse mejor, a liberarse mentalmente y concentrarse más en su vida familiar. Este límite claro permite que el Guardián no se preocupe tanto si no ha traspasado el límite (de nuevo, puedes buscar una ayuda objetiva y establecer un límite que te dé el tiempo suficiente para modificar tu situación antes de que se vuelva dramática).

- **INVESTIGA A FONDO E IMPLEMENTA UN CAMBIO(S)** en tu vida para aliviar la presión financiera asociada con tu preocupación. Por ejemplo, cuando trabajé con Joan, le asigné la tarea de averiguar en el Departamento de Seguridad Social. Debido

➤

a su reticencia y falta de claridad, le delegó esta tarea a un grupo de derechos femeninos (muchas personas que preparan la declaración de impuestos prestan este servicio). Para nuestro alivio, ella descubrió que su ex esposo recibiría la misma pensión cuando se retirara aunque ella reclamara su parte. Para Jared, significó aprender de los errores de sus inversiones, elegir a un nuevo asesor que no se basara en las tendencias de moda ni en las predicciones, y ver qué oficios podría desempeñar si su práctica se hacía realmente inviable.

- **NUNCA TOMES DECISIONES FINANCIERAS EN MEDIO DE EMOCIONES INTENSAS** (consulta el ejercicio "Permanece sereno", p. 327). El Guardián casi siempre experimenta una sensación de urgencia: "Si no decido ahora, nunca lo haré, y _____". Escribe las decisiones que necesitas tomar en una tarjeta pequeña, diario, computadora de mano o teléfono móvil, y léelas cuando estés más centrado. Entonces podrás tomar las decisiones necesarias, bien sea utilizando una lista de ventajas y desventajas, o recurriendo a un asesor que te ayudará a encontrar la objetividad que necesitas.

Para más recomendaciones prácticas sobre flujo de efectivo y presupuestos, inversiones, seguros, impuestos, planeación inmobiliaria, donaciones, obras de filantropía y caridad, específicamente diseñadas para el Guardián, consulta el Apéndice (p. 337).

CAPÍTULO CUATRO

EL BUSCADOR DE PLACERES

"Nada atrae y embriaga tanto como el dinero: cuando se tiene mucho, el mundo parece un lugar mejor del que realmente es".

—Chejov

Donald se sentó en la parte posterior del gran salón de conferencias donde yo estaba ofreciendo un seminario. Era un hombre atlético de poco más de cincuenta años, con el rostro bronceado. Vestía ropas de algodón cómodas y sueltas; transmitía un encanto infantil y mucha desenvoltura. Poco antes había contado que acababa de regresar de sus vacaciones en Kauai, donde había sobrevolado en helicóptero la línea costera de NaPali, y se había hospedado en el hotel más lujoso de la zona.

Durante una parte del seminario, en la que discutimos los comportamientos financieros más predominantes en la vida de cada participante, Donald señaló que le encantaba gastarse el dinero en vacaciones, ropas, equipos de cine en casa y otros aparatos electrónicos.

"La mayoría de las personas viven para trabajar; yo trabajo para vivir", dijo con entusiasmo. "Le dedico mucho tiempo y esfuerzo a mi trabajo como agente de bienes inmobiliarios, y cuando recibo una buena comisión, siento que merezco darme gusto, y eso hago. No nos llevamos nada de esta vida, así que lo mejor es disfrutar tanto como podamos".

"Suena como una filosofía de vida que te ha funcionado bien", le respondí sonriendo, "¿verdad?".

"Bueno, creo que me funciona la mayoría de las veces. Realmente la disfruto cuando tengo dinero, porque puedo comprar y hacer las cosas que me gustan. Hace poco compré unos parlantes para el cine en casa y me sentí completamente feliz al ensayar las diferentes combinaciones de sonido que ofrecen esos parlantes de última tecnología". Hizo una pausa y su rostro adquirió una expresión seria. "Pero no me funciona muy bien cuando me quedo sin dinero a fin de mes. Lo que llega… se va".

LA HISTORIA BÁSICA DEL BUSCADOR DE PLACERES

Antes que nada, el Buscador de Placeres cree que el dinero debe utilizarse para disfrutar la vida. En casos extremos, los Buscadores de Placeres pueden sentir incluso que deberíamos morir en la ruina. Sus modelos financieros de conducta pueden ser sus padres, quienes también fueron Buscadores de Placeres y realmente disfrutaban de la buena vida. También reaccionan a una educación espartana: muchos miembros de la generación del "baby boom" fueron criados por padres que recordaban la Gran Depresión, y reaccionaron convirtiéndose en Ahorradores y prometiendo disfrutar las cosas buenas de la vida, en vez de ser "esclavos del dinero" como sus padres.

Ante todo, los Buscadores de Placeres compran para experimentar placeres sensoriales. Quieren ver, oír, degustar, tocar y oler los frutos de su dinero. Tienden a rechazar activos intangibles como cuentas de ahorro y prefieren bienes tangibles como vehículos, casas y aparatos. Aunque otros individuos pueden gastar mucho dinero, nadie disfruta más las cosas en las que gasta su dinero que el Buscador de Placeres.

Al igual que con cada arquetipo, el Buscador de Placeres tiene talentos maravillosos que muchas personas harían bien en emular. Sus amigos y miembros familiares los describen como personas que "realmente saben disfrutar la vida". Es admirable que eviten los problemas que trae la adicción al trabajo que tanto afecta a nuestra sociedad. Sin embargo, quiero que comprendas cuáles son los desequilibrios de este arquetipo, o lo que no les funciona bien. Todos sabemos que el placer sensorial que sentimos por las cosas que compramos es pasajero. ¿Recuerdan el ciclo de la Mente Deseante? Realmente no anhelamos lo que compramos, sino el hecho de liberarnos del deseo. Pocos días después de unas maravillosas vacaciones, ya no sentimos la paz o la emoción que sentíamos cuando estábamos leyendo un buen libro al lado de la piscina. Un mes después de comprar un televisor de pantalla plana dejamos de notar las diferencias entre éste y el modelo antiguo que teníamos. Y, sin embargo, la próxima vez que compramos algo y sentimos una oleada sensorial nueva y agradable, la mente considera que la compra en sí es la causa de nuestra felicidad. A medida que avanzan por la vida, los Buscadores de Placeres se caracterizan por programarse para creer que:

más dinero= más placer= más felicidad

He trabajado con muchos adultos que tienen problemas para administrar eficazmente los negocios o herencias que les dejaron sus padres adinerados, así como para tener una independencia financiera. Estos individuos se acostumbraron a unos niveles de vida más altos que los que pueden tener en la edad adulta. Crecieron pasando vacaciones en Martha's Vineyard y estudiaron en los colegios y universidades más exclusivos del país. Viajaban a Europa en el jet corporativo de papá cuando estaban jóvenes, o iban a campamentos de verano de su estado si no tenían mucho tiempo disponible. Conducían autos lujosos, comían en los mejores restaurantes, vestían ropas de los mejores diseñadores, y esperaban tener todo eso en su vida adulta, sin importar su situación financiera.

También he trabajado con algunas familias muy adineradas en las que los padres sienten rabia y se resisten a creer que sus hijos sigan gastando más dinero del que pueden. La frustración por el despilfarro de sus hijos muchas veces hace que los padres les reduzcan el acceso a sus finanzas, lo que les causa una mayor dificultad financiera a estos "niños adultos", quienes creen que sus padres son injustos y se toman muchas atribuciones. Es probable que Buscadores de Placeres que vienen de familias acaudaladas piensen que deberían vivir en los mismos sectores, conducir los mismos autos, y disfrutar la vida como lo hicieron en sus primeros años. Estas creencias pueden ocultar un sentimiento interior de falta de valor o de derechos, de sentimientos incómodos que llevan al Buscador de Placeres a consolarse gastando en artículos o experiencias que les produzcan un placer temporal. En respuesta a este ciclo, los Buscadores de Placer muchas veces creen con mayor firmeza que nunca que el dinero no se debe acumular sino disfrutar, y que todas las personas que ahorran como sus padres son "tacañas".

Obviamente, no todos los Buscadores de Placeres son adinerados cuando llegan a la edad adulta, y muchos lo anhelan porque no ha sido parte de su vida. Pero independientemente de que un Buscador de Placeres haya crecido en la abundancia, en la escasez, o en una situación intermedia, su Historia Básica le dice que el dinero debe disfrutarse, pues ningún otro uso le producirá tanta gratificación.

Probablemente seas un Buscador de Placeres si:

- Ahorras menos del 5 por ciento de tus ingresos. Si te sientes eufórico, tiendes a comprar cosas que no son necesarias para tu vida básica.

- Tus deudas son superiores a tus activos, tal vez porque has comprado muchas cosas. Decides aplazar los pagos hasta el próximo año para satisfacer tu deseo de disfrutar algo temprano antes que tarde.

- Tienes inversiones, tienden a ser en casas de vacaciones, colecciones de arte, vinos finos, joyas, restaurantes o artículos de colección.

- Te enfrascas con frecuencia en la "terapia de compras" cuando te sientes desanimado, y gastas más de lo que tienes en artículos que no son necesarios.

- Tus gastos en artículos de lujo crean tensiones con tu cónyuge o pareja.

SEMILLAS DEL BUSCADOR DE PLACERES: "¿PARA QUÉ SUFRIR?"

Los Buscadores de Placeres consideran que el dinero existe básicamente para sentir placer en la vida. El hedonismo es otra forma de describir este arquetipo. Aunque el término "hedonista" tenga algunas connotaciones negativas en la actualidad, originalmente se deriva de la palabra griega que significa placer, aplicada a un grupo de filósofos seguidores de Sócrates, quien creía que la única forma de estar realmente seguro de algo era a través de nuestras percepciones sensoriales. Actualmente, los Buscadores de Placeres expresan esto con su emoción por las compras tangibles en oposición a usos más abstractos del dinero, como, por ejemplo, ahorrar o invertir en el mercado bursátil. Las creencias usuales del Buscador de Placeres se pueden expresar así: "¿Para qué sufrir?", o "Es sólo dinero; ¿para qué es sino para disfrutarlo?", "No te lo puedes llevar a la tumba", o "Me lo merezco".

Esta última idea es fundamental. De cierto modo, la voz interior del Buscador de Placeres está diciendo: "He trabajado tan duro (o sufrido tanto) que me merezco esto". Una vez tuve un cliente que ahorró durante muchos años para comprar su primera casa. Cuando lo hizo, gastó la mitad del valor de la cuota inicial para amoblarla, todo esto a crédito. Cinco años después, él y su esposa aún están sufriendo las consecuencias financieras de esa decisión. He trabajado con herederos que inicialmente se sienten culpables cuando sus padres les dejan una herencia considerable. Pero inevitablemente, la mayoría de los Buscadores de Placeres que han heredado sumas o bienes considerables, mitigan su culpa diciéndose a sí mismos una de estas dos cosas: que sus padres los trataron tan mal que de alguna manera se han ganado el derecho a hacer lo que quieran con el dinero debido a todo lo que tuvieron que soportar, o que sus padres hubieran querido verlos disfrutar al máximo del dinero. La gran mayoría de los Buscadores de Placeres realmente no son chicos que reciben fondos fiduciarios, sino personas que trabajan mucho para conseguir dinero. Sin embargo, el precio que pagan por su búsqueda de placer es que muchas veces tienen que trabajar en empleos que no son de su agrado, o permanecer en relaciones difíciles con personas de quienes dependen en términos económicos. Se trata de un círculo vicioso: sus compras operan como una recompensa al sufrimiento que sienten tras permanecer en situaciones que los hacen incurrir en dichas compras.

LA RECOMPENSA: LAS COMPRAS QUE DESAFÍAN A LA MUERTE

La mayoría de nosotros disfrutamos la buena mesa, los masajes, las vacaciones lujosas o comprar las cosas que más nos gustan. De hecho, todos tenemos un Buscador de Placeres en nuestro interior. Los seres humanos somos animales sensoriales: ¿Por qué no satisfacer nuestro deseo de placer y estimulación sensorial? Es un aspecto propio del hecho de sentirnos completamente vivos, y si no tenemos ese tipo de experiencias nuestro crecimiento personal será limitado. ¿Qué puede ser peor que soportar una vida de privaciones completamente innecesarias?

Al igual que con todos los arquetipos, la verdadera pregunta gira en torno al equilibrio. ¿Tu búsqueda de placer te está creando dificultades económicas? ¿Te produce menos satisfacción que utilizar el dinero en otras cosas; por ejemplo, si guardaras dinero en efectivo en caso de que tu madre anciana tuviera que vivir algún día en un hogar para ancianos, o para pagar la universidad de tus hijos? Esencialmente, se trata de algo motivado por el miedo, bien sea a tener dificultades en la vida, o a otro tipo de ansiedades.

Una gran recompensa para los Buscadores de Placeres es que no experimentan el doloroso sentimiento de vacío que ocasionalmente sentimos los demás, pues, antes que nada, ellos se concentran en disfrutar al máximo. Al llenar este vacío con objetos que les dan placer, los Buscadores de Placeres no tienen que hacerse las mismas preguntas difíciles acerca del propósito de la vida, de si están viviendo o no según sus valores, o si su búsqueda del placer los protege de este sentimiento. Es probable que el comportamiento monetario de los Buscadores de Placeres esconda incluso un miedo a morir sin haber vivido plenamente. Si fuera así, la búsqueda del placer estaría irónicamente alejada del hecho de afirmar la vida.

LO QUE TEMEN LOS BUSCADORES DE PLACERES

¿Qué genera el hábito de gastar que tienen los Buscadores de Placeres? En la mayoría de los casos, su temor aparente es no tener algún día los recursos suficientes para seguir disfrutando de las cosas agradables. Carol, una amiga mía, me dijo una vez que sus ingresos como asistente de producción de televisión habían disminuido en los últimos dos años. Le pregunté cómo estaba respondiendo a su situación y me respondió: "Creo que debería reducir mis gastos, compartir mi casa con alguien, o venderla y mudarme a un apartamento, pero no quiero hacer nada de eso. Siento náuseas cuando me imagino los lugares en los que tendría que vivir para reducir significativamente mis gastos mensuales".

Otro Buscador de Placeres que conozco es Vincent, el menor de nueve hermanos. Sus padres "reciclaban" los regalos de Navidad: los hermanos mayores recibirían nuevos trenes, muñecas y otros juguetes, y los menores recibían los de sus hermanos. El desencanto de Vincent era aún visible al describirme la decepción que sufría el día de Navidad, cuando desempacaba sus regalos y descubría que eran los juguetes desechados por sus hermanos. Actualmente, él destina entre el 10 y 15 por ciento de sus ingresos anuales para gastos de Navidad —y ni siquiera hace un presupuesto con anticipación— con el fin de asegurarse de que su esposa e hijos no sufran ninguna privación. Vincent compra regalos costosos y organiza fiestas suntuosas para sus familiares y amigos. De hecho, los Buscadores de Placeres, quienes frecuentemente son considerados como generosos, pueden ser muy evangélicos en su deseo de que los demás también disfruten de las posibilidades que ofrece el dinero.

Esta pasión nace de un temor más profundo que se oculta debajo de sus ansias. Vincent temía no ser digno de recibir amor, por lo menos no tanto como sus hermanos mayores, y quería demostrar que podía por lo menos recibir y dar regalos nuevos en Navidad. Como su miedo permaneció a un nivel inconsciente, él no percibía que utilizaba el dinero para evitar estos sentimientos de falta de valor y de autoestima. Antes de trabajar en estos aspectos, Vincent no era capaz de reducir sus considerables gastos de Navidad, y tuvo que identificar los temores que había detrás de su comportamiento financiero antes de poder modificarlo.

La naturaleza de estos temores inherentes varía considerablemente de un individuo a otro, pero lo cierto es que si sientes una gran resistencia cuando dudas en comprar algo que deseas, lo más probable es que esa compra te esté anestesiando para no sentir algo más fuerte. Inicialmente, enfrentar ese miedo puede parecerte desalentador. Si resistes la tentación de saciar un ansia con una compra, probablemente experimentarás una dosis considerable de resistencia e incluso de dolor. La buena noticia es que esta ansiedad es mucho menos terrible de lo que esperabas; podría ser incluso una puerta que condujera a un camino de satisfacción, intimidad, o amor. Vincent me dijo que analizó sus miedos inherentes, y que el año pasado celebró una Navidad sin regalos. Los miembros familiares escribieron lo que más les gustaba de sus parientes, expresaron sus mejores deseos y decoraron el árbol de Navidad con esas tarjetas. Todos las leyeron en voz alta el día de Navidad, y fue una celebración inolvidable.

¿QUÉ HA MOTIVADO MIS COMPRAS MÁS RECIENTES?

Aunque los antiguos hedonistas creían que el placer era el mayor de los bienes, el filósofo griego Epicuro destacó la importancia de los placeres sensoriales y los equiparó a la ausencia de dolor. Los epicúreos proclamaron que el placer debe obtenerse con el control racional del deseo. Con este fin, haz una lista de aquellos artículos que hayas comprado que no solo sean costosos, sino que también deseabas a toda costa:

➤

1. _____

2. _____

3. _____

Responde las siguientes preguntas para cada artículo:

- ¿Por qué lo compré?

- ¿Cómo me sentía antes de comprarlo?

- ¿Cómo me sentí después de comprarlo?

- ¿Todavía me siento así?

- ¿Cuánto tiempo me duró esa sensación?

    ¿Qué miedos o sensaciones desagradables dejé de sentir con esta compra? La siguiente lista puede darte varias ideas:

Rabia	Alegría	Tristeza	Frustración
Envidia	Ira	Depresión	Desesperanza
Confusión	Falta de valor	Codicia	Competitividad
Ansiedad	Vergüenza	Vacío	Ineptitud

    Escribe un miedo específico que hayas evitado sentir con cada una de estas compras. Estos miedos no tienen que ser racionales ni justificables. Por ejemplo, tal vez decoraste de nuevo tu casa porque creíste que podrías entretenerte más y no te sentirías tan solo.

    Cuando reconozcas estos sentimientos, pregúntate: ¿Cómo puedo encontrar antídotos reales para el dolor que me producen estos sentimientos incómodos, en oposición a sedarme con placeres adicionales?

EL LADO OSCURO DE BUSCAR PLACERES:
COMPRA AHORA Y PAGA (MUCHO MÁS) DESPUÉS

Aunque muchos Buscadores de Placeres declaran con entusiasmo que tienen una relación saludable con el dinero porque realmente entienden que la vida no solo se trata del dinero, en sus extremos más perjudiciales consiste en un miedo que realmente lastima a los buscadores de placer: miedo a la privación, a enfrentar sentimientos incómodos, o incluso a la muerte. Y hasta que los acreedores no toquen a sus puertas, es fácil ignorar el lado oscuro de este arquetipo.

Los americanos en general han crecido en medio de poderosos mecanismos de mercadeo que cultivan y celebran el Buscador de Placeres que hay en nuestro interior. De hecho, Edward Bernays, un sobrino norteamericano de Sigmund Freud, y a quien muchos consideran el padre de la publicidad y de las relaciones públicas modernas, se basó en las ideas de su tío sobre la satisfacción para crear una sofisticada industria dedicada a servir a nuestras mentes deseantes. Bernays imaginó un mundo en el que las personas compraban un auto nuevo, no porque el motor de su auto se hubiera averiado, sino para aumentar su autoestima o *sex-appeal*. Compraban bebidas gaseosas no porque tuvieran sed, sino porque querían ser parte de un grupo de personas como ellos. ¿Cuál fue el resultado? Gastos descontrolados y hábitos inconscientes con el dinero que muchas veces ponen en riesgo la buena vida que buscamos con tanto ahínco. Muchos americanos están atrapados en términos financieros en el arquetipo del Buscador de Placeres. De hecho, la sociedad de consumo norteamericana nos allana el camino para que todos seamos Buscadores de Placeres, tanto así que cuando vamos de compras, nos dice que estamos cumpliendo con nuestro deber patriótico.

Aquellos que encajan dentro del arquetipo del Buscador de Placeres necesitan ser extremadamente compasivos y rigurosamente honestos consigo mismos sobre aquello que los lleva a gastar. El niño que hay en el Buscador de Placeres quiere que todo el mundo sepa que "¡Yo merezco esto!". ¿Hasta qué punto el hecho de haber desarrollado ese arquetipo les ha impedido sentir más dolor? Si somos impulsados por el miedo y lo compensamos con un deseo excesivo, crearemos un desequilibrio en nuestras vidas.

UNA HISTORIA DE PRECAUCIÓN

Una vez tuve una clienta llamada Rose, criada en el seno de una familia competente, con un padre dominante que lo controlaba todo, incluyendo el dinero de la familia. Este hombre, que había crecido durante la Gran Depresión, era tan frugal que se privaba de muchas cosas. Aunque la familia tenía ingresos de clase media, vivía en una casa pequeña llena de desperfectos, comía panes viejos y alimentos enlatados.

Todos los miembros de la familia se sentían impotentes e incapaces de abrirse camino en el mundo del dinero. El padre tomaba todas las decisiones, les hacía sentir vergüenza por sus deseos materiales, pero Rose nunca dejó de experimentar, de cometer errores, ni de adquirir su propio sentido de seguridad en el mundo de las finanzas personales.

Cuando llegó a la edad adulta, Rose se rebeló contra los valores de su padre y casi todas las noches salía a cenar con sus amigas, compraba los últimos zapatos que habían salido al mercado y satisfacía virtualmente todos sus deseos materiales. Aunque sus ingresos como administradora de contabilidad en una compañía de banquetes eran mucho más altos que los que habían tenido sus padres, de todos modos eran inferiores a sus gastos y continuamente tenía que decirle a su padre que le prestara o regalara dinero, y él aceptaba de mala gana y la sermoneaba con severidad para que modificara su conducta.

Rose se casó a los veintisiete años con un exitoso agente deportivo que percibía ingresos de seis dígitos. Sin embargo, era muy frugal, lo que creó una tensión semejante a la que ella había experimentado con su padre. Sin embargo, los ingresos de la pareja eran suficientemente altos y ella continuó gastando abiertamente. Tuvieron tres hijos y los gastos que ellos demandaban aumentaron las tensiones entre la pareja. Se separaron cuando el más pequeño tenía seis años y finalmente se divorciaron, principalmente debido a sus diferencias con respecto al dinero: su esposo creía que Rose estaba malcriando a sus hijos, y ella creía que él los estaba privando de muchas cosas.

Rose recibió un sustancial acuerdo de divorcio que incluía 17.000 dólares al mes por concepto de pensión alimenticia y manutención de los hijos, así como más de $1,5 millones por los activos que tenían en conjunto. Compró una casa costosa y siguió dándoles las mejores ropas, fiestas y viajes familiares a sus hijos. Cinco años después la pensión alimenticia llegó a su fin. Debido a malas inversiones y a sus gastos, su patrimonio se redujo a menos de $300.000. Seguía gastando al mismo nivel que cuando estaba casada, había abandonado su profesión y no estaba recibiendo ingresos adicionales. Seguiría recibiendo dinero por la manutención de sus hijos durante cinco años más, pero eso era mucho menos de lo que necesitaba para cubrir su nivel de gastos.

A lo largo de los altibajos financieros en su vida, incluyendo el salario elevado que había ganado, el estilo de vida de clase alta que había disfrutado con su esposo, y su sustancioso arreglo de divorcio, Rose siguió experimentando esos sentimientos muy familiares de privación e impotencia que había conocido en su infancia y adolescencia, incluso cuando gastaba libremente. Al aceptar la filosofía de "no te lo puedes llevar contigo" de una manera tan extrema, Rose no disfrutaba realmente la vida, aunque eso fuera lo que su filosofía proclamara con tanta vehemencia.

Los Buscadores de Placeres tienden a tener una actitud despreocupada con el dinero, pero desafortunadamente la despreocupación suele registrarse en los detalles. Muchos Buscadores de Placeres dicen: "Soy terrible con el dinero". Sin embargo, incurrir en comportamientos evasivos cuando se trata de tus finanzas es algo que ejerce una presión extraordinaria no solo sobre ti, sino también sobre tus seres queridos. Muchos Buscadores de Placeres tienen conflictos en sus relaciones románticas porque gastan más de lo que pueden.

Las deudas son la consecuencia natural de la búsqueda del placer descontrolado, y es el secreto sucio y oculto de América. Durante mi labor profesional he constatado que sus costos son extremadamente altos, no solo en términos económicos sino también emocionales.

Lee las siguientes estadísticas:

- Total de crédito al consumidor: $2,5 trillones (Reserva Federal; junio de 2007).

- El 36 por ciento de quienes deben más de $10.000 en sus tarjetas de crédito tiene ingresos inferiores a $50.000 (VIP Forum).

- Promedio de tasa de interés de las tarjetas de crédito: 14,57 (BankRate.com; agosto de 2007).

- Número de propietarios de tarjetas de crédito que se declararon en bancarrota en 2005: 1,3 millones (Motley Fool).

Con frecuencia, los Buscadores de Placeres se imaginan un retiro en el que abundan los viajes a Europa y otros lujos, pero debido a sus hábitos, esos años dorados se vuelven ilusorios. Aunque el Buscador de Placeres no es el único arquetipo que tiene problemas en ahorrar para su retiro, la realidad de este suele ser un gran llamado de alerta para los Buscadores de Placeres. Las estadísticas muestran que muchos de nosotros llegaremos a una edad muy avanzada. Si no has ahorrado lo suficiente para tu retiro, ¿qué tan placenteros serán tus últimos años de vida?

Una encuesta realizada en 2006 por el Instituto de Investigaciones para el Beneficio de Empleados, mostró que la confianza que sienten los americanos con respecto al dinero que han ahorrado para su retiro es mucho más alta de lo que demuestran las estadísticas:

- La mayoría de los encuestados (68 por ciento) dijeron haber ahorrado menos de $50.000 para su retiro.

- Muchos de ellos (58 por ciento) no tuvieron en cuenta los crecientes costos de los servicios de salud, ni que deben complementar los beneficios del Medicare hasta en $210.000 si llegan a los noventa años de vida.

- Mientras que el 62 por ciento de los retirados actuales afirma estar gastando más del 70 por ciento de sus ingresos previos a su retiro, la mayoría de los encuestados que aún no se han retirado dijeron que necesitarían menos del 70 por ciento de sus ingresos actuales cuando se retiren.

- La mayoría (59 por ciento) dijo que al momento de su retiro esperaba tener un nivel de vida igual o más alto que el que había tenido durante su vida laboral. Pero cuando les preguntaron si habían calculado cuánto dinero necesitarían, el 58 por ciento respondió que no, y el 8 por ciento dijo haber adivinado la respuesta.

Es obvio que la búsqueda del placer tiene un lado muy oscuro. Los Buscadores de Placeres pueden arruinar su crédito y sentir culpa y temor cuando reciban las cuentas y notificaciones; es probable que tengan que enfrentar el daño que le han causado a miembros familiares y pueden pasar su retiro en la pobreza. Conocí a alguien que gastó todo lo que tenía en comprar un bar elegante que no le dejaba ganancias, y no guardó nada para los gastos de su familia. Conozco a una pareja que decidió remodelar su casa al mismo tiempo que le decía a sus hijos que no tenía dinero para pagarles la universidad. He visto personas que han comprado un auto de $80.000 o un bote de $250.000 debido a un impulso, pero que no podían permitirse esos lujos.

"No tenemos que dejar de desear algo, sino tomar distancia del objeto y pensar qué sentimos al desearlo".

—GIL FRONSDAL, MAESTRO BUDISTA

No solo la búsqueda del placer nos pone en riesgo de no poder disfrutar las cosas, sino que en su extremo más perjudicial es una respuesta mecánica que nos despoja de nuestro poder y no nos permite tomar decisiones personales.

UN TIPO DIFERENTE DE PLACER

Andy era un comisionista en el sector de hipotecas comerciales y ganaba cientos de miles de dólares. Aunque trabajaba mucho, no disfrutaba su trabajo y gastaba mucho dinero de manera impulsiva en ropas finas, relojes, o en su colección de motocicletas. Aunque no tenía mucho tiempo para montar en ellas, miraba su garaje, veía aquellas máquinas resplandecientes y sentía que por lo menos tenía algo espectacular después de trabajar tanto. "Durante varios años", dijo, "pensé que sería más feliz si conseguía más dinero". Ganó más y más dinero, pero no disfrutaba su trabajo. Poco antes de cumplir cuarenta años renunció a su empleo en Wells Fargo y abrió su propio negocio de consultoría para compañías pequeñas y sin fines de lucro. Se mudó a una bella ciudad rural en el Suroeste, creyendo que le iría mejor y sería más feliz con su propio negocio. Su padre era el típico hombre hecho a pulso, pues llegó a ser un ejecutivo exitoso a pesar de no tener educación formal. Cuando era joven, Andy creía en el mito familiar de que el dinero lo soluciona todo, y por eso recibió un fuerte impacto cuando descubrió que aunque su negocio no le produjo más dinero —de hecho, sus ingresos se redujeron en una tercera parte—, le dio algo que había anhelado desde hacía mucho tiempo: alegría. "Sigo buscando el placer; solo que lo encuentro en otras fuentes", explica. Su placer consiste en la satisfacción que obtiene al ayudar a otras personas de negocios a materializar sus sueños. Recientemente se enamoró de una mujer que tiene un hijo pequeño, y, para su sorpresa, le gusta tanto jugar con el niño como cuando montaba sus motocicletas. Esta nueva fuente de placer le ha permitido asumir su vida financiera de un modo diferente. Ha comenzado a pensar en el futuro de su hijastro, de tal suerte que ahorrar ya no le resulta abstracto. La posibilidad de cuidar a alguien que ama le da placer. Ha sido un cambio radical, y él considera que "ha valido la pena".

Al igual que Andy, los Buscadores de Placeres pueden beneficiarse si redefinen aquello que les produce placer; y no hay nada mejor que una pequeña dosis de voluntad para encontrar nuevas fuentes.

Recuerden que uno de los mantras del Buscador de Placeres es "yo me lo merezco". Una de las formas de romper con el patrón de saciar cada deseo es preguntarse si lo que compras realmente contribuye a reafirmar tus valores.

DEFINIENDO DE NUEVO EL PLACER

Llena esta lista. Los cinco aspectos más importantes (o características) en la vida son:

1. _____
2. _____
3. _____
4. _____
5. _____

Si eres como la mayoría de las personas, los aspectos que anotaste en la lista pueden ser ajenos a ti. Es probable que hayas mencionado a tu familia o tu tiempo libre. Si se trata de objetos, probablemente cumplan una función útil, como, por ejemplo, tu casa o tu vehículo.

La semana pasada gasté dinero en lo siguiente:

1. _____
2. _____
3. _____
4. _____
5. _____

Revisa la lista y responde esta pregunta: ¿De qué manera contribuí o no a los cinco aspectos importantes de mi primera lista al gastar dinero en esto?

UN DÍA DE DESCANSO

Los Buscadores de Placeres necesitan realizar cambios ejemplares y encontrar diversas maneras de sentir placer en sus vidas diarias. El rabino Harold Kushner, autor de muchos libros exitosos, entre ellos: *Cuando aquello que has deseado no es suficiente: La búsqueda de una vida trascendente*, nos recuerda la importancia de pasar un día sin desear nada. Muchas tradiciones religiosas tienen un *sabbath*, que también nos ofrece la oportunidad de alejarnos del dinero. Intenta esto: una vez a la semana y sin importar el día, pasa 24 horas sin tener ningún contacto con el dinero. Compra víveres con anticipación; paga tus cuentas con anticipación, evita manejar dinero o utilizar tarjetas de crédito. Sin embargo, no estoy diciendo que te comportes como un asceta: busca otras formas de disfrutar la vida. ¿Por qué no juegas con un niño, te pones en contacto con la naturaleza, escuchas música, bailas, o lees un buen libro? Sin importar de qué se trate, encuentra fuentes de placer que no requieran transacciones económicas. Hay muchas formas de alimentar los sentidos sin tener que gastar un solo centavo. ¡Sé creativo!

MIS MANOS ESTÁN VACÍAS

La aldea Plum es una encantadora comunidad budista en Burdeos, una región de Francia. Fundada por el monje vietnamita Thich Nhat Hanh, está localizada entre bosques exuberantes y colinas verdes y ondulantes, donde residen unos trescientos monjes y practicantes laicos. Muchos visitantes asisten a retiros o van a aprender los principios budistas. En uno de estos retiros tuve la oportunidad de hablar con el hermano Phap Ang, un antiguo ingeniero vietnamita educado en algunas de las mejores instituciones educativas de los Estados Unidos, quien abandonó su exitosa carrera para dedicarse a la vida monástica. Desde hace más de cuarenta años, Ang lleva una vida simple dedicada a la meditación y a la oración. Como todos los monjes budistas, él se abstiene del alcohol, es célibe y no tiene ninguna posesión. Mientras hablaba con este hombre humilde, no resistí la tentación de preguntarle cómo funcionaba el dinero en su aldea.

Me respondió con amabilidad que las personas que vivían en la aldea Plum no tenían posesiones, pero recibían cuarenta euros mensuales para sus gastos.

"¿Y en qué los gastas?", le pregunté, luego de calcular que esa cantidad era menos de lo que algunas familias americanas les dan semanalmente a sus hijos para que gasten en la escuela.

Ang pensó en mi pregunta. "Ah", dijo. "A veces gasto unos pocos euros en una cosa o en otra". Sin embargo, casi siempre guarda gran parte del dinero, el cual dona a orfanatos y escuelas vietnamitas que reciben el apoyo de esta aldea. Su actitud hacia el dinero es simple: "No lo conservo; y la mayoría de las veces tengo mis manos vacías".

Medité en sus palabras y me pareció sorprendente que los habitantes de esta aldea tuvieran tan poco dinero, pero aún más, que regalaran el poco que recibían. También me pareció que eran las personas más felices que había conocido. Se veían resplandecientes mientras estaban sentados en silencio y sin hacer nada en particular.

¿Cuál es su secreto?

El hermano Ang me explicó que ellos habían aprendido a "existir con una sola cosa". Aunque no consumen alcohol ni tienen relaciones sexuales, no quiere decir ni mucho menos que sufran privaciones sensoriales; ellos concentran su atención en una cosa a la vez. Si caminan, concentran su atención en el sendero que está frente a ellos, en los árboles al lado del camino, o en las flores. Yo también sentí esa sensación en la aldea. Cuando llegas allá, le prestas atención a una sola cosa a la vez, y no a cientos. Estás en el bosque y sientes el viento en tu rostro, respiras los aromas de primavera, la humedad de la tierra, y la esencia vaporosa de los árboles. De hecho, en la semana que estuve allí, sentí tanto placer sensorial como en varios años juntos.

UNA SOLA COSA A LA VEZ

No tienes que ir a esta aldea francesa para tener una experiencia sublime. Aprende a resistirte a la tendencia que tiene la mente a cambiar y a divagar, y procura tener experiencias más agradables con las cosas que compras o haces. Mastica más los alimentos y come sin hablar. Camina: préstale atención a tu respiración y nota cómo tus sentidos responden a las personas y cosas con las que se encuentran. Escucha con atención si hablas con alguien, percibe la expresión de tu interlocutor y sus palabras. Si haces algo, compenétrate con ello, préstale toda tu atención y olvídate de las cosas que tienes por hacer. Permite que tus sentidos se deleiten con el mundo que te rodea tal como es. Cuando tu experiencia es agradable para los sentidos y le prestas una atención completa e integral, la alegría que sientas se multiplicará exponencialmente. Una presencia completamente atenta nos brinda placer como nunca puede hacerlo el dinero.

Para más recomendaciones prácticas sobre flujo de efectivo y presupuestos, inversiones, seguros, impuestos, planeación inmobiliaria, donaciones, obras de filantropía y caridad, específicamente diseñadas para el Buscador de Placeres, consulta el Apéndice (p. 337).

CAPÍTULO CINCO

EL IDEALISTA

"El idealismo es una máscara de la desilu-
sión. No tiene nada de malo, pero nunca
puede transmitir la verdad, puesto que es
una idea sobre ésta. Hay un ideal que nadie puede igualar, y en vez de cuestionar el
ideal, las personas que no están a la altura
de las circunstancias son cuestionadas o
incluso desdeñadas. Si la pobreza es idealizada, entonces habrá una guerra contra
los que tienen dinero, o la percepción de
ser rectos, más puros o verdaderos, lo cual
es una gran trampa".

—GANGAJI, MAESTRO ESPIRITUAL

La primera vez que Margaret habló en un seminario mío, percibí
que se debatía entre sentimientos contradictorios. Otro asistente
casi veinte años menor que ella dijo que el libre mercado era algo
maravilloso para el mundo, y que todos los países del mundo
estaban adoptando la economía de libre mercado después de la
caída del bloque soviético. Margaret, de pelo blanco y ojos pene-

trantes, y quien se había identificado como una trabajadora por la paz, señaló:

"Me pregunto si pertenezco a este seminario", dijo abruptamente.

"¿Puedes explicar por qué dices eso?", le pregunté.

Ella respiró profundo. "Realmente quiero tener una relación más saludable con el dinero, pero no me parece muy claro que el mercado libre suponga la libertad para todos. Muchas fábricas explotan a los trabajadores y es una especie de esclavitud moderna. Incluso en los Estados Unidos, no todos tenemos las mismas oportunidades; las clases media y alta no son conscientes de todos sus privilegios. No todas las personas heredan dinero de sus padres o reciben ayuda para pagar la cuota inicial de la casa. Muchas de ellas tienen dificultades simplemente para alimentar a sus familias y eso no es culpa suya. Creo que el capitalismo es responsable por la mayoría del sufrimiento que hay en el mundo. No sé por qué a la gente le gusta tanto", dijo con vehemencia. "Honestamente, creo que es un sistema completamente corrupto. No valora la creatividad y ni siquiera le garantiza a cada ser humano la satisfacción de sus necesidades básicas. Todos los días mueren personas pobres para que algunos presidentes de compañías puedan tener cinco mansiones... ¿acaso es algo maravilloso? Hay mucho dinero en el mundo, pero no existiría tanto sufrimiento si lo distribuyéramos de una manera más equitativa".

"Pareces tener sentimientos fuertes. ¿Podrías decirnos de qué manera tus creencias afectan tu relación cotidiana con el dinero?", le dije.

Ella pensó durante un momento y luego señaló: "A veces siento mucha rabia por lo injusto que es el dinero. Trabajo como consejera en una universidad local y el salario que recibo no me alcanza siquiera para cubrir los gastos; sin embargo, soy responsable de orientar y formar a muchos jóvenes".

"Si tu salario es insuficiente, ¿cómo haces para cubrir tus gastos?", le pregunté.

"Mi esposo gana algún dinero como editor cinematográfico independiente, pero no alcanza para nuestros gastos". Luego añadió con suavidad, como si se sintiera avergonzada: "Tengo la suerte de haber heredado un dinero de mi abuela. Pero creo que si mis amigos supieran esto, creerían que soy una persona rica y mimada, y por eso lo escondo. Me siento como una impostora".

LA HISTORIA BÁSICA DEL IDEALISTA

Más que cualquier otro arquetipo, los Idealistas están en contra del dinero. También pueden sentirse extraños en círculos sociales de clase media o alta, y se avergüenzan de los asuntos financieros. Tienen una reacción muy negativa cuando piensan en el dinero. Sus pensamientos son algo así como: "El dinero es la fuente de todo los males", "Sería un traidor si tuviera dinero", "El dinero no trae la felicidad; más bien la impide", "El sistema es corrupto. Las corporaciones y el gobierno son inmorales y están controlados por el 1 por ciento más rico del país". Es probable que quienes se avergüenzan del dinero piensen: "¿Cómo puedo tener tanto cuando otros tienen tan poco?", "Si realmente quisiera que el mundo fuera mejor, compartiría más lo que tengo". Aunque la aversión que sienten los Idealistas por el dinero no sea consciente, muchas veces contribuye a una vida financiera desequilibrada e insatisfactoria.

El arquetipo Idealista incluye a muchos activistas sociales, a individuos que buscan la espiritualidad, y a los artistas.

Los Idealistas se concentran intensamente en su vocación, en la causa en la que creen con tanto fervor, o en el camino espiritual que han elegido. Sin embargo, pueden sentirse confundidos por sus necesidades y condiciones financieras actuales. Aunque vivan frugalmente y administren sus ingresos exiguos y sus pocos gastos, su precariedad financiera los obliga a trabajar muchas veces en algo que detestan, y pasan mucho tiempo pensando en el dinero en vez de dedicarlo a sus vocaciones. Los Idealistas pueden soñar con un golpe de suerte o un beneficio inesperado, pues creen que su trabajo será ampliamente reconocido. Pero aunque sienten aversión por el dinero en sí, muchas veces están atrapados en un ciclo de deseo al igual que cualquier otra persona, aunque no esté relacionado con el dinero. El estrés que sienten por el dinero solo contribuye a aumentar su fuerte aversión. El dinero en sí, y no la forma en que se relacionan con él, parece ser el problema que les impide dedicarse a su verdadera pasión.

> "Un amigo que estaba de visita me dijo: '¿Por qué tienes esa expresión tan amarga?'. 'Porque estoy pensando en el dinero', le respondí".
>
> —RAM DASS

Una Idealista de clase media pero de origen popular me explicó que se sentiría afortunada de no tener que "preocuparme constantemente por la comida y la calefacción como lo hicieron mis padres, tal como lo hice durante mi infancia y juventud". "Quitarme esa carga de encima me pareció suficiente y era todo lo que podía esperar", agregó.

Los Idealistas no siempre provienen de familias pobres. Algunas veces, los individuos atrapados en este arquetipo dependen del dinero que no han ganado, ya se trate de los ingresos de su cónyuge, de un estipendio que les dan sus padres, de un acuerdo de divorcio, de una herencia, o de avances con su tarjeta de crédito. Como vivimos en una cultura que valora la independencia, los Idealistas que no son autosuficientes en términos financieros generalmente sienten una dosis considerable de culpa y una gran inseguridad, aunque la mayoría las mantienen ocultas. En el mundo actual, el dinero es sinónimo de supervivencia, y todos los seres humanos queremos sobrevivir.

Probablemente seas un Idealista si:

- Tu vocación principal es el arte, la música, el entretenimiento, o trabajas para una organización sin fines de lucro.

- No ganas dinero suficiente para declarar impuestos, o ganas lo suficiente pero no declaras.

- Dependes de otras personas (de tu presente o pasado) para la mayor parte de tu apoyo financiero.

- Tus inversiones consisten básicamente en negocios pequeños, propiedades individuales, o una colección de arte, porque desconfías de los negocios grandes.

- Inviertes en acciones, has descartado las compañías de tabaco, las que contaminan el ambiente, las fabricantes de armas, la energía nuclear, las fabricantes de alcohol, y las compañías que tienen políticas laborales injustas (un porcentaje de personas de otros arquetipos también hacen esto, pero virtualmente todos los Idealistas lo hacen o lo harían en caso de comprar acciones).

- Tiendes a darle cinco dólares a un mendigo o a una causa benéfica.

SEMILLAS DEL IDEALISTA:
"EL OJO DE UNA AGUJA"

Como el nombre lo indica, las personas de este arquetipo son altamente Idealistas. Con frecuencia, su visión del dinero tiene una justificación ideológica, ya sea política o religiosa. Pueden identificarse como socialistas, comunistas, "verdaderos" cristianos o budistas. Las personas de este arquetipo muchas veces han hecho votos de pobreza y tienen muchas dificultades para romper con ellos.

Así como con todos los arquetipos, las opiniones de los Idealistas tienen cierta lógica. Es indudable que los excesos de un mercado libre y sin restricciones han causado un gran sufrimiento humano, y que muchas personas adineradas no ven más allá de su propio horizonte. Los recientes escándalos de grandes compañías que anteponen sus ganancias a los seres humanos o al medio ambiente sirven para justificar la desconfianza natural que sienten los Idealistas por "el sistema". Los ejemplos de individuos que se aprovechan de las desgracias ajenas abundan en la historia, y es cierto que en muchas ocasiones el deseo de ganancias materiales ha producido guerras, destrucción y miseria.

Algunos Idealistas desean vivir en épocas más simples o en alguna cultura idealizada en la que el dinero no sea tan importante como en nuestra sociedad. Son solidarios con los pobres, y si comienzan a ganar dinero, pueden experimentar sentimientos de hipocresía o deslealtad que les producen inquietud.

Sin embargo, sus opiniones sobre el dinero muchas veces los ponen en aprietos. Algunas de sus estrategias para lidiar con "la raíz de todos los males" son: "No puedo gastármelo todo", "Haré de cuenta que no existe", o "No debo aferrarme a él". Estas estrategias no siempre son aplicables en el mundo en que vivimos, y su incapacidad para complementar la teoría con la práctica muchas veces les produce rabia y frustración.

"EL DINERO APESTA"

Así como los Ahorradores recurren a ahorrar y los Buscadores de Placeres a gastar, los Idealistas utilizan sus convicciones para escapar al dolor. Si alguien no gana dinero suficiente para sufragar sus gastos, se vuelve vulnerable en términos financieros porque debe comportarse de una forma "aceptable" con las personas que lo sostienen, pues, de lo contrario, su existencia misma estaría en peligro. Esto es muy duro para los Idealistas, pues son rebeldes en muchos sentidos. Con frecuencia, esta vulnerabilidad es muy profunda y difícil de analizar en términos conscientes, pero produce sin embargo una gran frustración.

Cuando un Idealista recibe apoyo financiero de un cónyuge o padre, del gobierno o de una compañía de tarjetas de crédito, suele sentir una gran ambivalencia que puede manifestarse como un profundo sentimiento de injusticia y de indignación: "¿Por qué tengo que responderte?", "¿Qué has hecho para merecer el poder que tienes sobre mí?", "¡No eres perfecto! ¡Déjame en paz y ser como soy! No quiero ser parte de tu mundo". Con razón o sin ella, este resentimiento ante la injusticia de vivir en un mundo en donde el dinero es tan importante, muchas veces está dirigido al benefactor del Idealista, porque es la persona o institución a la que este tiene que complacer para poder sobrevivir. Por ejemplo, un artista que depende de un programa gubernamental o de una fundación sin fines de lucro para conseguir una beca, puede renegar por cualquier restricción que tenga esta, mientras que una activista cuyos padres la apoyan pero condicionan su ayuda económica, puede despotricar de los valores materialistas. Algunos Idealistas son tan reacios a admitir su propia vulnerabilidad o culpabilidad por hacer parte del "juego del dinero", que pretenden ignorar que dependen de los demás en términos financieros. Conozco a un pintor brillante que realmente está enamorado de una profesional exitosa y vive con ella. Justifica no pagar la mitad de los gastos domésticos porque dice que "ella ha decidido vivir en una casa grande y estaría pagando la hipoteca aunque yo no viviera con ella. Me considero más como un huésped, y no creo en eso de ser propietario".

Aunque el hecho de pagar menos cuando sus recursos son inferiores puede ser algo perfectamente funcional en una relación en la que las dos personas tengan claridad y se sientan cómodas con el arreglo, este debe ser enriquecedor para ambas partes. Si uno de los cónyuges no tiene una situación financiera muy estable pero realiza otro tipo de contribuciones y habla abiertamente de la situación, ambos pueden sentir que las cosas son equitativas y equilibradas. Pero cuando los Idealistas les imponen sus opiniones a sus parejas y estas no opinan lo mismo, aparecen las tensiones.

Mientras que algunos Idealistas dependen de la ayuda ajena y a veces tienen sentimientos encontrados sobre esta dependencia, hay otros que no dependen de nadie pero están tan dispuestos a entregarse a sus asuntos creativos, espirituales o sociales, que terminan por sabotearse a sí mismos en términos financieros. Un músico al que conozco me dijo recientemente: "¿Por qué tengo que lidiar con esto? Es lo que menos me gusta de la vida. El dinero apesta; manejar dinero me produce asco". Todos hemos experimentado estos sentimientos en alguna ocasión. Encargarnos de nuestras finanzas supone un gran esfuerzo y no es algo necesariamente muy interesante. Pero, muchas veces, los Idealistas tienen tanto talento o les atrae otro aspecto de la vida que prefieren concentrar su inteligencia y pasión en esa vocación antes que en él. Obtienen mucho más placer y satisfacción de su "verdadero trabajo" y muchas veces creen que es su forma de contribuir al mundo, por lo que necesariamente tienen que realizar un sacrificio financiero.

EVADIENDO LA REALIDAD

No todos los Idealistas son pobres, pero la mayoría decide no tener mucha relación con el dinero. Un número considerable de Idealistas no dependen de otras personas en términos financieros. Hay otros que tienen una buena cantidad de dinero, pero al igual que Margaret, generalmente se sienten culpables, avergonzados o atribulados por él. Conozco a una persona de cincuenta y tantos años que heredó mucho dinero, y me dijo que cuando estudiaba en el internado fingía ser pobre. "Los chicos malcriados me daban ganas de vomitar. Todavía me visto como un adolescente desaliñado", señaló con timidez.

Para algunos Idealistas, el hecho de concentrarse en hacer lo que aman y creen, los conduce a una vida de abundancia (como mencioné anteriormente, algunos Idealistas esperan que la fama o el reconocimiento que recibirán por su trabajo pueda traerles riqueza, aunque ven esa posibilidad como un accidente afortunado y no como algo planeado). Un escultor claramente influenciado por el arquetipo Idealista exhibió recientemente su trabajo en una galería y vendió obras por más de $1 millón. Sin embargo, aún tiene dificultades para administrar sus cuantiosos ingresos porque desde hace mucho tiempo está en contra del dinero. Esta conducta evasiva casi siempre hace que después de diez años de éxito profesional, los Idealistas digan: "¿A dónde se fue todo el dinero?". Y si no tienen éxito financiero, reclaman: "¿Por qué no lo he ganado?".

LA LENTE DEL ESCÉPTICO

Los artistas, activistas y personas espirituales que operan bajo el arquetipo Idealista tienen olfato para la hipocresía y muchas veces ven con mucha claridad y precisión las limitaciones del "sistema" o de las ideologías en general. Si tienes este tipo de mentalidad crítica, te invito a que utilices ese escepticismo para pensar en lo siguiente:

➤

- Olvídate por un momento de las formas en que crees que "el sistema" es corrupto y concéntrate en ti. ¿Qué es lo que no alcanzas a percibir sobre tu relación con el dinero? ¿De qué forma tu relación con el dinero es contradictoria o incluso hipócrita?

- Si eres un Idealista que tiene una considerable suma de dinero que no has ganado por tus propios medios, ¿de qué manera sería diferente tu vida si la hubieras ganado por tus propios medios? ¿Crees que tus creencias o relación con el dinero serían diferentes?

- ¿Crees que tu falta de interés por ser autosuficiente contribuye positivamente a tu causa artística o de otro tipo?

- Imagina por un momento todas las cosas buenas que podrías hacer si tuvieras más dinero. Enumera las formas en que el dinero podría contribuir positivamente a tus ideales.

HIPPIES CON DINERO

Muchos americanos que crecieron en los años 60 reaccionaron contra la generación de sus padres. Rechazaron el "sistema", la guerra en Vietnam, y adoptaron un estilo de vida contracultural y puntos de vista que iban en contra del establecimiento. Influenciado por el marxismo y otras ideas radicales, este segmento de la población creía que el mundo estaba próximo a sufrir un gran cambio, que los antiguos sistemas como la "economía del dinero" desaparecerían pronto, y que regresaríamos a un estilo de vida más simple, basado en el trueque y la reciprocidad.

Muchas personas cobraron su seguro de desempleo o recibieron ayuda del Bienestar Social y creían que estaba bien hacerlo, pues era una bofetada al rostro de un gobierno corrupto y una forma de dedicarse a sus labores importantes. Pero la revolución que muchos esperaban nunca sucedió. Para muchos de estos "boomers", el fin de esta era Idealista ha sido muy difícil.

La generación que inventó la consigna: "No confíes en nadie mayor de treinta años" ahora tiene entre cincuenta y setenta años de edad. Aún más, están viviendo sus años más fructíferos en términos económicos y de poder adquisitivo. Sus padres les han dejado herencias que ascienden a trillones de dólares y muchos son profesionales prósperos. Y ahora, al comienzo del siglo XXI, los antiguos hijos de las flores tienen mucho más dinero en conjunto del que nunca soñaron cuando estaban en Woodstock. Sin embargo, aún mantienen sus valores progresistas.

Estos valores, además de su confianza en el establecimiento, son un sello de los Idealistas, bien sea que tengan varios millones o muy poco dinero. De hecho, los Idealistas suelen ser muy críticos de Wall Street, de los grandes negocios, y del sistema financiero establecido. En consecuencia, tienden a invertir en bienes inmobiliarios, en obras de arte, en sus propias empresas o en las de sus amigos. Sin embargo, ahora que esta generación está próxima a retirarse y en algunos casos a recibir grandes sumas de dinero, se encuentra en una encrucijada. Debe tratar de compaginar su moral y sus valores con la necesidad de tomar decisiones financieras concretas, mientras que el sector de los servicios financieros está pensando cómo ganarse su confianza.

Sin importar cuándo se hicieron adultos, muchos Idealistas tendrán que analizar detenidamente sus valores y actitudes sobre el dinero cuando tengan hijos, y especialmente cuando empiecen a pensar en sus propiedades y testamentos. Conozco a un profesor adjunto y activista ambiental, quien ha ahorrado poco para su retiro (en fondos que ha examinado en términos éticos y sociales), y que no tiene casi nada exceptuando su propiedad intelectual. Antes de conseguir su empleo actual vivía al día haciendo trabajos esporádicos, y gracias a becas que conseguía con la organización sin fines de lucro que fundó. Con respecto a sus dos hijos adultos, dijo: "Nunca he invertido mucho dinero en acciones, pero cuando mis hijos estaban creciendo, me sentí mal porque no pude pagarles clases musicales para apoyar su pasión por la música, ni una educación mejor, algo que debería ser un servicio gratuito, pero no lo es. Me consolé con la idea de que mi trabajo estaba marcando una diferencia en el mundo y que yo podía ayudarles de ese modo, pero aún así me sentí —y me siento— culpable".

Por intensas y correctas que puedan parecer las convicciones de los Idealistas, realmente pueden ser una cortina de humo, una defensa para no sentir la terrible vulnerabilidad que los acecha. Los que se identifican con este arquetipo pueden sentirse inseguros con respecto a su capacidad para triunfar en el mundo o a su dependencia de los demás. Sin embargo, evadir la vulnerabilidad no contribuye a la liberación. Mientras más intensas sean nuestras creencias y reacciones, menos dispuestos estaremos a enfrentar aquello que nos detiene.

La buena noticia es que, como lo veremos posteriormente, enfrentar nuestra mayor vulnerabilidad no es tan de temer como parece. Y como lo demostraré en los capítulos siguientes, los Idealistas no tienen que abandonar sus valores más genuinos (la compasión, la igualdad, la justicia y la responsabilidad ambiental) para prosperar en términos financieros.

LA RECOMPENSA

Al igual que los demás arquetipos, los Idealistas tienen una recompensa. La mayoría creen que necesitan establecer una separación entre ellos y el *status quo* para ser buenos artistas, activistas eficaces, religiosos puros o estudiantes y maestros espirituales. Muchas veces, los Idealistas crean esta sensación de separación pues no se concentran en el dinero, se niegan a ver cuánto tienen, gastan y ganan, y no piensan en sus metas financieras; esta parece ser una actitud libre y facilista a corto plazo.

En lugar de mirar hacia dentro, los Idealistas señalan a otras personas o al dinero en sí como el problema. Obviamente, es mucho más fácil culpar a los demás o al sistema que emprender la ardua labor de identificar nuestras suposiciones, ver de qué manera nos sirven o perjudican, y adquirir nuevas formas de relacionarnos con el dinero. Claro que hay muchas cosas que pueden y deberían mejorarse en nuestro sistema financiero. La gran cantidad de desafíos que enfrentan las personas nacidas en la pobreza es algo que difícilmente pueden comprender quienes tienen una comodidad financiera, entre ellos yo. Nadie puede negar los abusos de poder que cometen algunos individuos y corporaciones extremadamente adinerados; también es cierto que las condiciones y oportunidades están lejos de ser equitativas para las personas de diferentes clases económicas. Pero aquellos individuos que han producido grandes cambios en la humanidad han establecido un equilibrio consigo mismos para no vivir en contradicción con aquello que necesita mejorarse en el mundo. Una actitud opuesta simplemente polariza y rechaza las mismas fuerzas en las que pretenden influir los Idealistas, contribuyendo más al problema que a la solución. Estas personas inteligentes y apasionadas serían mucho más efectivas si se concentraran en cambiar y en mejorar las cosas. Siempre que conozco a alguien con creencias firmes y negativas sobre el dinero, recuerdo un proverbio que escuché en una ocasión: "El resentimiento es el acto de darte varias puñaladas en el corazón y esperar que la otra persona muera".

Conozco a una mujer que limitó deliberadamente sus ganancias anuales a $7.000 para no tener que declarar impuestos. Otros Idealistas sienten tanta rabia por el uso que el gobierno le da al dinero que recibe por concepto de impuestos, que no pagan lo que les corresponde aunque ganen más que eso. Pero estos actos desafiantes solo son soluciones a corto plazo, pues estos indivi-duos terminan por cansarse de su vida financiera, la cual es la consecuencia de su Historia Básica que no han analizado. Para algunos Idealistas, este momento puede presentarse cuando tie-nen hijos, o cuando no pueden solicitar becas gubernamentales para adelantar sus actividades, y muchas veces se ven motivados a realizar cambios.

Margaret sentía mucha rabia no solo con la sociedad y con sus funcionarios por menospreciar su profesión, sino también con su esposo. Estos sentimientos son frecuentes en los Idealistas, en parte porque el idealismo suele entrar en conflicto con la realidad. Ella dijo durante el seminario: "Sé que es incorrecto pensar así, pero si Bradley se rebuscara la vida como nuestro amigo Steve, ganaría lo suficiente para cubrir nuestros gastos". En realidad, Margaret estaba proyectando en su esposo el deseo de ser autosuficiente en términos financieros (y reconoció que era irónico anhelar que su esposo ganara dinero para que ella no tuviera que ensuciarse las manos con ese asunto desagradable). Creo que si él cubriera todas sus necesidades financieras, probablemente ella seguiría molesta con él y pensaría que estaba en deuda con ella. Si Margaret no confronta esto, probablemente se verá motivada a adquirir poder en otro aspecto de su relación, tal vez usurpando autoridad o ne-gándose a tener sexo.

LIBÉRATE

Las creencias de la mayoría de las personas son tan fuertes que parecen estar entrelazadas en el tejido mismo de su identidad, y modificarlas es una posibilidad tan remota como alterar el color de nuestros ojos. Sin embargo, conozco a Idealistas que han cam-biado. Recuerdo a alguien que estaba tan enfrascado en sus idea-les y creencias sobre la corrupción del dinero que constantemente saboteaba sus oportunidades laborales. Al observar detenidamente las raíces de sus fuertes creencias y sentimientos, este individuo vio que el dinero no era el monstruo en que él lo había convertido, y que sería un emisario social mucho más efectivo si ponía su casa financiera en orden, algo que hizo en un lapso de tres años.

Pregúntate lo siguiente: ¿Tus convicciones justifican el precio que estás pagando en tu vida financiera? ¿Tendrías mayor o menor libertad para expresar tus ideales si no tuvieras ataduras económicas? Si no te agrada tu relación con el dinero y te has identificado como un Idealista —aunque sea parcialmente—, las siguientes son algunas preguntas y pasos prácticos que te ayudarán a liberarte.

ALGUNAS COSAS QUE PUEDES ENSAYAR

- **¿CÓMO REACCIONAS ANTE EL DINERO?** Piensa o escribe tres formas de complementar esta frase: "El dinero es_____". ¿Qué reacciones corporales te producen tu respuesta? En términos generales, ¿atraes o rechazas el dinero (así como la libertad, la paz, la compasión, y tal vez incluso la creatividad) debido a tus creencias? Si te mantienes sin dinero (o te sientes atrapado, ansioso, inquieto, molesto o bloqueado), es muy probable que estés rechazando la atracción, la autosuficiencia y la abundancia. ¿Tu Historia Básica realmente contribuye a tus ideales creativos, sociales o espirituales?

- **LLEVA UN REGISTRO.** Casi todos los Idealistas que conozco tienen muchos problemas para llevar las cuentas de sus gastos, pagar sus deudas, o establecer un programa de inversiones sin ayuda ajena, pues sienten mucha aversión a tratar con el dinero. Sin embargo, no tienes

➤

que manejar tus finanzas; contrata un contador o haz un trueque con un amigo que sea bueno para los números y las cuentas. Autorízalos para que realicen el pago automático de deudas, abran una cuenta de ahorros, o te ayuden a reducir tus gastos.

- **PREGUNTA**. En muchas ocasiones, los Idealistas quieren que las demás personas sean diferentes. Si tienes sentimientos encontrados sobre otras personas y la forma en que se comportan con el dinero, te recomiendo altamente el siguiente ejercicio, creado por Byron Katie, autora de *Amar lo que es*, un maravilloso libro sobre la aceptación del que he adaptado preguntas sobre el dinero.

Comienza escribiendo todas tus opiniones sobre el dinero. Sé tan inflexible, poco espiritual y parcializado como quieras, pero no te vayas a los extremos. En otras palabras, no escribas: "Prefiero no tratar con el dinero porque es desagradable", sino: "El dinero es malo; lo odio", si es que realmente piensas eso. Luego pregúntate lo siguiente sobre cada uno de tus pensamientos:

1. ¿Es cierto?
2. ¿Estás absolutamente seguro de que es cierto?
3. ¿Cómo reaccionas cuando piensas en esa idea?
4. ¿Cómo serías si no pensaras eso?

A modo de ejemplo, Margaret descubrió lo siguiente cuando se hizo estas preguntas:

Odio el dinero y detesto tener que conseguirlo.

1. ¿Es cierto?

Sí. El dinero y el materialismo me parecen desagradables.

2. ¿Estás segura de que eso es cierto?

➤

Creo que no puedo estar absolutamente segura de que sea cierto porque no odio el dinero; realmente me agrada y me gustaría que mi esposo ganara más.

3. ¿Cómo reaccionas cuando piensas en eso?

Siento rabia y furia. Me siento impotente porque el dinero es muy importante para otras personas, para mis estudiantes, etc. Me tensiono mucho y tengo dificultades para respirar cuando pienso en él.

4. ¿Cómo te sentirías si no pensaras eso?

Más pacífica y cómoda con mis decisiones. No sentiría esos nudos de tensión en mi cuerpo, y tal vez sería mucho más eficaz; podría dedicarme a otras cosas y aceptar las decisiones de mi esposo. A veces siento mucha rabia contra él, y esto me confunde porque lo amo y no puedo imaginarme con otro hombre. Si no pensara que odio el dinero, tal vez sería libre de amar a mi esposo y a mi vida con mayor plenitud.

Para más recomendaciones prácticas sobre flujo de efectivo y presupuestos, inversiones, seguros, impuestos, planeación inmobiliaria, donaciones, obras de filantropía y caridad específicamente diseñadas para el Idealista, consulta el Apéndice (p. 337).

CAPÍTULO SEIS

EL AHORRADOR

"El dinero es el vacío. Cuando las personas
que tienen dinero intentan obtener una
seguridad sin límites de ese dinero, esto
resulta simplemente imposible".

—TSOKNYI RINPOCHE,
MAESTRO DE MEDITACIÓN TIBETANA

Jeremy entró a mi oficina vestido con pantalones verdes de corduroy
y un suéter viejo. Sonrió con calidez y se sentó en un rincón del sofá.
Cruzó las manos sobre sus piernas y miró los cuadros, las plantas
y los muebles. Jeremy había asistido a uno de mis seminarios y me
pidió una cita privada, pues necesitaba ayuda con algunos asuntos. Le dije que me encantaría ayudarle y le pedí que llenara un
cuestionario. Lo leí y supe que había crecido en una familia frugal
que valoraba la educación por encima del éxito financiero. Después
de recibir una licenciatura en psicología de la Universidad de Stan-
ford, obtuvo un Ph.D. de la Universidad UCLA, donde dio clases
de psicología. Pocos años después entró a la práctica de psicoterapia
privada. Ganaba $120.000 al año cuando vino a verme, y trabajaba
alrededor de veinticinco horas semanales, algo considerado como
tiempo completo en el campo de la salud mental.

"Jeremy", le dije, "¿de qué quieres hablar conmigo?".

"Considero que soy muy responsable con el dinero. Nunca he tenido deudas y gasto menos de lo que gano. Pero aunque muchas personas me dicen que quisieran tener mis hábitos monetarios, mi situación no es tan buena como parece", respondió.

"¿A qué te refieres?", le pregunté.

"Bueno; muchas veces me siento angustiado porque mis hábitos financieros me causan problemas".

Le pregunté si podía describir una situación que demostrara eso. Se movió con incomodidad, claramente avergonzado de lo que iba a decirme.

"De acuerdo", dijo. "Digamos que hago planes para ir a cenar con una amiga o amigo. Yo prefiero ir a un restaurante chino donde pago $8,95, pero mis amigos generalmente quieren ir a un lugar más elegante, donde tengo que gastar más de $25".

Jeremy me dijo que preferiría que esto no fuera un problema para él; sabía que su resistencia no era realmente con el dinero. Era claro que podía gastar esa suma, y reconoció que le gustaba más la cena que valía $25 que la del restaurante chino. Era un profesional exitoso, tenía un excelente nivel de vida, y en los dos últimos años había ahorrado $50.000. Sin embargo, se sentía incómodo por este gasto, así como por casi todos los que no eran necesarios. Le pedí que me hablara más de lo que sentía cuando iba a cenar con sus amigos a un restaurante elegido por ellos.

"Cuando leo el menú y llega la cuenta", dijo, "realmente siento un sudor frío, y me siento ansioso al pensar que es solo una pequeña parte de un ritmo de gastos con el que no me siento cómodo. Pero no solo me siento ansioso cuando salgo a cenar con mis amigos; a veces me despierto preocupado por nada en particular o me estreso cuando voy a pagar mis cuentas".

LA HISTORIA BÁSICA DEL AHORRADOR

"Si esa ansiedad tuviera voz, ¿qué crees que te diría?", le pregunté a Jeremy.

"No he pensado en eso, pero creo que me diría: 'Tienes que ahorrar más para estar seguro. Gastas demasiado y estás desperdiciando. ¿Qué harás si la economía empeora y tu práctica también? ¿De dónde vas a sacar dinero para estas cenas espléndidas? ¿Qué puedes hacer ahora mismo para aumentar tu seguridad financiera?'".

"¿Qué sientes al decir eso en voz alta?", le pregunté.

"¡Siento que es la verdad! Después de todo, la economía tiene altibajos. Siento deseos de trabajar y de ahorrar más dinero para no preocuparme ni ser tan tacaño cuando vaya a cenar con mis amigos. Creo que me deprimo un poco porque puedo gastar dinero en infinidad de cosas, pero mis gastos se saldrán de control si no aprieto las riendas".

Yo sabía que él había ahorrado un gran porcentaje del dinero devuelto por concepto de impuestos en los dos años pasados. Le pregunté si se sentía menos ansioso luego de ahorrar.

"Creo que sí; pero hay ciertos días o situaciones en que me sigo preocupando. Me siento un poco más tranquilo al saber que tengo un respaldo económico. Y realmente me alegro cuando veo que entran mil dólares a mi cuenta".

En la vida de un Ahorrador, el dinero representa seguridad, estabilidad, protección y estímulo. En los momentos más tensos, los Ahorradores equiparan sus ahorros a la supervivencia, o más exactamente, equiparan la falta de ahorros a la posibilidad de la ruina financiera. Por estas razones, el dinero adquiere una importancia desmesurada para los Ahorradores y, muchas veces, los llevan a sentir deseos frecuentes y obsesivos de contar sus ahorros, a prestarle una atención excesiva a las ganancias que perciben por sus inversiones, a tener dificultades para realizar compras, o a sentirse estresados porque su cónyuge, miembros familiares o amigos parecen gastar desaforadamente. En casos extremos, los Ahorradores creen que se sentirían seguros si pudieran acumular el dinero suficiente.

Los Ahorradores tienen dos tendencias: (1) se concentran en reducir los gastos, en ser frugales, y/o (2) se concentran en aumentar sus ahorros. Jeremy pertenece al primer grupo, tal como lo demuestra su molestia al gastar, aún en las cosas que disfruta y puede permitirse. Muchos Ahorradores frugales padecen el síndrome del "vagabundo". Al igual que los Guardianes, su Historia Básica consiste en creer que terminarán en la indigencia o en la calle. Aunque literalmente no creen que esto sea cierto o probable, su relación con el dinero les permite escapar a la supuesta ruina, pues siempre han creído que los gastos imprudentes ocasionan un desastre financiero.

Otros Ahorradores frugales tienen sus ancestros en la época de la Depresión, cuando el mercado de la bolsa perdió el 83 por ciento de su valor, casi el doble de lo perdido en la reciente crisis de 2000-2003. Sin embargo, ese fue tan solo el costo financiero; en términos emocionales, el período comprendido entre 1929 y comienzos de los años 40 produjo literalmente una depresión a nivel nacional, y los suicidios, la depresión clínica y el alcoholismo presentaron un fuerte aumento. Actualmente tenemos muchas comodidades y nos cuesta concebir lo devastadora que fue aquella época.

Las personas que padecieron la Gran Depresión querían saber por qué habían salido mal las cosas y evitar que sucedieran de nuevo. Los siguientes principios se volvieron sellos característicos de los padres de la Depresión y de sus hijos, y afectan a todos los Ahorradores en distintos grados:

LOS MANTRAS MONETARIOS DE LOS AHORRADORES

- Nunca toques tu capital (es decir, puedes vivir de los intereses que recibes por concepto de tus inversiones, que nunca debes vender) y mucho menos saques dinero de él para tus gastos.

- Vive con lo que tengas. Nunca gastes más de lo que ganes.

- Nunca vendas tu tierra o casa, y haz todo lo posible para que estén libres de deudas.

- La frugalidad es el más noble de los ideales. No malcríes a tus hijos.

El segundo tipo de Ahorrador no está tan motivado por el miedo o por la amenaza de la ruina financiera, sino que es un adicto a ver crecer sus ahorros. Algunas veces esto se debe a que su hábito de ahorrar fue inculcado en su infancia, o porque tuvo un pariente o modelo de conducta que ahorraba mucho y él quería imitarlo. También puede ser porque conoció a alguien que no ahorró y tuvo problemas en el pasado, y entonces prometió no reproducir los comportamientos de esa persona.

Una dinámica que se presenta con frecuencia entre los Ahorradores y sus asesores de inversión es que los clientes se sienten culpables de solicitar un poco de su dinero para sus gastos. Sienten como si necesitaran justificar los gastos para aliviar su culpa o mitigar su miedo, así como lo hacían con sus padres cuando eran niños. Un cliente me confesó: "Detesto llamar a tu oficina para que me transfieran dinero. Repito las palabras antes de llamar por teléfono, como si fuera un adolescente pidiéndole a una chica que salga conmigo: ¡es completamente absurdo!". Los Ahorradores que no tienen un asesor financiero suelen experimentar esta dinámica y se sienten culpables —por ejemplo— de gastar una pequeña parte de sus ahorros en un viaje largamente esperado.

En algunas ocasiones, el arquetipo del Ahorrador está muy activo en personas que tienen dificultades para cubrir sus gastos mensuales. Por ejemplo, en muchas culturas latinas existe el ideal del *buen pobre*. Este término se utiliza para describir a alguien que vive en una sociedad agrícola en la que circula poco dinero. Esta persona aprende a no desperdiciar nada; confecciona sus ropas, repara sus zapatos, cultiva sus propios alimentos, y camina en lugar de conducir; es decir, se trata de alguien que sabe administrar los recursos con habilidad.

No todos los Ahorradores se concentran tanto en la frugalidad como Jeremy, y no todos los que quieren aumentar sus ahorros se resisten a gastar. Hay muchos Ahorradores que gastan o donan una suma anual considerable y que no se privan a sí mismos. Sin embargo, lo que los convierte en Ahorradores es que ya han acumulado (o heredado) mucho más de lo que podrán gastar, o que sus ingresos anuales son muy superiores a sus gastos o donaciones, algo que los hace funcionar en piloto automático. Ellos quieren que su patrimonio financiero aumente cada año. Es la acumulación y la preservación —y no el tener, el dar o gastar dinero— lo que más parece gratificar y tranquilizar a los Ahorradores.

Probablemente seas un Ahorrador si:

- Ahorras más del 20 por ciento de tus ingresos anuales.

- Gastas y regalas anualmente menos del 3 por ciento de tu patrimonio financiero.

- Tu patrimonio crece más del cinco por ciento anual (Como lo verás más adelante, esta puede ser también una característica del Constructor de Imperios).

EL LADO OSCURO DE AHORRAR

Aunque la radio y los periódicos están llenos de imágenes de materialismo y consumo, los Ahorradores son el arquetipo idealizado de las finanzas personales. Se han escrito muchos libros para inculcar mejores hábitos de ahorros, entre los cuales están *Padre rico, padre pobre, El millonario automático* y *El vecino millonario.* Sin embargo, y al igual que con cualquier arquetipo, ser un Ahorrador presenta un lado oscuro al que muy pocas veces se refieren los expertos en finanzas personales o incluso sus amigos más cercanos.

Aunque este miedo sea consciente o no, los Ahorradores temen que su dinero se les acabe algún día y terminen en la pobreza, en la soledad o dependiendo de los demás. Ellos responden a esta profunda ansiedad ahorrando, lo que calma temporalmente la intensidad de su preocupación. El miedo es, de lejos, su motivación más grande; con mucha frecuencia, los individuos a quienes consideramos como modelos de un buen comportamiento financiero —millonarios hechos a pulso, familias acaudaladas y trabajadoras, y personas que trabajan e invierten para salir de la pobreza— tienen dificultades a nivel interior, pues sienten miedos y ansiedades que no son racionales dados sus activos tan considerables. Por estas razones, los Ahorradores muchas veces no disfrutan de sus compras por tanto tiempo como otras personas, tienen dificultades para ser generosos, y consideran que no son relajados con el dinero, a menos que lo ahorren.

A medida que Jeremy y yo seguíamos hablando, supe que sus padres se preocupaban constantemente por la posibilidad de quedarse sin dinero; lo instaban a dejar vacío su plato de comida, a conformarse con la ropa que tenía y a no desear ropas nuevas. Ellos reprobaban con dureza los gastos ajenos delante de Jeremy, y decían cosas como: "Miren el nuevo auto de los vecinos. ¿Qué le pasó al antiguo? Solo tenía cuatro años".

Como el dinero que tienen en el banco representa para ellos mucho más que simples números, los Ahorradores sienten un gran dolor cuando pierden dinero, una casa o activo financiero al que han equiparado mentalmente con la seguridad interior. A modo de contraste, otros arquetipos, especialmente los Buscadores de Placeres, los Protectores, las Estrellas y los Idealistas, no le asignan tanto bienestar emocional a sus activos financieros. Para los Ahorradores (y para los Constructores de Imperios), lo que han perdido no es solo un activo financiero que puedan remplazar fácilmente; su pérdida financiera se asemeja más a la experiencia de enfrentar su propia muerte. Cuando sufren pérdidas, la mayoría de los Ahorradores redoblan sus métodos ensayados y confirmados para evitar el dolor de vivir: se comprometen a ahorrar más aunque tengan mucho dinero. Los Ahorradores que aprenden a prestarle atención a su experiencia interior durante estas situaciones, logran comprender que el dinero no es la llave para lograr una estabilidad a largo plazo, y que realmente no puede ofrecerles la seguridad que anhelan. Aunque inicialmente es una revelación sorprendente, lo cierto es que esta es una noticia muy buena, pues el Ahorrador deja de desear inconscientemente más y más dinero.

LA RECOMPENSA

Los Ahorradores experimentan una oleada de sensaciones agradables —felicidad, optimismo o alivio— inmediatamente después de realizar un depósito bancario, de reducir sus gastos, o de hacer una inversión a largo plazo. Suelen sentirse más vitales y complacidos consigo mismos, y se sienten más capaces de relajarse y de disfrutar otros aspectos de la vida. Ahorrar les produce un gran alivio; es una experiencia que generalmente los hace "volar", y sus mentes asocian esto con la seguridad. Sin embargo, y al igual que con todos los arquetipos, esta felicidad tiene un efecto calmante pero temporal. La Mente Deseante no tarda en comprender que la supervivencia no está garantizada y se prepara para ahorrar de nuevo. Es por eso que hay tantas personas que tienen dinero más que suficiente para cubrir sus necesidades, pero que continuamente acumulan más y más dinero. He trabajado con decenas de clientes que son adictos a ahorrar, aunque su dinero les permita costearse sus gastos y los de sus hijos por el resto de sus vidas. Esto puede ser una prisión infortunada y no es una recompensa en lo más mínimo. Los costos emocionales de ser un Ahorrador exagerado casi siempre superan los beneficios financieros.

LA CIFRA

¿Qué crees que te darán tus ahorros?

Completa esta frase: "Si hubiera ahorrado $_____, yo estaría muy bien. ¿Has logrado metas financieras como esta? ¿Te trazaste otra cifra después de lograr esa meta? ¿Existe una cifra de ahorros que te dará la paz que anhelas, o acaso tu Mente Deseante te mantiene sumido en un estado perpetuo de "insuficiencia"?

LIBERARSE DE LAS GARRAS DE LA MUERTE DEL AHORRADOR

Al igual que muchos comportamientos descritos en estas páginas, el ahorro es una forma ineficaz de autoprotección que solo funciona hasta cierto punto. Yo les he ayudado a numerosos Ahorradores a transformar su vicio de "ahorrar a toda costa" y a tener una actitud más equilibrada con el dinero. Recuerdo a una clienta que invirtió sus ahorros sustanciales en bienes inmobiliarios y en acciones, pero insistía en vivir solo del poco dinero que percibía por estos activos. Después de mostrarle cuánto habría aumentado el valor de sus activos en los últimos cinco años y cuánto crecerían en el futuro, ella logró abrir su billetera de nuevo, cambió su auto de catorce años y ayudó a pagar la universidad de su sobrino. Si tienes varias características propias del Ahorrador pero quieres librarte de sus garras, estas tres sugerencias te ayudarán a hacerlo:

LIBERARSE DE LAS GARRAS DE LA MUERTE DEL AHORRADOR

- **HAZ UNA PAUSA CONSIDERABLE** la próxima vez que tengas sentimientos incómodos con respecto al dinero y quieras aplacarlos. Generalmente, la reacción de un Ahorrador ante cualquier dificultad financiera es ahorrar más de forma consciente. En lograr de comprometerte con una estrategia exterior, dedica un tiempo a la autorreflexión, así sea durante cinco minutos, una hora, un día, o lo que puedas. Durante esta pausa, trata de ser muy consciente de tus sentimientos (o anótalos): la incomodidad que sientes cuando no ahorras y lo que generalmente haces para aliviar tu malestar. No será fácil, porque evitarás el hábito inconsciente que tanto te ha funcionado durante muchos años, y especialmente porque la sociedad apoya y aprueba este tipo de comportamientos. Pero esta pausa es esencial si quieres alcanzar la libertad en lugar de seguir atado a un hábito inconsciente. Así que la próxima vez que vayas a hacer un depósito en tu cuenta, detente un momento. ¿Qué hay detrás de tu prisa por ir al banco? Es natural sentir miedo, ansiedad, o incluso un gran pánico cuando haces una pausa. Aprecia el valor que se requiere para confrontar tus sentimientos, y pregúntate si podrías utilizar una parte de ese dinero en otra cosa.

➤

- **RECURRE A LOS PROFESIONALES.** Busca a un Planeador Financiero Certificado® que cobre una tarifa fija® (consulta la p. 363) y pídele que evalúe cuánto cree que debes ahorrar, o si tus ahorros actuales son más que suficientes para costear tu nivel de vida hasta el día de tu muerte. En Abacus, llamamos a este análisis "Suficiente para toda la vida", porque les muestra a nuestros clientes que tienen dinero para toda la vida aunque mañana se desatara otra Gran Depresión (una posibilidad que muchos Ahorradores y Guardianes consideran altamente probable). Contar con información real que le permita entender que no se quedará sin dinero incluso si ocurre una calamidad nacional, puede aliviar las preocupaciones del Ahorrador sin tener que ahorrar más dinero. Y si necesitas ahorrar, un asesor financiero puede ayudarte a abrir una cuenta de ahorros o un programa de deducción automática de la nómina para que te relajes al saber que estás ahorrando lo necesario, sin tener que deliberar largamente cada vez que haces un gasto.

- **DELEGA LAS LABORES MÁS DIFÍCILES.** He asesorado a algunos Ahorradores que sienten un gran alivio al delegarle los pagos de las cuentas a su cónyuge o contador. Algunas veces, el hecho de no ver todos y cada uno de los gastos te permitirá respirar con mayor tranquilidad. De igual manera, si crees que realizas muchos cambios en tus inversiones o que te la pasas especulando, te recomiendo que autorices a un asesor financiero confiable o a un miembro familiar para que se encargue del proceso de toma de decisiones en materia de inversión.

- **SEPARA AUTOMÁTICAMENTE UN POCO DE DINERO PARA GASTOS Y DONACIONES.** ¿Te sentirías más satisfecho a largo plazo si acumularas menos dinero y lo gastaras en compras

➤

placenteras, como, por ejemplo, en tomarte el tiempo para hacer lo que realmente te gusta? ¿Qué sentirías si fueras más generoso, ya sea donando a instituciones de caridad, vecinos, amigos o a familiares que necesitan ayuda? Separa una cantidad de dinero —un dólar diario o $100 al mes; lo que creas conveniente según tu situación financiera y emocional— y gasta la mitad de esta suma en objetos materiales o en experiencias que te produzcan placer y satisfacción en este instante (recuerda: al Ahorrador le encanta aplazar las gratificaciones). Sé generoso con la otra mitad, independientemente de lo que signifique para ti. Prepárate para tener algunos conflictos: te sentirás nervioso cuando gastes en ti mismo o practiques la generosidad. Sin embargo, permítete sentirte nervioso y hazlo sin pensarlo demasiado para que cada vez tu batalla emocional sea menos intensa a medida que intentes cambiar tus hábitos de ahorro. Por ejemplo, pídele a tu banco o empleador que te transfiera mensualmente una cantidad de dinero determinada por ti a una cuenta de "placer" y utilízala exclusivamente para donaciones y gastos que te produzcan satisfacciones inmediatas. ¿Te sientes incómodo al incurrir en estas conductas innovadoras? ¡Hazlo de todos modos!

Para más recomendaciones prácticas sobre flujo de efectivo y presupuestos, inversiones, seguros, impuestos, planeación inmobiliaria, donaciones, obras de filantropía y caridad específicamente diseñadas para el Ahorrador, consulta el Apéndice (p. 337).

CAPÍTULO SIETE

LA ESTRELLA

"Ninguna cantidad de dinero hará que los
demás hablen bien de ti a tus espaldas".

—Proverbio chino

Isabella es una actriz que vive en Los Angeles; ha sido actriz de
reparto en cuatro películas y participado en decenas de comerciales. Durante los últimos años ha ganado alrededor de medio
millón de dólares, y vive en una fabulosa casa de cuatro habitaciones en las colinas de Hollywood con su esposo y sus seis
gatos persas. Uno percibe de inmediato que ella cuida mucho
su imagen. No es que sea presumida, pero es la primera en reconocer que, en su profesión, el aspecto que se tenga se traduce
en ser contratada o no. Por esta razón se sometió a tres cirugías
plásticas costosas que no cubría su seguro médico. Asiste con
frecuencia a un spa, donde le hacen procedimientos tan diversos como dermo-abrasiones o cambiarle el color del cabello. Es
clienta frecuente de las mejores tiendas de ropa y gasta una parte
significativa de sus ingresos en su apariencia. Incluso cuando va
los sábados en la mañana a tomarse un capuchino en Sunset
Boulevard, lleva el cabello recogido con un gancho marca Gucci,

su sudadera no tiene una sola arruga y le queda a la perfección, y sus uñas son impecables. "Nunca sabes con quién puedes encontrarte", explica ella. También participa activamente en recaudar fondos para varias organizaciones sin fines de lucro, y su ayuda es vital para conseguir cientos de miles de dólares. Recientemente copresidió una fiesta de gala a fin de recaudar fondos para un banco de alimentos local y el maestro de ceremonias anunció que Isabella había donado $20.000 a esta organización. Cuando la vi al día siguiente, me dijo con un entusiasmo evidente que el evento, y particularmente su donación, había tenido muy buena cobertura en el periódico local. "Un poco de buena prensa nunca hace daño", dijo entre sonrisas.

Al otro lado del espectro se encuentra el novio de una amiga nuestra. Marc, un hombre inteligente, joven y gregario, vive y trabaja como instalador de televisión por cable en Culver City, un sector de clase media de Los Angeles. Marc y sus dos hermanos fueron criados por su madre solitaria, quien trabajó en la Administración de Veteranos. Es un hombre apuesto y siempre está bien vestido y afeitado. Tiene un gran círculo de amigas y admiradoras. Durante su tiempo libre, generalmente se le ve con ropa Tommy Hilfiger, zapatillas nuevas marca Adidas y lentes Ray-Ban. Si la ocasión requiere ropa más formal, se pone uno de sus cinco trajes de marca. Recibe muchos comentarios positivos por su apariencia y parece creer en el viejo adagio de que "el hábito hace al monje". Conduce un auto alemán del año y es evidente que le produce orgullo. Aunque sus ingresos no son tan altos como los de Isabella, gasta la mayoría de ellos en mantener su apariencia. Además de cuidar su imagen, Marc estudió medios de comunicación en la universidad y piensa abrir su propia compañía de consultoría de medios. Debido a su carisma personal, muchas personas le han prometido apoyarlo cuando abra su negocio.

LA HISTORIA BÁSICA DE LA ESTRELLA

¿Qué tienen en común Marc e Isabella? Aunque los dos se mueven en círculos sociales muy diferentes, ambos son percibidos por el mundo exterior como personas elegantes y líderes naturales con motivaciones muy similares. Aunque sean famosos o no (con frecuencia lo son), las Estrellas desean atención, reconocimiento, trascendencia, respeto o prestigio. Este anhelo afecta la mayoría de sus decisiones financieras, incluyendo cuánto gastar y en qué, cuál profesión escoger, dónde vivir y con quién casarse. En términos simples, las Estrellas creen que el dinero puede comprar amor; es decir, gastan una cantidad excesiva de dinero en ropas y belleza y le dan prioridad al aspecto físico. También pueden emplear sus recursos financieros en el éxito tal como lo perciben los demás: vivir en un buen vecindario, tener un auto deportivo y veloz, pagarles buenos colegios a sus hijos y ser miembros de un club exclusivo. Sin embargo, otras Estrellas pueden utilizar sus donaciones, su profesión o el vecindario en el que viven para impresionar a los demás y atraer la atención social.

Las cosas que no son necesarias para los demás sí lo son para las Estrellas. Creen que el dinero es un medio para ganarse el respeto y la admiración de los demás, de quienes obtienen su sentido de la identidad. De hecho, nuestra cultura está obsesionada con la celebridad, y sin importar que digamos de dientes para afuera que la opinión ajena nos tiene sin cuidado, casi todos incurrimos en gastos para aumentar nuestro estatus, compramos teléfonos móviles cada vez más delgados y versátiles, y los últimos bolsos o autos. Algunas veces la imagen que proyectamos no se traduce en ganancias financieras en el sentido de conseguir un empleo mejor, ni en recibir apoyo de patrocinadores u otras formas de respaldo.

> "No quiero ganar dinero; solo quiero ser maravillosa".
>
> —MARILYN MONROE

Pero aunque gastemos como si fuéramos celebridades, no todos podemos ser famosos. Para aquellos en los que predomina este arquetipo, reconocer un ciclo de gastos puede conducir no solo a la deuda, sino también a una terrible sensación de vacío.

Probablemente seas una Estrella si:

• Dedicas más del 25 por ciento de tus gastos a ropa, belleza, centros de estética personal, joyas, entretenimiento, mejoramiento de la imagen corporal y otros artículos para destacar ese aspecto (también puedes incluir —aunque no necesariamente— autos, muebles, obras de arte y un sofisticado equipo de cine en casa).

• La mayoría de las veces buscas ser reconocido por tu generosidad.

• Modificas tus inversiones con frecuencia para mantenerte a tono con las últimas tendencias.

SEMILLAS DE LA ESTRELLA: "LA OSTENTACIÓN"

Quienes tenemos hijos, sabemos que las estrategias de mercadeo pueden ser muy sofisticadas. Nuestros hijos suelen exigir ropas de marca, juguetes y computadores, y no se contentan con productos genéricos ni sustitutos. Esto se debe a que muchas veces las posesiones definen al individuo en la jerarquía de la sociedad infantil. En muchos sentidos, la Estrella está atrapada en esa fase, y el mercadeo trata de seducir a la Estrella que hay en todos nosotros.

Sin embargo, antes que ser ingenuos, las Estrellas son realistas en muchos sentidos. Aunque es muy fácil afirmar que los mecanismos de defensa de las Estrellas son superficiales, la realidad de la vida en el siglo XXI es que muchas veces las personas son juzgadas y recompensadas por su apariencia. Diversos estudios han demostrado que la belleza aumenta los ingresos. La estatura y el peso de un empleado también son factores que se tienen en cuenta. Según estudios realizados por Malcolm Gladwell en su libro *Blink*, una encuesta realizada a la mitad de las compañías que figuran en la lista *Fortune 500* reveló que, en promedio, los presidentes masculinos de compañías medían un poco menos de seis pies, es decir, tres pulgadas más que la estatura promedio en general. Y aunque es imposible modificar nuestra estatura, millones de personas recurren a procedimientos tan diversos como liposucción, costosos tratamientos dentales, implantes de cabello y cirugías para mejorar su aspecto.

¿Cuál es la raíz del énfasis que hacen las Estrellas en indicadores externos de riqueza y belleza? ¿Por qué las Estrellas siguen atrapadas en esperar que el dinero pueda comprarles amor o aceptación? Las causas son diversas y la situación de cada persona es única, pero he descubierto los siguientes aspectos gracias al trabajo que he realizado con mis clientes. Aunque estas historias puedan parecer un tanto obvias, es sorprendente la forma en que la mente humana oculta las causas del dolor.

Muchas Estrellas pueden haber sufrido una discriminación evidente en sus primeras épocas dependiendo de su raza, clase u orientación sexual. En consecuencia, han prometido no volver a estar en situaciones donde los demás los juzguen por su apariencia exterior. Aunque el dinero que acumulan durante la edad adulta no siempre los protege, sí les ofrece una amortiguación muy real en un mundo en donde los que tienen dinero dictan las reglas del juego.

Otras Estrellas presentan alguna manifestación del síndrome del "patito feo" y se sienten poco atractivas debido a una condición física en la infancia, bien sea real o ficticia. Una clienta mía, esposa de un reconocido arquitecto, reconoció abiertamente: "¡Siempre tengo que ser la persona más linda!", y suministró muchos detalles para asegurarse de que efectivamente lo era. Conoce bien los orígenes de su ansiedad, y me confesó que sufrió un accidente durante su infancia y debió someterse a dolorosas cirugías reconstructivas, algo que la hizo sentirse muy insegura de su apariencia. Aunque la historia de todos los individuos no es tan extrema, es usual que un incidente del pasado les haya enseñado que el hecho de ser juzgados por las apariencias puede ser muy traumático.

Finalmente, el deseo de llamar la atención suele ser la respuesta más fuerte en las personas cuyas infancias estuvieron marcadas por una considerable falta de aprobación, apoyo o de amor incondicional por parte de sus padres. Por ejemplo, Isabella todavía hace un gesto de dolor cuando dice que su madre la comparaba con otras compañeras de clase. Desde la época en que esta mujer atractiva y de aspecto inmaculado era una niña, su madre objetaba constantemente su aspecto y notas académicas y dejaba en claro que los logros de su hija eran inferiores a los de otras personas.

Así como todos nosotros, Isabella solo quería ser amada, pero como no pudo encontrar el amor ni la atención que deseaba en casa, los buscó en sus colegas y personas de su círculo social. Es durante experiencias tan dolorosas como esta que muchas veces nos prometemos a nosotros mismos: "Si no puedo llamar la atención por mi inteligencia, lo haré por mi amabilidad o belleza". Isabella recibió elogios por su belleza, no solo por parte de familiares y extraños que a menudo detenían a su madre en la calle para decirle lo linda que era su hija. Ella también tiene un gran talento artístico y ha recibido varios premios como pintora. Pero como se sentía menos segura de su inteligencia, desarrolló un mecanismo de defensa para "maximizar sus activos", eligiendo una profesión donde muchas cosas dependen de la apariencia exterior.

Con frecuencia, las Estrellas fueron criadas por padres con muy poca autoestima o que también eran Estrellas, y lograron captar la atención de las personas a su alrededor. Estos padres se preocupaban considerablemente y con frecuencia por las opiniones ajenas. Les recomendaban a sus hijos prestarle una atención especial a su cabello o ropas: "No vas a salir con ese aspecto, ¿verdad?", "¿Qué pensarán los vecinos?", son algunas cosas que suelen decirles a sus hijos. En algunas ocasiones, los padres de las Estrellas no tienen dinero, envidian el éxito ajeno y les inculcan a sus hijos la persecución de señales exteriores de valor.

Las Estrellas se diferencian de los Buscadores de Placeres en que la motivación principal de sus decisiones financieras es la reacción ajena y no su propio placer. Es obvio que muchas personas se ven afectadas por ambos arquetipos en épocas diferentes. Y en algunas ocasiones, nuestras decisiones financieras pueden tener propósitos duales, es decir, que cumplen dos funciones. Un nuevo juego de muebles de sala seguramente nos produce un placer sensorial, además de despertar la admiración ajena. Sin embargo, los individuos caracterizados por el arquetipo de la Estrella están dispuestos a sufrir o pasar incomodidades haciendo algo que les ofrezca un reconocimiento. Por ejemplo, si la Antártida es el sitio vacacional de moda, soportan un viaje largo e incómodo, así como temperaturas extremadamente bajas, para poder decir que han estado allí. Aunque las cirugías plásticas sean dolorosas y costosas, consideran que les darán la apariencia que tanto anhelan y concluyen que ese es el precio que deben pagar.

LA RECOMPENSA

En términos generales, no reconocemos que nos gusta o anhelamos la admiración ajena, pero realmente es un rasgo humano inocente. Los niños desean atención desde muy pequeños, y este impulso no cambia mucho: simplemente lo disfrazamos mejor en un "paquete" adulto.

Las Estrellas han descubierto que recibir esta atención es importante para su sentido del yo, y que muchas de sus decisiones más relevantes, incluyendo las financieras, son dictadas por esto. Esta atención es la "droga" que le da satisfacción y placer a la Estrella, por lo que su mente recurre a comportamientos con el dinero que presionan a los demás. Todos queremos repetir las conductas que nos den la recompensa que anhelamos. Para los Ahorradores, se trata de acumular más y más dinero. Para los Buscadores de Placeres, consiste en disfrutar algo a través de los sentidos. Y para las Estrellas, se trata de sentirse elegantes, con clase o a la moda entre sus semejantes.

Obviamente, todos disfrutamos y valoramos la atención ajena. La pregunta clave es hasta qué punto este anhelo afecta tus prioridades y opciones financieras, y si estás pagando un precio demasiado alto por ello, teniendo en cuenta los demás aspectos que son importantes para ti.

UN ABISMO DOLOROSO

Isabella reconoció: "Hay una gran diferencia entre lo que pienso de mí y lo que piensan los demás. Mi esposo me dice que soy linda por dentro y por fuera, pero no le creo. Algunas veces me siento atrapada en esta forma de vida, pero siempre he sido así. Es importante tener cierto aspecto debido a mi profesión, aunque ninguna de mis cirugías realmente haya marcado una diferencia...". Su voz se apagó: era claro que, en cierto modo, ella se sentía atrapada en este énfasis en lo exterior. Isabella parece tener claridad sobre sus motivaciones: ¿por qué entonces le cuesta cambiar?

Hay que recordar que las historias básicas tienen un gran impacto. Cuando estamos atrapados por las garras de la Estrella, hay un abismo que separa nuestra propia imagen de la que proyectamos a nivel público. Queremos que los demás nos vean de un modo diferente a como nos vemos a nosotros mismos. Y muchas veces esto también se aplica al dinero. Aunque algunos puedan tener recursos financieros considerables, casi todas las Estrellas quieren que los demás crean que realmente tienen más dinero o que lo administran mejor. Al comprar ciertas ropas, ir a ciertas fiestas, donar a ciertas instituciones y tener ciertos autos, las Estrellas logran con frecuencia que los demás piensen que son más adinerados de lo que realmente son, y esto los hace sentirse bien, por lo menos temporalmente.

A propósito, ser una Estrella no siempre significa seguir al rebaño. Hay Estrellas que disfrutan de la atención que reciben luego de rebelarse contra el sistema, y que parecen vivir en los límites de la sociedad. Sin embargo, la contracultura sigue siendo un círculo social y estas Estrellas alternativas continúan buscando la notoriedad. Utilizan el dinero —o la falta de este— para aumentar su visibilidad. Recientemente supe de una joven que vive en una verdadera casa ecológica sobre ruedas, y utiliza su vehículo para asistir a eventos de paz y a festivales musicales con el propósito de captar toda la atención posible de los medios debido al factor mediático de su vida simple.

PREGUNTA

Básicamente, la mayoría de las Estrellas experimentan una sensación de vacío y falta de valor que temen analizar. Cuando te sientes infeliz, ¿recurres a los demás para animarte y tal vez te vistes bien para ir a un lugar a mirar a los demás y a que ellos te miren? Piensa en la última vez que sentiste placer cuando alguien notó un detalle positivo en ti y tal vez te dijo que la ropa te quedaba muy bien, que tu nuevo televisor de pantalla plana era fantástico, o recibiste

➤

elogios por una cuantiosa donación que realizaste. ¿Esa experiencia te produjo deseos de llamar más la atención? ¿Tu reacción afectó tus finanzas? Recientemente, Isabella recibió un comentario desfavorable durante el rodaje de una película en Nueva York, en la que le proponían matrimonio con un anillo de diamantes. Al director de reparto le gustó su actuación, pero después de ver la edición comentó: "Nunca podrás modelar tus manos; de eso no hay la menor duda". Y cuando le pregunté si le había dolido ese comentario, Isabella comprendió que poco después había comprado un anillo de zafiros para reponerse de aquella crítica dolorosa.

LA LIBERACIÓN DE LA ESTRELLA

Casi todos queremos ser amados y aceptados como somos. Pero cuando utilizamos nuestro dinero para llamar la atención, despertar el reconocimiento o la admiración ajena, no nos estamos amando ni aceptando a nosotros mismos. Además de predicar la importancia de honrarnos a nosotros mismos, la mayoría de las tradiciones espirituales proclaman que realmente todos somos uno. Permitir que la Estrella que hay en ti dirija tu vida financiera es una mala estrategia, una forma de profundizar tu separación de los demás, y un acto ilusorio. Esta conducta no aumentará tu capacidad para ofrecer amor ni tus posibilidades de ser amado, y poco te ayudará a tu autoestima.

Sin embargo, es posible cambiar. Tengo una clienta que trabaja como productora de efectos visuales en Hollywood y estaba obsesionada con la opinión que tenían de ella. El estresante ritmo de vida de Los Angeles se le hizo insoportable y viajó a Vietnam para trabajar un mes en un orfanato infantil. Gracias a esta experiencia, ella dijo que su contribución era mucho más significativa que antes y reemplazó gran parte del amor y la aprobación que había buscado en los demás por un sentido del valor y de la autoestima que emanaba de su interior.

Amarte a ti mismo, uno de los principios más importantes de las prácticas espirituales orientales, es también una de las cosas más difíciles de lograr. Sin embargo, buscas amor porque es un derecho inalienable, y no porque sea algo que puedas conseguir con recursos financieros. Si estás atrapado o influido por el arquetipo de la Estrella, te recomiendo estas prácticas:

LA LIBERACIÓN DE LA ESTRELLA

- **SÉ CONSCIENTE** de la próxima vez que quieras comprar algo o de donar dinero para que los demás tengan una mejor opinión de ti. Sé lo más honesto que puedas porque los verdaderos motivos de este arquetipo generalmente están muy ocultos. Trata de identificar cuál es la promesa que te hace tu mente. Por ejemplo: ¿te sientes más sofisticado con los costosos lentes de sol que acabas de comprar? Si es así, ¿qué sentimientos se esconden detrás de eso? ¿Te sientes más a tono con la tecnología al comprar el último equipo de audio? Piensa en los ejemplos que mejor se apliquen a tu caso, pero procura indagar con mayor profundidad para descubrir cuál es la verdadera motivación de tus actos. Como dije anteriormente, para la mayoría de las Estrellas se trata generalmente de un intento por ganar aprobación o tener un sentido de pertenencia. Si no se trata de una compra que suponga un autosabotaje total, compra el artículo que deseas pero sigue analizando tus motivos.

- **OBSERVA CÓMO REACCIONA** tu mente durante las veinticuatro horas siguientes. ¿Te importa cómo reaccionan los demás ante ti o tu nueva compra? Si el objeto adquirido no

➤

produce la respuesta deseada, ¿sientes deseos de comprar un artículo que llame aún más la atención? Y si recibes la reacción deseada, ¿la recompensa es tan agradable o prolongada como esperabas? Continúa realizando esta práctica cada vez que sientas que una compra pueda estar motivada por el arquetipo de la Estrella que hay en tu interior. Tus comportamientos financieros cambiarán cuando hayas identificado los verdaderos motivos ocultos detrás de ellos. ¿Puedes recibir una mejor recompensa que no esté relacionada con el dinero? Por ejemplo, ¿crees que podrías recibir una manifestación de aprecio más genuina luego de enseñarle a una persona de edad a descargar música en su iPod?

- **RESISTE EL IMPULSO.** Aprovecha esta mayor conciencia de tus motivaciones e intenta resistir una vez más el impulso de comprar un artículo o de donar dinero con el fin de mejorar tu imagen durante la próxima semana. Esto puede ser difícil porque dicho comportamiento ha sido tu escudo, tu manera de sentirte bien contigo mismo y con el mundo. Ve tus propios pensamientos y sentimientos como lo haría un observador imparcial. No intentes responder a los pensamientos que acuden a tu mente; simplemente deja que acudan a ti, sin importar con qué urgencia te conminen a hacer algo. ¿Por cuánto tiempo concentraste tus pensamientos y sentimientos en esa compra o donación? ¿Existe otro artículo o acto que cumpla la misma función y que puedas reemplazar con rapidez?

- **OLVÍDATE DE TU RUTINA DE ENTRETENIMIENTO** ¿En qué situación financiera se manifiesta ese aspecto con mayor fuerza? Sé completamente sincero con esto. ¿Has tenido dificultades para reconocer ante los demás algún aspecto financiero? Puede ser la forma en que gastas, una inversión

➤

fracasada, un secreto del negocio de tu familia, tus ingresos a nivel de ahorros, o el valor total de tu deuda. Para Isabella, esto consistió en darse cuenta de que aún se sentía fea a pesar de los miles de dólares que invertía cada mes en su apariencia exterior. Para Marc, fue comprender que las cuotas de su auto estaban consumiendo la mitad de sus ingresos mensuales y no lo convertían en aquella figura exitosa que quería ser. No tienes necesidad de cambiar ningún aspecto de tu rutina de entretenimiento por ahora: simplemente sé consciente de esa verdad que has estado ocultando. Escríbela y colócala en algún lugar visible para no tener que esconderla debajo de la alfombra.

- **SAL DE TU ZONA DE BIENESTAR.** Si sientes que es el momento adecuado y no te limitas a hacer lo que "deberías", procura comportarte de un modo diferente en relación con tus donaciones. Por ejemplo, podrías trabajar como voluntario en un lugar donde probablemente no encuentres a nadie conocido ni te juzguen por tu apariencia. Como dice el autor y maestro David Deida: "Si quieres más, debes dar más". Tal vez decidas visitar un hogar para ancianos, un refugio de animales, o la unidad de niños quemados del hospital. No dones dinero, simplemente dedica un poco de tu tiempo y no se lo digas a nadie.

- **BUSCA LA VERDAD.** ¿Qué sabes de ti en materia de dinero que preferirías ignorar? Tal vez estás donando más dinero del que puedes a una institución de caridad, pero no lo harías si nadie supiera esto. Probablemente seas adicto a las ropas de marca porque quieres que los demás crean que eres próspero y estás a la moda. O quizá vivas en una casa que está más allá de tus posibilidades porque quieres ofrecer las fiestas más comentadas de la ciudad. Si realmente tienes valor, cuéntale esto a alguien. Para la mayoría de las Estrellas, ser honestos con sus intenciones ocultas implica sacarlas a la luz. Esto es especialmente cierto si son capaces de encontrar otras formas de alimentar su autoestima. Es como si el hecho de hablar de sus motivaciones hiciera que su conducta perdiera su poder. Este acto de hablar con la verdad les permite canalizar sus recursos y lograr una satisfacción más equilibrada y duradera en sus vidas, como, por ejemplo, tener un retiro más confortable en lugar de comprar una casa más grande. Cuando Marc comenzó a analizar su Historia Básica, descubrió que todo el dinero que gastaba para tratar de parecer exitoso en su círculo social y en su vecindario realmente iba en contra de sus esfuerzos para abrir su propia compañía. Cuando comenzó a rectificar gradualmente sus gastos, tardó apenas seis meses en abandonar su empleo y abrir su propio negocio.

Para más recomendaciones prácticas sobre flujo de efectivo y presupuestos, inversiones, seguros, impuestos, planeación inmobiliaria, donaciones, obras de filantropía y caridad, específicamente diseñadas para la Estrella, consulta el Apéndice (p. 337).

CAPÍTULO OCHO

EL INOCENTE

"El aplazamiento y la gratificación instantánea son dos de las principales razones por las que la gente no ahorra. La falta de conocimientos es un verdadero problema en nuestro país. El dinero es muy misterioso y complejo para la gente, y cuando algo es tan complejo tratan de no prestarle atención".

—Carrie Schwab-Pomerantz,
directora de estrategias y educación
al consumidor de Charles Schwab &
co., inc., y presidenta de la fundación
charles schwab

Mary es una masajista que trabajaba dos días a la semana en la oficina de un quiropráctico y hacía tantos masajes privados como podía. Asistió a mi seminario "El Yoga del Dinero", y cuando terminó, esta mujer de treinta y seis años se acercó y me dijo: "Cuando estabas hablando sobre la Historia Básica inconsciente y la forma en que puede interponerse y mantenernos atrapados por siempre en el mismo patrón financiero, comprendí que hablabas de mí; pero también me sentí sin esperanzas. Anteriormente trabajaba como recepcionista, y antes de eso era entrenadora personal, pero sin importar mi profesión o el dinero que gane, tal parece que no puedo pagar mis deudas ni adquirir muchas de las cosas que realmente deseo".

Miré su gesto de preocupación y le dije: "Eso debe producirte una gran frustración". Luego le pregunté: "¿Por qué crees que estás en esa situación?".

"No lo sé", respondió con serenidad. "El dinero siempre ha sido una lucha para mí. Incluso cuando tengo un buen mes, mi dinero desaparece con mucha rapidez. Tuve dos empleos el año pasado, pero tuve que sacar los pocos ahorros para reparar la transmisión de mi auto".

LA HISTORIA BÁSICA DEL INOCENTE

Mary es un ejemplo del arquetipo Inocente. Hay Inocentes que han sobrevivido treinta años en un mismo empleo, y otros que han tenido más de un millón de dólares en ahorros. Pero no se trata de cuánto dinero tengan o no. El aspecto predominante es que todos ellos son incapaces de manejar el dinero y de lograr una autosuficiencia financiera a largo plazo.

Para muchas personas de nuestra cultura, el énfasis, la atención y el pensamiento lineal que se requieren para conseguir y administrar el dinero están menos desarrollados que otros rasgos importantes como la intuición, la creación artística, el activismo social, la capacidad para realizar investigaciones académicas, adelantar estudios religiosos y espirituales, o simplemente para relajarse y divertirse. Hay millones de personas que se sienten perdidas en nuestro actual sistema económico porque las áreas para las cuales tienen talentos no les ofrecen recompensas financieras.

A diferencia de los Idealistas, los Inocentes no están necesariamente en contra del dinero o del sistema financiero, pero constantemente creen que "no es suficiente" y se sienten confundidos por el dinero. Los que consiguen dinero no parecen ser capaces de conservarlo, mientras que quienes nunca lo han tenido son incapaces de conseguirlo.

La Mente Deseante es especialmente activa en los Inocentes. Quieren cubrir sus gastos, pero muchas veces tienen otras pasiones y talentos que no son valorados por el sistema financiero. Los Inocentes suelen evitar el dinero porque no es su fortaleza. "Simplemente no soy bueno con el dinero", señalan, o "no puedo conservarlo". Quienes se identifican con la mayoría de los otros arquetipos han creado una Historia Básica como respuesta a su frustración, miedo o rabia. Por ejemplo, los Ahorradores recurren a sus hábitos para sentirse seguros, mientras que los Guardianes acuden a comportamientos compulsivos y analizan constantemente sus asuntos financieros con la esperanza de encontrar una mayor seguridad. Los Inocentes no tienen un mecanismo de defensa en términos financieros, por lo cual sienten dificultades monetarias con mayor frecuencia e intensidad que las demás personas. El sufrimiento de los Inocentes puede ser evidente y visible para los demás.

Probablemente seas un Inocente si:

- Has tenido deudas personales (sin contar la hipoteca o el préstamo del auto) por más de un año y tus ahorros te alcanzan para cubrir menos de tres meses de gastos.

- Tienes muchas dificultades para cubrir tus gastos debido a eventualidades como la enfermedad, incapacidad, falta de educación o de entrenamiento.

➤

- Te encuentras en una lucha interminable para sobrevivir o gastas todo lo que ganas —aunque sea mucho— en tu estilo de vida.

- Recibiste una gran suma gracias a una herencia, lotería, divorcio, empleo, o algún otro evento ocurrido hace diez años, pero ahora tienes poco o nada.

- Preferirías un tratamiento odontológico sin anestesia antes que balancear tu chequera, pagar tus cuentas y anotar tus gastos.

- Le pagas más al banco en cargos mensuales y en tasas de sobregiro que lo recibido en intereses.

LO QUE CREE EL INOCENTE

Los Inocentes no necesariamente están sin un centavo o reciben ayuda del gobierno, aunque es probable que algunos lo hagan. Sin embargo, los Inocentes no pueden atraer dinero, y si lo hacen, no logran conservarlo. Muchos viven de su salario, se mantienen endeudados o tienen un nivel de vida mucho más bajo del que quisieran. Creen de manera inconsciente que no tendrán una abundancia financiera, bien sea debido a percepciones e ideas que adoptaron en su infancia, o porque no poseen destrezas que sean valoradas en términos económicos. Tienen un superávit muy pequeño (o no lo tienen) que no les permite hacer compras placenteras, dar con generosidad ni ahorrar.

Recuerdo que le pedí a un contratista de edad madura y cliente mío que imaginara que ganaba más que suficiente para cubrir las necesidades de su familia y que tenía 10.000 dólares ahorrados. Me dijo: "No puedo imaginarlo; siento como si tuviera que ser otra persona para ganar tanto dinero. Tendría que contar con una suerte increíble". Los Inocentes no se sienten competentes o capaces cuando se trata de administrar el dinero, y, para muchos, esta sensación de ineptitud también se aplica para ganar el dinero suficiente.

LOS MANTRAS MONETARIOS DEL INOCENTE

Si eres un Inocente, puede parecerte difícil cambiar tu relación con el dinero, el cual puede desconcertar a los Inocentes. Este grupo no ha sido entrenado para ganar, ahorrar o entender el dinero. Sus mentes inconscientes han interiorizado mensajes como: "No tengo la suficiente habilidad financiera para lograr una buena situación monetaria", "La vida es muy corta como para preocuparme por el dinero", "Voy tirando", "Nunca es suficiente", o "Dejemos que alguien se preocupe por eso". Con frecuencia, estos pensamientos no se registran de una manera consciente, pero actúan como grandes obstáculos para el éxito financiero.

La mayoría de los Inocentes sienten que no tienen la capacidad para cambiar su situación; creen que deberían tenerla, pero inconscientemente piensan que no tienen el poder para cambiar las cosas por sus propios medios. Muchos esperan que un golpe de suerte les traiga el bienestar financiero o lo aumente para poder pagar sus deudas o ahorrar una buena cantidad de dinero. Pero debajo de esa fantasía se oculta una creencia profundamente arraigada de que no serán capaces de lograr unas bases financieras sólidas.

Debido a esto, los Inocentes son el grupo que tiene la mayor probabilidad de jugar lotería y participar en sistemas de "pirámides" económicas. Se sienten tan frustrados con su situación que estas opciones para conseguir dinero les parecen atractivas. Desafortunadamente, la mayoría de estas empresas solo sirven para resaltar aún más la falta de confianza que tienen los Inocentes en sí mismos, y para exacerbar su sentido de fracaso financiero. Ocasionalmente hay Inocentes que ganan la lotería, firman grandes contratos deportivos o con la industria del entretenimiento, heredan o ganan incluso una gran cantidad de dinero en sus profesiones. Pero los pocos individuos afortunados que tienen habilidades administrativas a nivel financiero, terminan de nuevo en la misma situación en la que estaban antes de recibir esa gran suma, pues sus mentes inconscientes creen que pertenecen a ese lugar. Esto es algo desafortunado, pero la buena noticia es que sin importar cuál haya sido tu historia con el dinero, puedes utilizar algunas herramientas para ganar y conservar tu dinero, e incluso ser una persona adinerada, si eso es lo que quieres. En este libro encontrarás dichas herramientas.

SEMILLAS DEL INOCENTE

Lo que distingue a los Inocentes es que tienen verdaderas dificultades para atraer o conservar el dinero. Tienden a no valorar sus cualidades positivas —como, por ejemplo, su capacidad de cuidar a niños o ancianos, o su compasión y solidaridad— como deberían hacerlo. Esto no es sorprendente, pues ganar dinero es una prioridad muy grande en nuestra cultura.

Mary me dijo: "Nunca tuvimos dinero; no gastábamos mucho, pero el que recibíamos no era suficiente. Uno de mis primeros recuerdos sobre el dinero data de cuando yo tenía unos seis años. Regresábamos a casa después de visitar a mi abuela y cuando llegamos había dos hombres en la puerta: el banco los había enviado para decomisar nuestro auto. Se lo llevaron ese mismo día y mi papá tuvo que ir seis meses al trabajo en autobús o con un compañero".

"¿Recuerdas cómo reaccionaste?", le pregunté.

"Sentí que nunca tendríamos dinero, que todo estaba en contra de nosotros por más duro que trabajáramos. Creo que me sentí desesperanzada y un poco asustada. Un par de amigas han tenido carreras exitosas y una situación financiera muy estable; sus padres y maestros siempre les dijeron que podían lograrlo. Yo nunca sentí eso, ni siquiera ahora. Quiero tener dinero, pero siento que está fuera de mi alcance".

Algunos Inocentes pueden atraer dinero pero no logran conservarlo. Tengo un cliente que es abogado y ganó $1 millón tras una demanda por accidente, pero no sabía cómo conservarlo. Cuando discutimos lo que le habían enseñado sus padres sobre el dinero, dijo: "Para mi familia, la educación y la vida profesional estaban por sobre todo lo demás. Nadie me enseñó a administrar mi dinero. Ahora gano suficiente, pero no soy capaz de ahorrarlo ni de invertirlo". Aunque él tuvo una educación de primera clase, el no haber aprendido los rudimentos de la administración monetaria lo acechó continuamente.

Los padres que se sienten atrapados con su situación financiera, muchas veces son incapaces de enseñarles los rudimentos básicos a sus hijos. Una clienta me dijo que nadie le había enseñado a balancear su chequera. Cuando era más joven, sus finanzas eran un desastre; a veces se sobregiraba, y como no entendía nada de chequeras, cuentas ni sobregiros, simplemente cerraba la cuenta y abría otra en un banco diferente. Pero después de hacer esto varias veces, comprendió que su comportamiento no le estaba ayudando a lograr lo que quería, es decir, a tener claridad sobre sus ingresos, a saber cuánto tenía en su cuenta y qué porcentaje podía gastar. Cuando recibió ayuda, empezó a concentrarse en responder estas preguntas de un modo práctico y, poco después, logró una mayor estabilidad financiera.

Hay que recordar que los Inocentes no siempre son pobres. Algunos clientes míos han heredado considerables sumas de dinero o siguen recibiendo la ayuda de sus padres. En ambos casos (y especialmente si son mujeres) muchas veces reciben mensajes financieros equivocados: "No te preocupes por el dinero, cariño. Siempre te cuidaremos". Y aunque no lo expresen abiertamente, el hecho de que las cabezas de familia tengan tanto dinero, es algo que muchas veces hace que los hijos y los nietos, tanto hombres como mujeres, eviten los asuntos financieros. Por eso es que casi todas las fortunas heredadas desaparecen en el transcurso de dos generaciones. En otras situaciones, los hijos de padres que fueron exitosos pero abusivos o poco cariñosos, muchas veces se convierten inconscientemente en Inocentes como una forma de rebelarse.

LA RECOMPENSA

Como dije anteriormente, las personas que se identifican con este arquetipo sufren mucho en materia de dinero, por lo cual es difícil suponer que hay una recompensa para ellos. Pero si se analiza con mayor detenimiento, hay unas pocas.

Muchos Inocentes reciben mucha atención por el sufrimiento y dificultades que padecen. Los Inocentes suelen ser víctimas, bien sea de cónyuges abusivos, de adicciones, de rachas de mala suerte, de discriminación o falta de educación. Como estas situaciones pueden ser muy duras, asumir el papel de víctima que inspira compasión es la única recompensa positiva (aunque perversa). Otros Inocentes se vuelven dependientes de otra persona en términos financieros, sin que las condiciones de este arreglo sean suficientemente claras. Conozco a una mujer llamada Míriam, quien durante varios años vivió en la cabaña de huéspedes de una amiga adinerada a cambio de una labor de jardinería que nunca se definió con claridad. Míriam sabía que ella y su amiga se sentían ansiosas con esa situación, pero ninguna fue capaz de abordar el tema. Esta clase de ambigüedad puede ofrecer una recompensa a corto plazo, pues el Inocente tiene que confrontar sus verdaderas creencias y elecciones que lo han llevado a su situación actual.

De cierto modo, es agradable que nos cuiden y no tener que realizar la difícil labor de cuidar de nosotros mismos. Sin embargo, estar en relaciones dependientes en las que no hay un arreglo claro y equitativo puede hacer que los Inocentes sufran un daño mayor. En el caso de Míriam, su amiga "explotó" un día y la acusó de ser una "gorrona", aunque ella creía haber cuidado bien del jardín, tal como lo habían acordado informalmente.

Por último, resistirse a tratar con el dinero tiene una ventaja: el no tener que enfrentar cuánto gastamos, ganamos, o qué necesitamos cambiar para liberarnos. Al permanecer en la oscuridad, los Inocentes no tienen que confrontar sus temores de insuficiencia, confusión o incompetencia. Para los Ahorradores, Guardianes y Constructores de Imperios, a quienes les parece que analizar este aspecto es algo necesario o incluso placentero, la conducta evasiva del Inocente les parece descabellada. Creo que tener la disposición para ver nuestra verdadera situación financiera —independientemente de cuál sea— es algo que requiere de mucho valor, apoyo y amor propio. La búsqueda de esta verdad exige que estemos dispuestos a cuestionar nuestras creencias sobre el dinero y confrontar los sentimientos de los cuales nos protegen nuestras creencias: solo entonces podemos cambiar y curarnos.

SIÉNTETE CÓMODO CON EL DINERO

El hecho de que te hayas comportado como un Inocente en el pasado no significa que tengas que hacerlo en el futuro. Piénsalo de este modo: si has tenido un condicionamiento diferente, si tus padres te han transmitido mensajes diferentes sobre el dinero, si has recibido algún tipo de educación financiera, y si en vez de fracasar tuviste éxito cuando intentaste conseguir y administrar tu dinero, ¿podrías haber adoptado una imagen tuya completamente diferente a la que tienes ahora con respecto al dinero? Si es así, ¿cómo sería tu relación con el dinero?

Transformar un arquetipo que te ha dominado es una labor difícil. Puedes incluso sentir náuseas mientras haces el ejercicio siguiente. Sin embargo, te pido que confrontes tus demonios y que no te distraigas. Como dicen muchos profesores de meditación: "Aquello a lo que nos resistimos, persiste". Pero podrás transformar las creencias que han dirigido tu vida financiera si analizas con sinceridad. Hay varias formas de integrar otras estrategias más gratificantes hacia el dinero.

LA LIBERACIÓN DEL INOCENTE

- **PREGÚNTATE.** ¿Tus creencias sobre el dinero son ciertas? Te pido que pienses en las ideas, conceptos o pensamientos que has tenido sobre ti y sobre el dinero.

Estos son algunos ejemplos de las creencias que algunas veces tienen los Inocentes:

Mi actual situación financiera se prolongará por siempre.

Nunca ganaré más de lo que gano ahora.

La forma en que me ha tratado la vida no me permitirá retirarme.

Nunca tendré dinero suficiente para sostenerme a mí ni a mi familia.

Estoy atrapado en este matrimonio/ empleo/ ciudad por el dinero.

Ahora haz tu propia lista sin hacer juicios. Escribe lo primero que se te ocurra por un mínimo de un minuto. No censures

➤

nada, incluso si piensas "realmente eso no es lo que creo", después de escribir. Simplemente haz una lista larga. No tienes que escribir de una manera espiritual, inteligente, respetable o madura; simplemente escribe lo primero que se te ocurra.

Ahora lee lo que has escrito. Te invito a que utilices cada una de las cuatro preguntas formuladas por la escritora Byron Katie para indagar sobre tus creencias de manera individual:

¿Esta creencia es cierta? ¿Es más cierta que lo opuesto? Por ejemplo, ¿"nunca seré exitoso" es más cierto que "seré exitoso"?

¿Estás completamente seguro de que tu creencia es cierta?

¿Cómo reaccionas cuando piensas en eso? ¿Qué sientes a nivel corporal?

¿Qué clase de persona serías si no tuvieras esa opinión o creencia sobre el dinero?

Por ejemplo, cuando Mary hizo este ejercicio, pensó lo siguiente: *Nunca progresaré en términos económicos.* Y luego de analizarlo, concluyó lo siguiente:

Sí, es cierto porque nunca lo he sido en el pasado. Pero también creo que no puedo saber la verdad sobre el futuro.

No puedo estar segura de que esto sea cierto.

Cuando pienso en esto, me siento triste y cansada. Tengo poca energía y me siento débil y pesada.

Me siento más feliz y menos cansada si no pienso en esto; tengo más energía para recibir a más clientes. Me siento más liviana y que puedo ganar más dinero.

➤

- **VALORA TUS CUALIDADES, SIN IMPORTAR CUÁLES SEAN.** Para muchos Inocentes, realmente no se trata del dinero. Sus cualidades pueden ser la creatividad, la compasión, el activismo, las carreras académicas o el servicio social. ¿Qué te gusta hacer? No sacrifiques tus talentos naturales para encajar en un molde económico. Puedes diseñar un plan que te permita sentir paz y abundancia con tu nivel actual de ingresos, sin importar cuál sea. Estas son algunas opciones:

  Establece un acuerdo claro con tu cónyuge o socio (o tal vez con otras relaciones) en el que se reconozca que tus talentos no tienen una gran remuneración financiera. Define otras formas en las que puedas contribuir al matrimonio o a la relación, que sean equilibradas para ambos.

  Conoce tu verdadera situación financiera y haz los cambios necesarios para vivir según tus posibilidades hasta donde sea posible. Estos cambios pueden parecer radicales en un comienzo, pero también lo será la sensación de sentirse libre en términos financieros. Para una pareja, esto puede traducirse en cambiar su casa de $500.000 en Los Angeles por una de 150.000 en Silver City, Nuevo México, para que ella pueda dar clases de tai chi y él pueda trabajar con pacientes terminales. También puede consistir en que estés dispuesto a vivir con un presupuesto que te permita aceptar un empleo o cambiar a una profesión en la que no ganes tanto pero tengas más tiempo para dedicarte a inquietudes que no son económicas. Escribe al menos cinco pasos radicales que darías luego de vivir según tus posibilidades. Si no sabes cuáles son tus ingresos o qué tipo de cambio en tu estilo de vida te permitiría hacer esto, contrata los servicios de un Planeador Financiero Certificado® o un consejero de crédito de los Servicios de Consejería para Crédito al Consumidor (p. 365) —una

  ➤

organización sin fines de lucro—, para que te ayuden a realizar un análisis.

Sigue los pasos descritos en la sección sobre el arquetipo de Buscadores de Placeres para reducir tus gastos y establecer un plan de inversión (p. 338). Recuerda que puedes tener una vida financiera abundante independientemente de tus ingresos o activos, incluso si ganas $10.000 al año (Lee el libro *Tu dinero o tu vida*, escrito por Joe Dominguez y Vicki Robin, que te ofrecerá una estrategia radical pero llena de sentido para vivir de acuerdo a tus posibilidades, sin importar lo pequeñas que sean).

- **LO QUE LLEGA SE QUEDA.** La próxima vez que tengas un excedente, deja pasar un mínimo de tres días antes de pagar una posible deuda. La mayoría de los Inocentes siente malestar cuando tiene un excedente, y tan pronto lo reciben, se lo gastan en pagar sus cuentas, en devolver el dinero que les han prestado sus familiares, o en realizar compras que han aplazado. Claro que si estás a un paso del desalojo o de sufrir alguna consecuencia drástica, debes utilizar ese excedente para evitar esto. Del resto, conserva el excedente un mínimo de tres días o una semana. Imagina que tienes ahorrado el dinero para pagar tus gastos durante un año, y que no tienes deudas. Piensa o registra por escrito las sensaciones positivas: El alivio, la seguridad, la libertad. Y con respecto a las desagradables: ¿Sientes malestar, confusión, extrañeza o poco valor?

- **NO LO TOQUES.** Decide cuánto dinero vas a ahorrar cada mes, sin importar cuánto sea (aunque sean cinco dólares), y guárdalos en otra cuenta. Pídele al banco que te haga una transferencia automática. Así, sentirás una menor tentación de ver el excedente y gastarlo. Si esto no te funciona, entrégaselo a un familiar o asesor financiero para distanciarte de ese

➤

dinero y no pensar que es tuyo. No te molestes siquiera en ver los extractos. Si gastas más de lo que ganas con tu tarjeta de crédito, paga todos tus gastos con dinero en efectivo y redúcelos para tener un excedente considerable. Esto no es un sacrificio; tampoco tendrás que negarte a un ritmo de vida que esté en conflicto con tus deseos más profundos o con tu sentido común. Tu objetivo es expresar libremente tus talentos sin ninguna presión financiera.

Para más recomendaciones prácticas sobre flujo de efectivo y presupuestos, inversiones, seguros, impuestos, planeación de donaciones y de propiedades inmobiliarias, filantropía y generosidad, específicamente diseñadas para el Guardián, consulta el Apéndice (p. 337).

CAPÍTULO NUEVE

EL PROTECTOR

"No importa cuánto tengas; la simple
carga de tener que entregar dinero todo el
tiempo puede ser difícil para la mente".

—DAVID WHYTE,
POETA Y ASESOR ORGANIZACIONAL

Brenda es una mujer madura y madre de cinco hijos. Es realista y las dificultades que pasó desde su infancia la han endurecido. Se considera a sí misma como una sobreviviente y me pidió que le ayudara a administrar sus asuntos financieros varios años después de un divorcio difícil. Recibió una devolución de impuestos mayor a la esperada, y en vez de gastarla en su familia decidió contratar servicios profesionales. Brenda siempre se sentía orgullosa de mantenerse al tanto de las últimas tendencias financieras. Pero cuando vino a nuestra primera cita, sus documentos estaban considerablemente desorganizados, aunque aclaró que siempre había cumplido con sus obligaciones. Ella lo intentaba, a pesar de que dos de sus hijos —que ya eran adultos— estaban viviendo con sus cuatro hijos en su casa de tres habitaciones. Brenda me habló de su ex esposo y me confió algunos de sus comportamientos financieros: apostaba de manera compulsiva en partidos de fútbol y béisbol y había contraído deudas que ascendían a decenas de miles de dólares, algo que la llevó a pedir el divorcio.

A medida que Brenda hablaba, se hizo evidente que tenía un antiguo patrón de ser siempre la persona responsable a nivel financiero. Brenda siempre sostenía a los demás, sin importar si era a su ex esposo, a sus hijos adultos o sus amigas.

Luego de trabajar juntos, le pregunté si le parecía difícil sostener a sus allegados.

"¿Estás bromeando?", respondió. "Toda mi vida les he ayudado. Me molesta un poco, ¿pero qué puedo hacer? Se trata de mi familia". Le pregunté si estaba dispuesta a hablarme sobre su educación en términos financieros. "Hasta donde yo recuerdo", dijo, "mis padres siempre peleaban por el dinero. Mi madre le gritaba a mi padre porque desperdiciaba nuestro dinero en las apuestas. Él siempre apostaba a los caballos, así debiera la cuenta del gas, y le respondía gritando que lo que hiciera con su dinero no era asunto de ella. Mientras tanto, mi madre gastaba dinero en cosas que no necesitábamos". Brenda hizo una pausa, dejó de mirarme a los ojos y concentró su mirada en el techo. "Cuando yo tenía diez años, sacaba todo el dinero que encontraba escondido en la casa o en sus billeteras, y compraba giros postales para pagar las cuentas. Así, mi madre no podía gastarlo ni mi padre apostarlo". La ironía de haberse casado con un hombre igual a su padre fue creer que todo sería diferente, pero dijo que lo había hecho porque estaba "ciega de amor". Brenda me dijo que deseaba a toda costa que sus hijos se fueran de su casa, pues se sentía extremadamente abrumada por tantas responsabilidades, pero no sabía quién cuidaría a sus hijos y nietos si no lo hacía ella.

LA HISTORIA BÁSICA DEL PROTECTOR

Los Protectores utilizan su dinero, tiempo y energías para ayudar a sus familiares inmediatos y muchas veces a sus amigos. De hecho, algunos se sacrifican en términos financieros por el bien de los demás, aunque no dependan económicamente de ellos. Conozco muy bien a una protectora que siempre ayuda a sus familiares, le paga las vacaciones a uno de ellos, ayuda a otro con la compra de un auto, y trabaja incansablemente en algo que detesta para que su pareja pueda lograr sus sueños profesionales. Los Protectores anteponen las necesidades ajenas a las suyas y ocasionalmente creen que quienes dependen de ellos en términos económicos quedarían en la indigencia sin su ayuda. Con frecuencia, los depositarios de su ayuda tienen circunstancias realmente difíciles, y los Protectores pueden terminar pagando desde sus alimentos hasta su cuenta de la luz.

No todos los Protectores se dedican a ayudar a familiares o amigos. Los que tienen una perspectiva humanitaria más amplia sacrifican su propia estabilidad financiera para ayudar a los seres marginados. Dedican su tiempo y dinero a apoyar causas que creen que beneficiarán a la humanidad. Trabajan en áreas como la salud o el trabajo social durante muchas horas y no reciben la retribución adecuada. También pueden donar un porcentaje desproporcionado de su dinero a los pobres de los países subdesarrollados, a las investigaciones sobre el SIDA o a movimientos ecológicos, creyendo muchas veces que la importancia de contribuir a su propio retiro es poca si se compara con ayudar a la preservación de las selvas.

Con frecuencia, los Protectores tienen talentos increíbles. Para comenzar, tienen una vida financiera mucho más ordenada que sus allegados. Los Protectores no solo son autosuficientes, sino que también se encargan de la "suficiencia de los demás", es decir que pueden depender económicamente de ellos. Sin importar qué tan dolorosas o destructivas sean algunas de sus relaciones, especialmente para los observadores imparciales, los Protectores tienden a demostrar una mayor compasión, solidaridad y generosidad de lo que les corresponde. Todos necesitamos recibir apoyo en algún momento de nuestras vidas, y el mundo sería un lugar más cruel y despiadado sin los Protectores.

LO QUE CREE EL PROTECTOR

Al igual que los Idealistas, los Protectores no están interesados en el dinero en sí, pues creen que la mejor forma de utilizarlo es ayudando y compartiéndolo con otras personas. A veces, como en el caso de un cliente mío que seguirá ayudando a su hijo durante varias décadas, los Protectores realmente no tienen otra opción en ese sentido. Las personas que dependen económicamente de nosotros realmente pueden necesitar nuestra ayuda y tener pocas opciones. Es probable que sus vidas dependan de nosotros, y esta es una gran responsabilidad que no debemos eludir. Si tú estás dentro de esta categoría, podrías pensar: "Si no los ayudo, nadie lo hará", "Me necesitan", "Cuenten conmigo", "¿Qué harían sin mí?". En resumen, piensas que tus creencias equivalen a la realidad.

Bien sea que quienes reciben su ayuda tengan otras opciones o no, el Protector tiende a ver su bienestar financiero como algo secundario al bienestar de los demás. Este capítulo les ayudará a los Protectores voluntarios e involuntarios a sentir una mayor libertad en términos económicos, así como a tener una mejor relación con las personas a las que ayudan.

Los Protectores tienden a considerarse como generosos y muchas veces dan más de lo que otros arquetipos estimarían conveniente para asistir a los necesitados. Sin embargo, algunas veces este comportamiento no surge de un impulso generoso, sino de un sentimiento de necesidad, obligación, o de un fuerte deseo de creer que los demás los necesitan. Los Protectores tienen muchas dificultades para gastar dinero en sí mismos y pueden sentirse desproporcionadamente culpables cuando lo hacen, pues piensan que otras personas necesitan más ese dinero.

Probablemente seas un Protector si:

- Gastas más del 20 por ciento de tus ingresos en personas necesitadas, bien sean familiares, amigos o instituciones de caridad, pero no eres generoso contigo en términos económicos y no te sientes tranquilo con tu generosidad.

- Otras personas dependen más de ti que tú de ellas en términos económicos, y no hay una reciprocidad (por ejemplo, no se encargan de sus hijos, no realizan tareas domésticas ni desempeñan una labor creativa o humanitaria).

- Ahorras seis veces menos de lo que gastas, porque siempre utilizas el dinero para ayudar a los demás.

- Si tienes inversiones, las mantienes líquidas porque crees que probablemente tendrás que ayudar a alguien.

SEMILLAS DEL PROTECTOR: "ÉL NO ES PESADO..."

Los individuos que pertenecen al arquetipo del Protector muchas veces tuvieron que cuidar a otros desde que eran pequeños, como en el caso de Brenda. Suelen ser hijos mayores "responsables", y muchas veces sus padres fueron irresponsables con el dinero. También pueden ser los únicos de su familia en haber alcanzado el éxito económico, bien sea porque superaron circunstancias difíciles o porque pertenecen a familias acomodadas y han recibido la mejor educación o capacitación en el negocio familiar. Y por esto cargan con una especie de culpabilidad propia de los sobrevivientes y asumen el papel de salvadores en sus familias para aplacar su culpa. Es mucho más probable que les hayan dicho durante su infancia o juventud: "Gracias, salvaste el día", que "Veo que has tenido un día difícil: ¿Te puedo ayudar?".

Recuerda que todos desarrollamos patrones de conducta porque son las respuestas más inteligentes a eventos o condiciones importantes de nuestra crianza. Lejos de ser tontos que cuidan más a los otros que a sí mismos, los Protectores han realizado la elección más inteligente que podían. Desde muy temprano reconocieron la necesidad de cuidar a los demás como una forma de crecimiento personal. En casos extremos, las circunstancias de su vida los obligaron a proteger a personas que habrían podido perecer sin su ayuda: al niño minusválido, al padre o madre que sufría depresión crónica, o al amigo abusado.

En algunas situaciones, otras personas pueden depender económicamente de los Protectores simplemente porque no tienen habilidades que el mundo valore en términos financieros, o carecen de talentos que ofrecer, pero el Protector no siente ningún resentimiento por la ayuda que ofrece a un familiar, pareja o allegado. Si el apoyo que les da a estas personas no es un patrón repetitivo en la vida del Protector y este siente que recibe algo a cambio, se trata de una relación saludable y el Protector se sentirá bien en ella.

LA RECOMPENSA

Ser un Protector puede ser algo hermoso, especialmente cuando se trata de utilizar el dinero para ayudar a otras personas. La solidaridad, interés y generosidad de los Protectores son rasgos que muchos arquetipos deberían imitar. Si eres un Protector, deberías sentirte realmente orgulloso del amor y atención que dedicas para ayudar al prójimo.

Muchas tradiciones espirituales predican la importancia de dar:

- Al igual que muchas otras tradiciones indígenas norteamericanas, la tradición Lakota pregona la generosidad como una de las siete virtudes importantes. El *Wopila* es el acto ceremonial de regalar cosas que son valiosas para su propietario, especialmente cuando ha recibido varios regalos; por ejemplo, en su boda o después del nacimiento de un hijo.

- El Talmud nos invita a dar al menos el diez por ciento de nuestros ingresos anuales (diezmo).

- El hinduismo predica un sendero espiritual de servicio desinteresado (karma yoga), en el que damos sin esperar nada a cambio (bien sea trabajando en servicio social o realizando contribuciones financieras).

- La Biblia dice: "Es mejor dar que recibir".

- El Islam hace un gran énfasis en la caridad para equilibrar las injusticias sociales tanto en términos formales, por medio del *zakat* (el diezmo), como informales, practicando el *sadaqat* (dar espontáneamente a los necesitados).

- En el budismo, el *dana* —que significa generosidad— es entendido como la condición natural del corazón, que se manifiesta espontáneamente cuando desaparecen los conflictos.

TODOS TENEMOS DERECHO

Ram Dass, el popular maestro hinduista y autor de *Estar aquí y ahora*, es hijo de una prestigiosa familia de Boston, y su verdadero

➤

nombre es Richard Alpert. Su padre amasó una fortuna con los fe-
rrocarriles y fue uno de los fundadores de la Universidad Brandeis.
Al igual que otros santos a través de la historia, Ram Dass renunció a su fortuna para servir al prójimo. Donó la mayoría de sus
bienes a los pobres, trabajó en muchos proyectos humanitarios,
entre ellos el devolverles la visión a muchos campesinos en Asia,
África y Latinoamérica, e invitó a su padre a donar con generosidad.
Es interesante que incluso él haya reconocido que no siempre es
fácil tener la misma amabilidad consigo mismo. Después de sufrir
un derrame en 1997, se vio en la necesidad de recibir la caridad
que tanto había prodigado durante su vida. Su amigo, el escritor
Wayne Dyer, envió una carta a millones de personas en la que
pedía ayuda para Ram Dass, quien recibió dinero para cubrir sus
gastos. Él me confesó que a pesar de sus años de práctica y estudio
espiritual, recibir esta generosidad lo hizo sentirse avergonzado.
Podemos preguntarnos si tratamos de entender a este arquetipo:
"¿Por qué este hombre amable y generoso, después de todos sus
años de servicio, se considera con menos derechos que los pobres
a quienes tanto les dio?".

   "Siempre me he considerado rico", me dijo. Ese tipo de condicionamiento, es decir, la división entre aquellos a quienes supuestamente debemos ayudar y los que reciben la ayuda, es difícil de
eliminar.

   Muchos de nosotros reaccionamos a la vergüenza que nos
producen nuestras riquezas dando dinero a causas valiosas, pero
también podemos expresar nuestra compasión e interconexión
con otras personas. Para que los Protectores marquen una verdadera diferencia en el mundo, su labor debe empezar por su propia
casa y tratarse a sí mismos como corresponde. Como dicen los
budistas: "No tomes aquello que no te sea dado libremente, pero
acepta con agradecimiento aquello que te dan libremente".

La recompensa de dar desinteresadamente puede ser enorme, incluso en términos de beneficios materiales para quien lo hace. Muchas personas que han donado generosamente su tiempo y recursos señalan que han recibido diez veces lo que han dado. Muchos individuos avanzados en términos espirituales crecieron en familias acaudaladas, pero decidieron donar todo lo que tenían a los necesitados, pues querían llevar una vida sin posesiones. Algunos ejemplos famosos son San Francisco de Asís, Buda y Mahatma Gandhi, quienes renunciaron a sus privilegios y fortunas para llevar una vida espiritual y servir a los pobres.

Sin embargo, la mayoría de nosotros estamos lejos de ser santos, y tratar de serlo puede ser una trampa. Si no le has prestado la suficiente atención a identificar el origen del vacío o ansiedad que genera el martirio malsano, es probable que tu labor como Protector no te ayude a lograr un equilibrio o satisfacción perdurables.

Si la generosidad de los Protectores no está llena de culpa o de otras dependencias, su papel importante en el bienestar de los demás les produce una gran sensación de valor propio. Muchas veces, la mayor recompensa que recibe un Protector es que alguien le diga: "No lo habría logrado sin ti", bien sea que esto signifique terminar sus estudios universitarios, comprar una casa o superar un divorcio difícil. Los Protectores prestan una ayuda invaluable, sin la cual sus seres queridos y otras personas dependientes tendrían que hacer cambios drásticos, y saber esto es una recompensa significativa.

EL LADO OSCURO DE PROTEGER

En el caso más extremo, su naturaleza desgasta a los Protectores de un modo irreversible. Buscan, de manera inconsciente, situaciones en las que sean necesarios y puedan ayudar a personas con menores posibilidades financieras. Y cuando se sienten agotados o que no les han agradecido, muchas veces se ven motivados a proteger a los demás, pero rara vez reciben la respuesta o cuidados que desean, pues no han construido relaciones recíprocas.

Los Protectores tienden a pensar que las personas a quienes ayudan no son tan competentes o generosas cuando se trata de administrar el dinero. Creen que ayudan a sus hijos o familiares o amigos al prestarles dinero, pero esta ayuda realmente no los beneficia sino que los hace depender de ellos, ya sea pagándole la renta a un hijo adulto, o prestándole dinero a un hijo que nunca se lo paga y que le pide más en caso de necesidad. Debido a su generosidad desinteresada y a todos sus sacrificios, los Protectores pueden cumplir el papel de mártires y tomarse ciertas atribuciones con los seres queridos a quienes han ayudado. Este *quid pro quo* puede asumir la forma de un abuso verbal o emocional, exigencias sexuales, o la expectativa de un pago económico, pero también puede ser tan silencioso y oculto como un sentido de superioridad moral y de pureza.

Si te parece que te estás excediendo en tu ayuda a los demás, pregúntate esto: ¿A quién estás ayudando realmente? ¿Por qué estás regalando tu dinero y tu tiempo, y qué esperas exactamente a cambio? Los comportamientos permisivos crean dependencias que son muy difíciles de romper.Puedes pensar que estás ayudando a tus hijos, familiares o amigos cuando les prestas o les regalas dinero o cubres sus gastos, pero, ¿realmente es así? Si las personas a las que apoyas económicamente saben que siempre podrán recurrir a ti en tiempos de necesidad, tendrán muchas dificultades para aprender a sostenerse por sus propios medios y tener una vida económica saludable. Piensa en el antiguo refrán: "Si le das un pez a una persona, tendrá alimento para un día. Pero si le enseñas a pescar, tendrá alimento para toda la vida". ¿De qué forma puedes ayudar a las personas que dependen de ti a sostenerse por sus propios medios? ¿Hasta qué punto los estás condicionando a ser dependientes así como tú estabas condicionado a ser un Protector?

Según mi experiencia, la gran mayoría de los Protectores son mujeres. En términos globales, ellas tienen más dependientes a su cargo que los hombres, especialmente en los países en vías de desarrollo, donde muchas veces una mujer tiene que cuidar y sostener económicamente a una familia de cinco personas. En mi práctica profesional he visto a una amplia gama de protectoras que invitan o permiten que sus hijos adultos vivan en la casa sin contribuir a los gastos, y los apoyan económicamente, pero se quejan cuando su cónyuge abandona su empleo y su salario fijo para dedicarse a una vocación que les genera ingresos esporádicos; permiten que amigos o familiares vivan en sus casas sin dar un solo centavo, compran una casa tras sentirse culpables por alguien, trabajan como voluntarios más tiempo del que tienen disponible, o donan y prestan grandes sumas de dinero de manera impulsiva a causas o familiares necesitados.

Aunque los Protectores suelen ser mujeres, los hombres también asumen este rol. Los Protectores masculinos muchas veces son los únicos que ganan dinero en sus familias y deben soportar la carga financiera y detentar el poder que esto comporta. He visto con mucha frecuencia a patriarcas que no les dan poderes a sus hijos, particularmente a las mujeres, creando así una dependencia que se prolonga durante varias décadas. Una vez trabajé con la hija de un Protector como el que acabo de describir, un ejecutivo extremadamente adinerado que sufragaba todas las necesidades económicas de sus hijos y que luego se preguntó por qué tenían tan pocas motivaciones y ambiciones. Su hija tenía cuarenta y siete años cuando vino a verme. Su padre había fallecido hacía muchos años y le había dado la herencia a su hijo menor cuando tenía veintiún años, pero las cláusulas del testamento estipulaban que ella nunca tendría control sobre su parte y que debía justificar sus peticiones financieras a una corporación cuando él falleciera. Ella se quejó con amargura: "Nunca creyó que yo podía asumir la responsabilidad sin abrumarme, sin que se aprovecharan de mí, o sin que yo despilfarrara el dinero".

LA VERDAD

En los sutras del yoga, *Asteya* significa veracidad, una práctica de indagar profundamente en la verdad de cualquier situación. Busca un lugar donde estés completamente sereno, alejado de los demás y sin distracciones. Respirando profundamente, reflexiona sobre las formas en que manifiestas tu ayuda invirtiendo tu tiempo y tu dinero. Elige tres personas u organizaciones que sean el centro de tu ayuda y pregúntate lo siguiente en cada caso:

1. ¿Cuál es la verdad de esta situación?

2. ¿Siento un poco de resentimiento, o creo que no me han agradecido lo suficiente?

3. ¿Hay algo que yo haya esperado a cambio, de manera abierta o velada?

4. ¿He ayudado a costa de estar en una situación económica precaria?

5. ¿Utilizo mi ayuda para evitar sentimientos o percepciones dolorosas sobre mí mismo?

En algunas ocasiones, los Protectores tratan de compensar su culpabilidad, bien sea que tengan razón o no. Por ejemplo, un Protector que sea económicamente dependiente de su cónyuge puede ayudar excesivamente a personas que considere menos afortunadas. Si los padres tienen varios hijos pero solo le han pagado estudios universitarios a uno de ellos, este podría sentir la obligación de ayudar a sus hermanos y hermanas que no son exitosos en términos económicos. Sin embargo, no podremos ayudar de un modo constructivo a los demás hasta que aprendamos a cuidar realmente de nosotros mismos. Tampoco podemos ayudar a otros hasta que adquiramos un sentido de la identidad que no dependa exclusivamente de nuestra relación con los demás.

Cuando el hecho de ayudar a los demás nos confiere una gran parte de nuestra identidad y valor propio, intentamos alejar los sentimientos de miedo y falta de valor que son parte inevitable de los seres humanos. Llenamos nuestras vidas con la labor exigente (y aparentemente importante) de asegurarnos que nuestros familiares y seres queridos estén seguros y tengan lo que necesitan. Pero, ¿qué sucede cuando ya no están presentes, bien sea porque han fallecido o simplemente porque le han dado un nuevo giro a sus vidas? Es esencial que los Protectores aprendan a tratarse a sí mismos tan bien como tratan a los demás.

Los ejercicios de este capítulo son extremadamente sencillos, requieren poco tiempo, pero pueden ser mucho más útiles para los Protectores que un crucero de una semana en el Caribe. Por favor léelos: es una manera de cuidarte a ti mismo.

NO HACER

Los Protectores están tan acostumbrados a estar con otras personas que cuando nadie los necesita, muchas veces no se toman tiempo para estar solos. Adquiere el hábito de tomarte diariamente un tiempo para ti y disfrutar del placer de tu propia compañía, así sean tan solo cinco minutos al principio. Puedes caminar solo o escuchar música. Si estás en una fiesta o en otra casa, procura no ayudar mucho: no laves platos, no sirvas bebidas, no hagas la limpieza ni ayudes de la forma en que acostumbras. Procura estar en una relación sin comportarte como el Protector. Percibe tus sentimientos sin

➤

importar cuáles sean ni la actividad que realices. Es probable que la soledad o el aislamiento te produzcan miedo, pero también alegría. Si sientes miedo o ansiedad, concéntrate en tu respiración e intenta comprender qué hay al otro lado del miedo. Y si te sientes bien, disfruta el momento y haz todo lo posible para sentirte así durante el resto del día.

UNA MANERA DIFERENTE DE PROTEGER

Esforzarse para no ser una persona fría e insensible a quien no le importa nadie —que es lo que muchos Protectores temen—, es una forma poco sana de no ayudar. Obviamente, no te estoy pidiendo que dejes de ayudar a las personas y causas que son tan importantes para ti, sino que lo hagas de una manera mucho más efectiva si existe un equilibrio entre la protección que tú les das a ellos y la que te das a ti mismo.

Una de las primeras cosas que les pido a los Protectores es que reconozcan que han sido condicionados a comportarse de ese modo, sin importar cuál sea la verdadera situación que ha originado su reacción. Y cuando realmente se dan cuenta de que son un producto de su condicionamiento, pueden explorar diferentes formas de mostrar su preocupación por sus seres queridos. El simple hecho de imaginar otras experiencias pasadas nos permite ver las decisiones que tomaríamos actualmente. Por ejemplo, ¿qué pasaría si hubieras crecido en un hogar económicamente estable donde nadie dependiera de ti y no existiera la culpabilidad? ¿Qué pasaría si te hubieras sentido más querido y cuidado? Preguntarte "¿Cómo llegué a este punto?" es algo que puede ayudarte a salir del estancamiento.

TÚ PUEDES HACERLO

Una vez trabajé con una clienta que había recibido una herencia a una edad madura y tendía a creer que no era suya. Cuando descubrió que su mejor amiga sufría abusos físicos y verbales por parte de su esposo, mi clienta invitó a su amiga y a su pequeño hijo a vivir gratis en un condominio de su propiedad. Aunque pensaba ayudarle temporalmente, pues necesitaba el dinero del alquiler, la situación se prolongó más de lo esperado.

Yo le ayudé a establecer arreglos progresivos. Habló con su amiga, le pidió que le pagara la mitad de la renta y que seis meses después le pagara el valor total. Su amiga aceptó el nuevo arreglo, y aunque se presentaron dificultades y esta se mudó a un lugar más económico, continuaron siendo amigas. Lo más difícil fue hacerle entender a mi clienta que había sido generosa al ofrecerle un albergue gratuito a su amiga durante tanto tiempo, y que comprendiera que tal vez su amiga no la necesitara o valorara cuando dejara de recibir su ayuda económica.

Las personas que están enfrascadas en una manifestación malsana del arquetipo del Protector permanecen atrapadas en un patrón negativo en el que protegen a los demás antes que a ellos mismos, descuidando su seguridad económica o bienestar mientras se aseguran que otros reciban sus cuidados. Estos individuos no tienen límites saludables ni bien definidos, lo cual crea un círculo vicioso de dependencia y resentimiento ("Ni siquiera aprecian lo que hago por ellos", "No podrían defenderse un solo día por sus propios medios").

Lo cierto es que nuestros seres queridos pueden cambiar por sus propios medios, pero solo si realmente lo desean y si tú los ayudas a realizar una transición gradual de la dependencia a la autosuficiencia. Claro que hay algunas situaciones en donde los individuos no tienen la capacidad de cambiar, pues son discapacitados, inseguros, o porque nunca han desarrollado destrezas importantes en términos económicos. Es fundamental establecer la verdadera situación de esas personas. Si es necesario, pide a otras personas que evalúen las verdaderas capacidades de esos individuos.

Incluso si eres un Protector involuntario —y ayudas a personas que realmente lo necesitan, porque las circunstancias de la vida te han otorgado ese papel— puedes sentir alivio al aclarar los aspectos financieros de tu relación con ellos. Tuve un cliente llamado David, un hombre dulce y mayor; su esposa Lila tenía una enfermedad terminal. Él se concentró de lleno en brindarle cuidados físicos y emocionales. Ella había sido profesora durante muchos años y comenzó a recibir su pensión de retiro dos meses antes de que su condición empeorara; era evidente que no le quedaba mucho tiempo de vida. Con toda la molestia y el dolor generados por esta situación, era apenas comprensible que no se hubiera pensado mucho en el futuro de David tras la muerte de Lila, pues él no tenía pensión y había renunciado a su empleo para cuidarla. Yo mencioné el tema, lo animé, y él le preguntó qué iba a hacer con su pensión, pues Lila ya había nombrado a otras personas como beneficiarias. Ella dijo: "Claro que quiero cuidarte", y yo vi que David sintió un gran alivio. Él tuvo que armarse de mucho valor para hacerle esa pregunta a Lila, y su respuesta le dio la libertad para acompañarla en sus últimos días sin sentir resentimientos ni preocupaciones económicas.

AMOR Y COMPASIÓN

El amor y la compasión son una práctica del budismo en la que somos invitados a cultivar una mayor compasión en nuestros corazones y a dirigirla en primera instancia a nosotros mismos, luego a nuestros familiares inmediatos, después a las personas en comunidades cada vez más amplias, posteriormente a todos los habitantes de nuestro país (incluyendo a los que no nos simpatizan), y finalmente a todos los seres vivos del planeta. Practicar el amor y la compasión no significa que les des a los demás todo lo que te pidan: de vez en cuando puedes decirles que no. El acto más amoroso puede consistir en tener que "destetar" a quienes dependen de ti, para que sean independientes (gradualmente y con el paso del tiempo). Por ejemplo, puedes decirles a tus hijos adultos que dependan de ti: "Voy a depositar una cantidad fija de dinero en una cuenta para que reciban un porcentaje fijo cada cierto tiempo, pero no me van a pedir préstamos cuando estén cortos de dinero". Tu felicidad es un componente crítico del bienestar ajeno; eso es ser amable y amoroso (consulta la p. 323 para una meditación guiada sobre el amor y la compasión).

CUIDAR AL PROTECTOR

Las siguientes actividades te permitirán practicar una generosidad más alegre, así como una vida más rica y segura para ti y para las personas y causas de tu afecto.

➤

• **PREGUNTAS RIGUROSAS**. Pregúntate:

¿Me estoy descuidando a mí mismo para poder cuidar a los demás? ¿Hasta qué punto?

¿Realmente soy útil o intento controlar a los demás, suscitar ciertas respuestas, o promover una autoimagen que me haya funcionado?

¿Estaré exagerando la dependencia de aquellos a quienes ayudo?

¿Hay otras personas necesitadas a las que yo podría ayudarles más o de una manera más efectiva?

¿Cómo creo que cambiaría mi relación con esta persona si le retirara mi apoyo financiero? ¿Me querrá o apreciará si no me necesita? ¿Estoy dispuesto a averiguarlo?

¿Mi estrategia les está dando poderes a quienes dependen de mí, o está contribuyendo a una mayor dependencia? ¿Tengo opciones en este sentido?

Si las personas que dependen de mí pueden ser más independientes, ¿cuál es el primer paso que puedo dar en ese sentido?

Si pueden ser más independientes, ¿cómo podría crear más espacios personales y lograr un mayor equilibrio en mi vida? (Algunos ejemplos son comunicarse con ellas por escrito,

➤

establecer unos límites más claros y compartir
responsabilidades con los demás).

- **HABLA**. Un error que cometen los Protectores es suponer que realmente saben lo que necesitan sus dependientes. Discutir esto abiertamente con las personas
que han dependido de nuestra ayuda durante varios
años —o toda una vida—, puede ser incómodo. Bien
sea que se trate de un padre y un hijo adulto, de dos
cónyuges o amigos, ambas partes pueden sentir vergüenza y una tendencia a negar la verdad de la situación. Pero cuestionar estas posiciones puede conducir
a una información valiosa que te ayudará a romper antiguos patrones. Hazles las siguientes preguntas a quienes dependan de ti; si tienes dificultades para hacerlo
personalmente, pídele a alguien que lo haga y que les
transmita las respuestas. Aunque puede ser muy difícil
al comienzo, no lamentarás recibir esas respuestas.

¿Qué quieres hacer con tu vida?

¿Te estoy ayudando?

¿Puedo ayudarte a cumplir tus metas de una
manera más efectiva?

¿Cómo sería nuestra relación si retirara o
redujera mi apoyo financiero?

- **PLAN DE ACCIÓN**. Intenta seguir el siguiente plan de
acción para romper con el papel del Protector. Anota
tus promesas y consérvalas:

➤

Piensa en tres formas simples de expresar compasión por ti antes de hacerlo por los demás. Esto puede ser tan sencillo como empezar el día comiendo lo que más te gusta, bañándote con agua caliente antes de acostarte, o hacer algo que te haga sentir sano y feliz. Nada de esto requiere necesariamente de dinero, aunque a veces sí. *A fin de expresar compasión por mí mismo, yo* _____, *y* _____.

Pídele a alguien que te ayude en algo. Recurre a alguien para implementar un cambio. *Le pediré a*_____ *que me ayude a*_____.

Procura ahorrar para tu futuro (una cantidad que sea seis veces mayor a tus gastos mensuales en inversiones). *Me comprometo a ahorrar* $_____ *este mes,* $_____ *el próximo, y otros* $_____ *dentro de dos meses, sin importar los gastos que tenga.*

Cómprate algo (y podría ser tiempo) que te produzca una gran alegría. *Pienso comprarme*_____ *en esta fecha:*_____. *Necesito* $_____ *y pienso obtenerlo de/para esta fecha*_____.

Dedica energías a relaciones mutuas y recíprocas. Pregúntales a esas personas qué valoran de ti y de la relación.

➤

¿Por qué mereces el mismo cuidado y apoyo que las personas o causas que respaldas? Enumera las diversas formas en las que mereces los mismos beneficios que tanto te esfuerzas en dar a tus seres queridos. Coloca esto en un lugar donde puedas verlo todos los días.

Para más recomendaciones prácticas sobre flujo de efectivo y presupuestos, inversiones, seguros, impuestos, planeación de donaciones y de propiedades inmobiliarias, filantropía y generosidad específicamente diseñadas para el Guardián, consulta el Apéndice (p. 337).

CAPÍTULO DIEZ

EL CONSTRUCTOR DE IMPERIOS

"Propongo tres pasos para un ejecutivo que se sienta atrapado, que no tenga tiempo para vivir su vida, amar ni cuidar a sus seres queridos. El primer paso es volverse hacia sí mismo y practicar para poder relajarse y disfrutar el aquí y el ahora. Luego debe transmitirles esta alegría a su esposa e hijos y ayudarlos a ser felices. Y después podrán dar el tercer paso en familia y brindarles compasión y comprensión a las personas en su negocio: de ese modo, no tendrás que separar más los negocios de la espiritualidad".

—Thich Nhat Hanh

Tres ejecutivos y yo estábamos sentados en un elegante hotel de Santa Monica en cómodos sofás, mirando el mar mientras hablábamos de negocios y de las posibilidades de que su patrimonio económico aumentara. Alan, un corpulento hombre de treinta y siete años y natural de Sacramento, propietario de una firma de software, comentó: "Si hace diez años me hubieras dicho lo que iba a tener ahora, yo no lo habría creído y te respondería: 'Claro que me sentiré satisfecho y no tendré necesidad de ganar más dinero'".

"¿Cuánto tienes actualmente?", le pregunté.

"Unos cinco", contestó, refiriéndose a su patrimonio que ascendía a cinco millones.

A su vez, los otros ejecutivos comentaron su situación y expresaron sus puntos de vista. Alan dijo poco después: "Me sentiré completamente satisfecho cuando consiga veinte millones, que espero hacerlo a los cuarenta años".

Yo sonreí; gracias a la experiencia que había tenido con ellos, dudaba que Alan se conformara con veinte millones. A fin de cuentas, él no parecía darse cuenta de que estaba haciendo exactamente lo mismo que diez años atrás, es decir, fijándose una meta para su negocio y patrimonio, y que no se sentiría satisfecho cuando la alcanzara. Yo conocía muy bien este ciclo. Él estaba pasando por alto el hecho de que ya había conseguido el dinero que quería, pero no había marcado una diferencia significativa en su experiencia interior de suficiencia o riqueza: era el clásico Constructor de Imperios.

Quiero aclarar que no estoy utilizando la palabra *imperio* para referirme exclusivamente a empresas comerciales. Los imperios incluyen todos los tipos de actividad en las que un individuo tiene un gran impacto en la sociedad o en su comunidad local, controla a un gran número de personas o deja un legado tras su muerte. Los exponentes más comunes de Constructores de Imperios son personas que han creado negocios exitosos, bien sea compañías multinacionales como Microsoft o Wal-Mart, o una compañía anónima de distribución a nivel nacional. Pero los Constructores de Imperios que encajan dentro de esta definición también pueden ser artistas y músicos con una labor ampliamente reconocida, coleccionistas de arte, activistas sociales, inventores, políticos y filántropos a gran escala.

A manera de ejemplo, conozco a dos mujeres que escriben libros para niños, y ambas procuran inspirar confianza, imaginación y esperanza en sus respectivas audiencias, una de las cuales está conformada por niñas entre los nueve y los trece años, y la otra por niños con enfermedades crónicas como leucemia y diabetes. Un cliente mío es un inventor que busca patentar productos innovadores para golf, y otro abrió una escuela primaria con énfasis en educación alternativa basada en la comunión con la naturaleza. Aunque ninguno de ellos utilizaría la palabra "imperio" para referirse a sus empresas, ni a la visión, innovación y fortaleza necesarias para crear sus legados, difieren un poco de los Constructores de Imperios, quienes básicamente se concentran en sus negocios con fines de lucro.

Quiero advertir algo: este arquetipo puede producir fuertes reacciones por parte de los lectores que sean predominantemente Idealistas, Inocentes y Protectores, parcialmente, porque los Constructores de Imperios tienen una gran motivación para tener éxito especialmente a nivel económico, y muchas veces parecen enfrascados en sí mismos (como efectivamente sucede). Si percibes este tipo de reacción, te invito a que identifiques los aspectos positivos de los Constructores de Imperios que puedas haber eliminado de tu vida. Muchas veces, este arquetipo que rechazamos es el que más necesitamos para llevar una vida libre y equilibrada.

Probablemente seas un Constructor de Imperios si:

- Tu cifra límite —la cantidad que te prometiste para nunca volver a trabajar y disfrutar la vida al máximo— ha aumentado a una tasa mayor que el ritmo de la inflación en los úl-

➤

timos cinco años. Si tu imperio no es financiero, es probable que el alcance y magnitud de tu legado artístico o filantrópico siga aumentando.

- Tu negocio o profesión ocupa más del 75 por ciento de tu tiempo.

- No sacas dinero de tu imperio, negocio, portafolio de bienes inmobiliarios o activo, salvo lo estrictamente necesario para cubrir tus gastos.

- Tu imperio representa más del 75 por ciento de tu patrimonio económico neto.

LO QUE CREE EL CONSTRUCTOR DE IMPERIOS

La mayoría de los Constructores de Imperios no se limitan a soñar con una gran cantidad de dinero o un legado, aunque pueden hablar o concentrarse en el dinero, como en el caso de Alan. De hecho, los Constructores de Imperios son visionarios que piensan alcanzar la felicidad cuando hayan realizado una contribución significativa y perdurable al mundo. En lo más profundo de sí, muchos Constructores de Imperios sienten que serán "alguien" cuando hagan su sueño realidad. Y de hecho, muchas veces realizan contribuciones significativas y perdurables. Casi todas las comodidades que damos por sentadas en la actualidad, desde los medicamentos y la tecnología informática hasta los seguros viajes aéreos y los teléfonos móviles, han sido posibles gracias a los consultores de imperios. Estos visionarios innovadores e incansables también han hecho grandes donaciones a universidades e instituciones de caridad, han preservado importantes legados artísticos a través de la historia, y salvado o mejorado la vida de innumerables personas. En algunas ocasiones, su ambición los conduce incluso a dedicarse a la política, un escenario en el que tienen un gran impacto.

A lo largo de la historia, muchos Constructores de Imperios se han visto motivados parcialmente por una visión más grande para la humanidad. En muchos casos, han experimentado dificultades en sus primeras épocas; sienten compasión por los pobres y tratan de aliviar sus situaciones difíciles por medio de la filantropía. Uno piensa de inmediato en personas como Andrew Carnegie, el llamado "barón ladrón" del acero que no solo amasó una fortuna, sino que también la utilizó entre otras cosas para establecer el famoso sistema de bibliotecas públicas que le permitió a la clase trabajadora tener acceso a la educación.

Es obvio que la sociedad puede obtener enormes beneficios de los Constructores de Imperios, quienes muchas veces viven rodeados de comodidades. Sin embargo, y dependiendo de la magnitud de sus sueños, los Constructores de Imperios pueden pagar un precio muy elevado por sus contribuciones a la sociedad. Muchas veces son adictos al trabajo, aunque pocos consideran que lo sean. Mientras mayor sea la recompensa que esperan recibir por sus sueños, mayor será el desequilibrio en sus vidas. En casos extremos, pueden sacrificarlo casi todo por su visión, incluyendo sus matrimonios, relaciones familiares, sociedades de negocios, y como se ha visto en varios casos recientes, incluso sus valores y principios morales.

He conocido a muchos Constructores de Imperios que les ocultan los detalles financieros a sus cónyuges para mantener así el poder en la relación. Pero la ambición de los Constructores de Imperios no solo afecta a sus cónyuges; por ejemplo, a pesar de todas las causas encomiables que apoyó con su dinero, se dice que Andrew Carnegie les pagaba salarios extremadamente bajos a sus empleados y que muchas veces los hacía trabajar más de la cuenta sin pagarles.

LA MENTE DESEANTE Y EL
CONSTRUCTOR DE IMPERIOS

Más que cualquier otro arquetipo, el Constructor de Imperios considera que nunca es suficiente. La Mente Deseante de estas personas lo controla todo y piensa que la creación de su imperio les dará más felicidad, satisfacción, equilibrio en sus vidas y relajamiento al final del camino. Esto hace que los Constructores de Imperios dediquen un tiempo desproporcionado a concentrarse en el futuro, pues creen que su imperio será más grande y mejor, y que ellos serán más felices.

Si le preguntamos a casi todos los ejecutivos si están satisfechos con su progreso durante el último año, la mayoría se concentrará más bien en lo que no hicieron, en lo que aún pueden hacer, y en todo el potencial que hay por explotar. Este es el típico ejemplo de la Mente Deseante en funcionamiento, concentrada en los aspectos negativos y no en los positivos, que crea un problema de "insuficiencia" para el cual es necesaria la innovación, la decisión, el pensamiento estratégico y el esfuerzo del Constructor de Imperios a fin de superarlo. Pero los Constructores de Imperios no solo quieren resolver el problema en cuestión, sino también crear algo que sea tan significativo que solucione casi todos los problemas, tanto los actuales como los futuros.

LA RECOMPENSA

Ser un Constructor de Imperios supone muchas recompensas. La sociedad respeta e incluso idolatra a este arquetipo, lo cual es agradable. Los Constructores de Imperios suelen ser líderes poderosos y carismáticos que llaman la atención y pueden influir en sus negocios, familias y personas con las que interactúan. Sienten una gran emoción al lograr sus grandes metas y sus egos reciben un gran estímulo por sus logros y el reconocimiento derivado de ellos.

Pero si indagamos con mayor profundidad, probablemente descubriremos que detrás de esta fachada yace un miedo que motiva a estos individuos, aunque no sean conscientes de él. Tal vez sea miedo a perder el control, a sentirse abandonados, abusados, impotentes, sin poder, o a sufrir una pérdida económica. Casi todos los Constructores de Imperios han sufrido pérdidas o tenido experiencias dolorosas en ese sentido, pero como tienen talento y ambición, han podido compensarlo luego de forjar una identidad que continuamente le demuestra al mundo que son valiosos e importantes, lo cual es una recompensa extremadamente positiva para ellos.

> "**Ganar dinero no es la razón por la que se emprende un negocio, sino su consecuencia. Cuando se convierte en la razón del negocio, todos te tratarán como si fueras una transacción. Las personas con la mejor visión sobre el dinero saben que el que tienen es prestado. Las personas se meten en problemas cuando creen que son dueñas de las cosas**".
>
> —Ken Blanchard,
> consultor organizacional
> y escritor

Tengo una clienta que es hija de un hombre de negocios muy exitoso. Creció en medios influyentes y creía que la única forma de tener valor propio era amasando una fortuna superior a la de su padre. Lleva treinta años dedicada a esa labor y ha tenido un éxito increíble con dos empresas tecnológicas que le han dado más dinero (aunque no más fama) del que tiene su padre. Sin embargo, no se siente satisfecha: durante varios años ha tomado medicamentos contra la depresión y no parece saber por qué siente que tiene que ser tan competitiva a pesar de toda su fortuna.

Si los Constructores de Imperios no se sienten satisfechos cuando logran una meta externa y temporal, es porque no están satisfaciendo la necesidad adecuada. En la medida en que el hecho de construir un imperio compense otro aspecto (falta de valor, vergüenza, vulnerabilidad o miedo al abandono, para nombrar solo algunas posibilidades), los pertenecientes a este arquetipo sienten un temor constante por un peligro que los acecha, y creen que podrían sufrir un retroceso si dejan de dedicarse a su crecimiento y expansión. Utilizan su ambición para no tener que confrontar directamente la naturaleza de su temor, pero al hacer esto, sienten un placer que es verdaderamente insaciable, una sed de más y más. Es por eso que los Constructores de Imperios tienen tantas dificultades para dejar de construir aunque hayan excedido sus metas ampliamente (así las hayan expresado o no).

En nuestra entrevista, el rabino Harold Kushner se refirió a este problema con el realismo que lo caracteriza: "El peligro en dejar que tu dinero o trabajo te defina es: '¿Quedará un 'tú' si pierdes el dinero, el empleo, o te retiras?'".

TRÁTATE A TI MISMO COMO TRATAS A TU NEGOCIO

Aunque también he incluido individuos creativos y filántropos en este grupo, los Constructores de Imperios básicamente se dedican a los negocios. Y si bien los hombres de negocios más exitosos son astutos en términos financieros con respecto a sus empresas, suelen carecer de sofisticación o prudencia en sus finanzas personales. Por ejemplo, muchas veces insisten en una estrategia de inversiones muy cautelosa, creyendo que sus negocios les darán la seguridad económica que necesitarán algún día.

Los que tratan de determinar una cifra —la cantidad de dinero necesaria para no trabajar nunca más a cambio de dinero— generalmente hacen cálculos muy simples. Un sofisticado hombre de negocios me dijo: "Quiero tener $250.000 anuales para mis gastos, para lo cual necesito 10 millones a la tasa de interés bancaria actual, que está entre el 2 y el 3 por ciento". Desafortunadamente, este hombre ignoraba el hecho de que su plan no tenía en cuenta que el costo de vida será mayor cuando se retire, y si quiere cubrir sus gastos cuando deje de trabajar, tendrá que sacar más dinero ahora, gastar menos, o invertir con mayor agresividad para recibir mayores dividendos.

Y aunque construyó su imperio, tenía más del 95 por ciento de su dinero invertido en una pequeña compañía: en la suya. Esta es una estrategia sumamente arriesgada. Él sabía que necesitaba algún tipo de equilibrio, pero a pesar de que su conducta actual era completamente arriesgada, y su estrategia de inversiones era totalmente conservadora, estaba lejos de ser un comportamiento equilibrado, y más bien era bipolar.

El patrón financiero con el que los Constructores de Imperios se sienten más cómodos no es el hecho de tener, sino de construir. Por ejemplo, pueden sufrir una gran crisis de identidad cuando reciben una suma considerable al vender un negocio que representa la mayoría de su patrimonio. Todo su sentido del "yo" se ha concentrado en hacer crecer sus imperios, y nunca han experimentado una sensación de suficiencia. Es por eso que nunca son capaces de detenerse. He conocido a muchos empresarios que han tenido negocios exitosos con los que han ganado decenas de millones de dólares. Sin embargo, lo perdieron todo cuando alguna crisis económica golpeó a su compañía o a su sector, pues permitieron que todo su patrimonio se concentrara en un solo activo. Algunos Constructores de Imperios se emocionan tanto con el desafío de construir un nuevo imperio que pierden el interés cuando logran sus metas, e inconscientemente se permiten perder lo que han ganado para tener que construir otro.

Los Constructores de Imperios quieren sentirse libres, poderosos e importantes. Quieren dejar un legado por el cual sean recordados, ya sea un negocio, una fundación o colección artística. Y aunque ese legado puede ser maravilloso para los demás, los costos ocultos de estructurar su propia vida para dejar ese legado suelen ser astronómicos.

QUÍTATE LA VENDA DE LOS OJOS

Si eres un Constructor de Imperios, probablemente te sientas orgulloso de muchas cosas. Sin embargo, necesitas analizar tu situación desde un punto de vista diferente a fin de reconocer que quizás tengas una mentalidad estrecha, que se aferra demasiado a tu orgullo y se relaciona de una manera malsana con el trabajo y el dinero. Recuerdo a un cliente mío que comenzó su carrera como cajero en un banco comunitario y no tardó en ser el presidente de una importante compañía bancaria de California. Trabajé dos años con él para que descubriera sus verdaderas aspiraciones, y entonces decidió renunciar a su empleo para poder estar más tiempo en casa y dejar de trabajar sesenta horas a la semana.

QUÍTATE LA VENDA DE LOS OJOS

Los siguientes ejercicios te ayudarán a romper con los viejos hábitos.

- **OBJETIVOS VARIABLES.** Piensa en una época cinco o diez años atrás, cuando estableciste una ambiciosa meta financiera o de otro tipo para tu futuro imperio. ¿Cuál era? ¿La has logrado o superado? ¿Qué beneficios no económicos que esperabas, has recibido

➤

luego de alcanzar tus metas (por ejemplo, más tiempo para relajarte y disfrutar con tu familia, una mayor paz mental o la capacidad de ser más generoso con tus recursos financieros y de otro tipo)? ¿Cuáles de los beneficios que te prometiste no has recibido aún? ¿Cuál es tu meta actual? ¿Qué tan seguro te sientes de obtener los beneficios no económicos que te estás prometiendo hoy cuando logres tu nueva meta?

☐ Muy seguro

☐ Relativamente seguro

☐ Indeciso

☐ No muy seguro

☐ Nada seguro

- **SUPOSICIONES.** Imagina que has alcanzado tus metas más grandes y visionarias. Tienes todo lo que habías soñado y tu imperio ya no es responsabilidad tuya (digamos que era una compañía y la vendiste, o que ya no trabajas en ella). ¿Qué harías la próxima semana, comenzando mañana mismo? Piensa en algo que le dé alegría y significado a tu vida, y que incluya actividades y estados mentales que quieras experimentar en tu corazón y en tu mente.

- **¿QUÉ TE PRODUCE MÁS TEMOR?** Escribe al menos una experiencia pasada —preferiblemente varias— que haya sido traumática o fuerte, y que tenga alguna relación con tus motivaciones alrededor de tu imperio.

➤

Por ejemplo, un cliente mío era hijo de un arquitecto famoso y muchas personas viajaban desde lejos para admirar sus edificios. Él recuerda con claridad la sensación de haber sido excluido de las grandes inauguraciones y de las fiestas sofisticadas en las que su padre era homenajeado. Mi cliente ha trabajado muy duro para ganarse una reputación como guionista, y aunque ha tenido un éxito significativo a nivel financiero y creativo y está pensando incluso en abrir su propia empresa de cine, todavía siente que vive a la sombra de su padre. Piensa en tus experiencias y pregúntate qué emociones intentas ocultar al construir un imperio. Una forma de descubrir tus motivaciones inconscientes es escribir las respuestas con la otra mano, como si escribieras viviendo una experiencia traumática pero formativa del pasado. Si eres diestro, utiliza tu mano izquierda para escribir las respuestas sobre tus primeras épocas, y utiliza tu mano derecha si eres zurdo. No te preocupes por tu letra ni por la velocidad con la que escribes. Es natural que seas más lento con tu otra mano, pero el hecho de utilizarla puede despertar sentimientos y recuerdos de los que no eras consciente.

Estas son las preguntas, acompañadas de ejemplos de respuestas:

¿Qué quieres ser cuando seas grande?
Quiero ser rico y famoso.

¿Por qué? ¿Qué crees que sentirás?

➤

Me sentiré seguro.

¿Alguna vez experimentaste el sentimiento opuesto al que acabas de mencionar? Regresa de nuevo a ese momento y descríbelo.
Estoy sentado en mi habitación, y mis padres están discutiendo. Mi papá acaba de perder su empleo.

¿De qué tienes miedo?
De que nos abandone.

Sin importar los acontecimientos pasados que hayas recordado, analízalos detenidamente e imagina que vuelven a suceder. ¿Cómo sería la sensación que experimentarías? ¿Cómo reaccionarías? Pensar en diferentes resultados puede ser una forma eficaz para sanar las heridas del pasado.

- **LIBÉRATE AHORA.** Experimenta y vive el día presente o, de ser posible, hazlo durante una semana o un mes. Haz lo necesario para eliminar todas y cada una de las cosas de tu vida que no existan cuando hayas logrado tus metas (por ejemplo, las interrupciones en los negocios, una agenda apretada, pensar en tu negocio mientras haces algo completamente diferente). ¿Qué sería diferente si tuvieras el imperio soñado? ¿Puedes dejar de esforzarte durante este ejercicio? En caso contrario, ¿cómo lo harás en el futuro? Si tiendes a decirte que las cosas serán diferentes cuando haya sucedido algo determinado, piensa en algo realmente cierto antes de emplear tus tiempo y energías para

➤

llegar allá. Como dicen los budistas, ese "allá" no existe. Pregúntate: "¿Cuál es la forma óptima en que puedo prepararme para sentirme relajado y tener paz mental aquí y ahora?".

- **ABRE UNA CUENTA "PARA TODA LA VIDA".** Esta es una idea de Spencer Sherman —mi socio— para ayudarles a romper el ciclo a clientes adinerados que habían dedicado sus vidas a acumular. La mayoría de las personas necesitarán contratar los servicios de un Planeador Financiero Certificado® para establecer este cálculo (consulta la p. 363 para localizar uno). No explicaré cómo hacerlo aquí, pero una descripción resumida es que un planeador utiliza las suposiciones más conservadoras pero realistas posibles, y calcula el patrimonio financiero necesario para cubrir el estilo de vida que quiera tener un cliente hasta los cien años de edad. El Planeador Financiero también tiene en cuenta los costos crecientes de los gastos médicos, la educación de los hijos, y todos los gastos futuros del cliente y de sus seres queridos. Esta persona también establece una tasa conservadora de beneficios para todos los activos, incluyendo bienes inmobiliarios, negocios privados, acciones, bonos y dinero en efectivo, que son inferiores en varios puntos porcentuales a los beneficios producidos en los últimos treinta años. Cuando sepa la cantidad de capital necesario para cubrir el nivel de vida elegido por el cliente, el planeador ingresa esos activos a una cuenta llamada "suficiente para toda la vida". Si el cliente tiene fuertes rasgos del Guardián y del Constructor de Imperios (y dice cosas

➤

como: "Nunca sabes lo que va a suceder", o cree que habrá una crisis global), el Planeador puede aumentar esta cuenta en un 50 por ciento, o mostrarle que el cliente tendría dinero suficiente para toda su vida aunque se desatara otra Gran Depresión, lo cual lo tranquilizará.

- **SEPARA SIEMPRE UN POCO DE DINERO PARA GASTOS Y GENEROSIDAD.** Tengan o no activos suficientes para abrir una cuenta para el resto de su vida, los Constructores de Imperios necesitan gastar dinero para su propio placer o para efectos de generosidad (consulta la p. 198 para más detalles sobre este ejercicio). Si un cliente tiene la suficiente cantidad de dinero que le permita abrir una cuenta para toda la vida, el balance de su patrimonio debería ingresar a una cuenta para "disfrutar la vida". Este dinero sólo debería utilizarse para su mayor satisfacción, sin importar lo que esto signifique. Algunos Constructores de Imperios se han dedicado tanto a acumular para ellos mismos que han perdido la conexión con el mundo exterior; su compasión por el sufrimiento ajeno se ha visto afectada, y no han podido disfrutar al máximo de sus relaciones más cercanas. La cuenta para "disfrutar la vida" es para estos propósitos. Algunas personas pueden utilizarla para comprar esa casa de recreo con la que siempre han soñado, para viajar a otros lugares que siempre han querido conocer, para comenzar sus causas filantrópicas predilectas, o para ayudar a sus familiares a abrir sus propios negocios o a cubrir sus gastos educativos.

➤

Para más recomendaciones prácticas sobre flujo de efectivo y presupuestos, inversiones, seguros, impuestos, planeación de donaciones y de propiedades inmobiliarias, filantropía y generosidad específicamente, diseñadas para el Constructor de Imperios, consulta el Apéndice (p. 337).

DESCUBRE TUS ARQUETIPOS FINANCIEROS

Ahora que has leído los capítulos correspondientes a los arquetipos financieros, seguramente ya has concluido cuáles son los más predominantes en ti. Haz el siguiente test para saber si tus conclusiones son acertadas o no. Es probable que necesites marcar más de una respuesta, en cuyo caso te pido que elijas un máximo de tres que describan cuál es tu verdadera relación con el dinero. Por favor visita mi página www.BrentKessel.com, donde encontrarás mi test actualizado para calcular tus arquetipos financieros de manera automática.

PREGUNTAS	ARQUETIPOS
I. El dinero me permite (o me permitiría):	
☐ no preocuparme	Guardián
☐ comprar cosas o tener experiencias que disfruto	Buscador de Placeres
☐ tener libertad para otras búsquedas (creativas, espirituales, políticas, filantrópicas)	Idealista
☐ tener un mayor sentido de seguridad y abundancia	Ahorrador

➤

☐ obtener un sentido de importancia y   Estrella
reconocimiento por parte de familiares,
amigos y la sociedad

☐ confiar en que las cosas   Inocente
siempre saldrán bien

☐ cuidar a los demás, algunas veces   Protector
a costa de mi bienestar

☐ dedicar tiempo y dinero a algo que   Constructor de
produzca un impacto perdurable   Imperios
(por ejemplo, en mi negocio)

2. Cuando se trata de dinero, en el caso más extremo soy:

☐ evasivo y a veces confundido   Inocente

☐ generoso, tal vez hasta el punto   Protector
de darles poderes a los demás o
de no poder contenerme

☐ impulsivo y amante de los placeres   Buscador de
Placeres

☐ frugal y disciplinado   Ahorrador

☐ preocupado y ansioso la mayor   Guardián
parte del tiempo

☐ desconfiado o desconcertado   Idealista

☐ ambicioso la mayor parte del tiempo   Constructor de
Imperios

☐ sediento de elogios y atención   Estrella

➤

3. Durante los últimos cinco años, mi patrimonio financiero ha:

☐ crecido, especialmente debido a mis buenos hábitos de ahorro e inversiones — Ahorrador

☐ disminuido, especialmente debido a mi falta de concentración, o a regalos a familiares y amigos — Inocente, Protector

☐ crecido, especialmente debido a promociones laborales, bonos, acciones, o valorización de mi casa, negocio, o portafolio de inversiones — Constructor de Imperios, Estrella

☐ disminuido, especialmente debido a gastos excesivos — Buscador de Placeres, Estrella

☐ me han producido muchos nervios — Guardián

☐ no tengo la menor idea o no me parece importante — Inocente, Idealista

4. ¿Por cuáles de las siguientes "reglas" te riges?

☐ No puedo llevarme el dinero, así que lo mejor es disfrutarlo ahora. — Buscador de Placeres, Estrella, Inocente

☐ Es mejor dar que recibir. — Protector, Idealista

➤

☐ Centavo ahorrado es centavo ganado. Ahorrador,
Constructor de
Imperios

☐ No se debe confiar en las grandes Idealista,
corporaciones y/o en el gobierno Constructor de
Imperios

☐ Todo podría venirse abajo si Guardián
no estoy alerta.

5. ¿Cuáles de las siguientes frases describen mejor mi vida en los últimos tres años?

☐ He dependido económicamente Buscador de
de otros (incluyendo tarjetas de Placeres,
crédito u otras deudas). Idealista,
Estrella, Inocente

☐ Hay personas que han dependido Protector,
económicamente de mí Ahorrador,
(incluyendo a tus empleados). Constructor
de Imperios

☐ No he dependido de nadie, ni nadie Guardián,
ha dependido de mí. Ahorrador

6. En términos financieros, tengo:

☐ muchas cosas que he comprado Buscador de
a lo largo del tiempo Placeres

➤

☐ no tengo inversiones (exceptuando tal vez mi casa)	Inocente
☐ negocios o bienes inmobiliarios	Constructor de Imperios
☐ inversiones financieras como acciones, renta recibida por propiedades o fondos de inversiones	Ahorrador
☐ acciones en compañías con responsabilidad social, colecciones o mi trabajo creativo o académico	Idealista
☐ una casa suntuosa, autos lujosos, un restaurante, colección de vinos, joyas u obras de arte	Estrella
☐ padres, hijos adultos, instituciones de caridad o amigos que habrían tenido problemas sin mi ayuda	Protector
☐ básicamente, inversiones con dividendos fijos como cuentas de ahorros, CDs, bonos comunes o del Tesoro de EE.UU.	Guardián

Por cada casilla que hayas marcado, agrega una raya al lado del arquetipo que corresponda a tu respuesta. Por ejemplo, si elegiste la primera respuesta de la pregunta cuatro, haz una raya al lado del Buscador de Placeres, de la Estrella y del Inocente. Si elegiste la última respuesta, solo deberías poner una raya al lado del Guardián.

_____ Guardián   _____ Buscador de Placeres

_____ Idealista   _____ Ahorrado

_____ Inocente   _____ Estrella

_____ Constructor de Imperios _____ Protector

Suma las rayas para cada arquetipo y anótalos. Comienza con el más predominante y termina con el menos predominante.

En el mundo y de él

CAPÍTULO ONCE

EL CAMINO MEDIO CON EL DINERO

"Para el Buda, lo esencial es liberarse del deseo, y no de las circunstancias externas del individuo. Podemos vivir en una caverna llenos de deseos o en un palacio libre de ellos. La riqueza en sí no es un problema, lo importante es nuestra relación con ella. Obviamente, la renuncia a los bienes terrenales es una parte del camino para los ascetas; pero para las personas laicas que viven en el mundo, se trata de alcanzar ciertos estados mentales independientemente de nuestras circunstancias".

—JOSEPH GOLDSTEIN, COFUNDADOR DE LA INSIGHT MEDITATION SOCIETY

Ya he dicho que nuestras historias básicas con el dinero pueden crear desequilibrio, opresión y circunstancias muy dolorosas a nivel financiero. Si estamos atrapados en pensamientos, creencias y condicionamientos extremados, estaremos sembrando las semillas del malestar financiero. Los capítulos anteriores han explorado los ocho arquetipos financieros con el fin de darnos un punto de referencia para entender nuestras creencias sobre el dinero. Obviamente, no hay forma de escapar por completo a la influencia de nuestras historias básicas, ni sería deseable hacerlo.

Teniendo en cuenta que existen tantas formas de comportarnos con el dinero, algunas de ellas saludables y otras extremadas, ¿cómo hacemos entonces para abordar este aspecto tan importante de nuestras vidas? La respuesta es el Camino Medio. Este concepto filosófico enunciado por el Buda enseña que el camino a la verdadera libertad no está en la autoindulgencia ni en el ascetismo austero. En el siglo II de la era común, el filósofo indio Nagarjuna propuso unas enseñanzas sobre esta práctica simple aunque profunda. Este hombre, conocido como el maestro del Camino Medio, amplió este

> "La fortaleza de un individuo está en la extremidad de aquello que sea su opuesto y pueda preservar".
>
> —ROBERT FROST

concepto en uno de sus textos, señalando que existen dos metas humanas legítimas. El Dalai Lama explica las enseñanzas de Nagarjuna en su libro *El arte de la felicidad en funcionamiento*: "Una cosa es la satisfacción material, cuyo medio es la creación de la riqueza y que actualmente está representada por la acumulación de dólares. La segunda meta es obtener la liberación, y el camino para ello es mediante la práctica espiritual".

La buena noticia para quienes anhelan una "riqueza saludable" es que estas metas —la búsqueda de la satisfacción material y de la liberación mediante la práctica espiritual— no se excluyen mutuamente. Ninguno de los líderes espirituales a los que he entrevistado para este libro ha dicho que el dinero sea un obstáculo intrínseco para obtener logros espirituales, ya sea que definamos esto como ir al cielo o alcanzar la iluminación.

Al contrario, estos maestros han señalado que nuestro *apego* al dinero es el mayor obstáculo.

Alguien que está en el Camino Medio se ve influenciado la mayoría de las veces por los aspectos positivos de los arquetipos. Por ejemplo, si viviéramos en el Camino Medio, el Buscador de Placeres nos invitaría a relajarnos y a disfrutar de la vida, mientras que el Protector podría solidarizarse con un amigo y motivarnos a llevarle alimentos, y el Ahorrador podría asegurarse de que no estuviéramos poniendo en peligro nuestra autosuficiencia durante este proceso. La Estrella podría programar una gran fiesta para contribuir a una organización benéfica en la que el Inocente nos contagie con su optimismo. El Constructor de Imperios podría trabajar en su visión grandiosa, mientras que el Idealista se aseguraría de que nuestros esfuerzos realmente ayudarán a otras personas y a la sociedad en general.

TUS ARQUETIPOS PREDOMINANTES

¿Cuáles consideras que son tus arquetipos predominantes? Piensa en el papel que cumple cada arquetipo en tu vida actual utilizando los resultados del test anterior y de la siguiente tabla, y exprésalo como un porcentaje de tu totalidad.

ARQUETIPO	CARACTERÍSTICA FINANCIERA	PORCENTAJE
El Guardián	siempre es cuidadoso y alerta.	_____
El Buscador de Placeres	se concentra en el placer y en disfrutar el aquí y ahora.	_____

➤

El Idealista   lo que más valora
es la creatividad, la
compasión, la justicia
social o el crecimiento
espiritual.   _____

El Ahorrador   busca la seguridad y la
abundancia acumulando
activos financieros.   _____

La Estrella   gasta, invierte o
dona dinero para
ser reconocido,
sentirse elegante o
con clase y aumentar
su autoestima.   _____

El Inocente   evita prestarle una
atención significativa
al dinero y cree —o
espera— que todo
saldrá bien.   _____

El Protector   regala y presta
dinero para expresar
compasión y
generosidad.   _____

El Constructor
de Imperios   prospera con el poder
y la innovación para
crear algo con valor
perdurable.   _____

➤

La siguiente gráfica representa a los ocho arquetipos y las dos palabras resumen los talentos más comunes en cada uno. La persona ideal tiene equilibradas todas estas cualidades, pero ¿cómo se comparan con las tuyas?

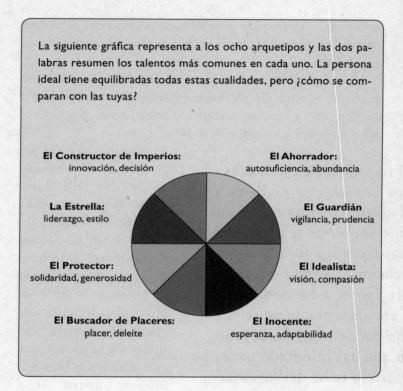

El Constructor de Imperios:
innovación, decisión

El Ahorrador:
autosuficiencia, abundancia

La Estrella:
liderazgo, estilo

El Guardián
vigilancia, prudencia

El Protector:
solidaridad, generosidad

El Idealista:
visión, compasión

El Buscador de Placeres:
placer, deleite

El Inocente:
esperanza, adaptabilidad

PIENSA MÁS

Casi todo el tiempo, la mayoría de nosotros estamos atrapados en uno o en dos de estos arquetipos. Y también estamos atrapados en la situación actual porque creemos ciegamente lo que nos dice para sobrevivir y ser felices. Nuestras historias básicas están invariablemente concentradas en el dinero o en objetos que son externos a nosotros: el Ahorrador quiere ahorrar más; el Buscador de Placeres quiere comprar cosas nuevas; el Protector quiere ayudar a los demás. Si no estamos satisfechos con nuestra situación, tendemos a concentrarnos en los síntomas de nuestra Historia Básica y no en la causa: "Mi jefe es muy exigente", "Mi auto me da muchos problemas", "Mi cónyuge gasta demasiado". Pero esta concentración en lo exterior nos impide ver lo que necesitamos cambiar en nuestro interior.

Es difícil concentrarnos en nuestro interior, pues vivimos en un mundo lleno de objetos externos que nos seducen. Pero en vez de "desconectar nuestros cerebros", es precisamente lo opuesto lo que nos permite concentrarnos en nuestro interior.

"Si tu estrategia no es más que una idea montada en el abismo de una necesidad emocional, no te producirá satisfacción y finalmente debemos regresar a ese precipicio, a ese despeñadero, a ese abismo que no se satisface con nada. Si todo lo que has intentado para no caer allí te ha desilusionado, entonces existe una voluntad para confrontar aquello que no se ha confrontado, y un reconocimiento de que huir de esto en una o en otra dirección tampoco ha sido satisfactorio".

—GANGAJI, MAESTRO DE MEDITACIÓN

Durante una gira por Norteamérica en el verano de 2006, el Dalai Lama estaba dando una conferencia en el anfiteatro Gibson de Universal Studios en Hollywood. Me pareció muy irónico que uno de los mayores santos de la actualidad visitara este centro del comercio y del marketing. Esta aparente contradicción se hizo más evidente mientras veía a una gran cantidad de personas llegar a bordo de camionetas de ocho cilindros y otros autos de último modelo, y apresurarse para asistir a la conferencia de Su Santidad, titulada: "La compasión, fuente de la felicidad". Advertí que la mayoría de nosotros no parecíamos estar practicando precisamente la compasión en ese momento.

A medida que la multitud cruzaba un puente para dirigirse al anfiteatro, un personaje grande y verde, de ojos brotados y con cuernos, apareció por la puerta de un escenario. Varias personas a mi alrededor comenzaron a saltar, a saludar y a gritar: "¡Shrek! ¡Shrek!", y él les devolvió el saludo.

Durante la discusión que siguió a la conferencia, le pregunté al Dalai Lama si podía darles a los americanos —ricos y pobres por igual— una receta para ser felices. El sabio de anteojos, que estaba sentado con túnicas brillantes ante miles de personas, se inclinó hacia delante y arqueó las cejas. Con su voz tosca pero amable, respondió: "¡Miren hacia adentro si se sienten muy estresados o preocupados! Lean más. Piensen. Tratar de encontrar la respuesta por fuera de ustedes es algo que no tiene sentido. Piensen más".

Para retomar la frase de Su Santidad, tendrás que "pensar más" para vivir en el Camino Medio con respecto a tus asuntos monetarios. Es probable que hayas decidido gastar menos, ahorrar más, comer mejor, pagar tus cuentas a tiempo o salir de deudas. Sin embargo, creo que tus decisiones no te han funcionado la mayoría de las veces. Esto se debe a que las decisiones fueron tomadas de manera consciente, pero casi todo el poder está en el inconsciente. Por este motivo, el Camino Medio no consiste en desechar nuestra Historia Básica inconsciente ni en ignorarla voluntariamente. Si tratamos de descartar nuestra Historia Básica, esta encontrará simplemente otras formas de manifestarse y de mantenernos atascados en el atolladero del que supuestamente queremos salir. Si quiere transitar por el Camino Medio, tendrás que confrontar de lleno los dos componentes de tu personalidad: el inconsciente, con tus creencias absorbentes y poderosas, y tu sabiduría adulta y madura, con tus prioridades y visiones. El Camino Medio que debemos aplicar al dinero es una práctica desafiante pero increíblemente poderosa para integrar nuestra Historia Básica inconsciente y nuestra sabiduría consciente a medida que avanzamos.

UN NIÑO DE CUATRO AÑOS MANEJA
TU VIDA FINANCIERA

Como dije anteriormente, la Historia Básica inconsciente se estableció en las primeras épocas de nuestra vida como un mecanismo para sobrevivir y evitar el dolor, y como nuestra principal esperanza para encontrar la felicidad. Muchos psicólogos han señalado que la identidad inconsciente ya está completamente formada a los cuatro años. Este producto de la infancia toma el 90 por ciento del control sobre nuestras decisiones adultas. Al explicar este fenómeno, el maestro espiritual Jeru Kabbal compara nuestra mente con un témpano de hielo, y señala en su libro *Encontrando la claridad*:

> Casi el noventa por ciento de los témpanos de hielo permanece debajo del agua, mientras que solo un diez por ciento está encima. Si comparamos esto con la mente, podemos decir que el noventa por ciento de la mente que está debajo de la superficie es el subconsciente, y la parte que está encima es la mente consciente... supongamos que nuestro "témpano" está en algún lugar al norte del océano Atlántico. La parte que está bajo el agua quiere irse flotando al polo Norte, y la parte que está arriba quiere dirigirse a Sicilia. ¿A dónde cree que se dirigirá el témpano? Obviamente, a donde quiera ir la parte más grande, desconocida e invisible. Esa es la que toma el poder.

Pero, ¿cómo ver lo invisible? El primer paso es reconocer con toda la honestidad y el valor posible quién dirige nuestros asuntos financieros en la actualidad. Para hacer esto, tenemos que indagar más a fondo si queremos descubrir cómo funciona nuestro inconsciente.

DEJEMOS HABLAR AL NIÑO DE CUATRO AÑOS

¿Qué opinión del dinero tiene el niño de cuatro años que hay en tu interior? No me refiero al adulto, a la parte calma, espiritual, equilibrada o madura en ti, sino al pequeño niño o niña que hace un berrinche cuando las cosas salen mal. Sin importar cuál sea tu arquetipo dominante, recuerda que cualquier Historia Básica siempre desea más. Ningún Constructor de Imperios cree que su negocio o legado es lo suficientemente grande; ningún Buscador de Placeres cree que está obteniendo el placer suficiente. Ningún Ahorrador ha ahorrado lo suficiente. Así que dedica un momento a indagar en la parte más indulgente, ensimismada y primitiva de ti. Intenta responder las siguientes preguntas sobre el dinero utilizando el lenguaje simple de un niño de cuatro años. No te censures.

1. Me sentiría seguro si _____.

2. Me sentiría feliz si pudiera tener _____.

3. Lo que más quiero en la vida es _____.

Sally, una clienta mía, respondió a la primera pregunta: "Me sentiría segura si pagara mis deudas". Esta exitosa profesional en relaciones públicas solicitó en préstamo una gran cantidad de dinero para abrir su compañía.

Yo le pregunté, "¿La niña de cuatro años que hay en ti sabe lo que es una deuda?".

"Creo que no", me respondió.

"Entonces inténtalo de nuevo. La niña de cuatro años se sentiría segura si...".

"Si alguien me cuidara por completo en términos financieros".

➤

Ella se sonrojó. Sally es una mujer independiente, presidenta de su propia firma, y escuchar que quería ser dependiente en términos económicos le puso los pelos de punta.

"Sé por qué te cuesta reconocer eso. Tu respuesta fue sumamente honesta; Pasemos ahora a la segunda pregunta", le dije.

Sally la leyó, meditó en ella y dijo: "Sería feliz si no tuviera que trabajar por dinero".

"¿Y qué harías con tu tiempo libre?".

"Viajaría por el mundo. Siempre quise conocer otras culturas pero nunca he tenido dinero".

"Muy bien. Ahora pasemos a la tercera".

"Lo que quiero por sobre todas las cosas es no tener preocupaciones".

"¡Maravilloso!", comenté.

Te recomiendo que exageres ese aspecto infantil que hay en tu interior mientras haces este ejercicio. Tu niño de cuatro años sabe muy bien qué le dará seguridad y felicidad y qué no. No te censures. La mayoría de nosotros dedicamos nuestras vidas a controlar, administrar y a darle vueltas a nuestras necesidades y deseos básicos en vez de escucharlos. Te pido que te vayas al otro extremo. No intentes exponer de manera objetiva lo que creas que desea ese niño de cuatro años que hay en tu interior. Al contrario, exagera y distorsiona hasta donde sea posible, así te parezca descabellado. ¿Qué quiere ese niño indulgente de cuatro años para sentirse seguro y feliz? Hacer esto es algo que requiere de mucho valor, pues no es la forma en que generalmente nos gusta vernos a nosotros mismos. Pero si sabemos quién controla las cosas, tendremos una extraordinaria posibilidad de "pensar" realmente en aquello que nos está afectando.

➤

_____

_____

_____

_____

_____

_____

Hace poco le hice esta pregunta a un conocido mío que básicamente es un Constructor de Imperios. James es un experto en software que tiene un negocio muy exitoso desde hace veinte años y sus productos son famosos. Después de darle ánimos, esta fue la respuesta que me dio:

"Quiero tener tanto dinero que nada me afecte. El mercado bursátil podría derrumbarse; el mercado de los bienes inmobiliarios podría colapsar, y no me importaría. Estaría tomando el sol en alguna playa. Quiero que mi compañía sea la mejor y más sólida del mercado. Quiero tener toneladas de dinero para que nada me afecte. Quiero sentirme seguro aunque el mundo se desmorone".

TU MÁSCARA MONETARIA

Si hiciste el ejercicio anterior con sinceridad, supongo que te sientes un poco avergonzado. A la mayoría de nosotros no nos gusta reconocer que hay un niño en nuestro interior y nos resistimos a mostrárselo al mundo.

Para dar el siguiente paso hacia el Camino Medio, examina esa parte joven y vulnerable en ti, y piensa cómo quieres que te vea la sociedad, es decir, lo que llamo tu máscara monetaria. Como señalé en el capítulo 7, todos tenemos un _shtick_, una forma en la que queremos que nos vean los demás en términos financieros.

Una amiga mía, —supongamos que se llama Ana— vivía con muy poco dinero, que básicamente recibía de los derechos de autor por concepto de un guión cinematográfico que había vendido varios años atrás, y de una pensión por incapacidad que había recibido luego de contraer un síndrome de fatiga crónica mientras trabajaba como contadora. Sin embargo, todos sus amigos recibían salarios muy altos, tenían mucho dinero y autos lujosos. Cuando iba con ellos a restaurantes elegantes, decía que ya había cenado y pedía un postre para ahorrar dinero. El *shtick* de Ana era que quería ser como ellos. Su niña de cuatro años se sentía aterrorizada de que sus amigos descubrieran su verdadera situación financiera, la cual era muy precaria. Solo después de estar al borde de sufrir un colapso debido a su agotamiento físico, Ana pudo mirar finalmente su Historia Básica con honestidad, así como lo que necesitaba para sentirse segura y feliz. Cuando respondemos a nuestra Historia Básica de una manera condicionada y refleja, solo reforzaremos esa historia. Mi Historia Básica es que la vida es impredecible y que el dinero me dará la seguridad y libertad para satisfacer todas mis necesidades y deseos. Y cada vez que alimento mi Historia Básica luego de ahorrar un poco más de dinero o de consolidar mi negocio, realmente me estoy dicien-

> "Hay una parte muy grande de nosotros que hará todo lo posible por sobrevivir. Nunca podremos eliminarla; simplemente debemos ser capaces de entender que realmente intenta que sobrevivamos hasta la próxima generación. Pero también tenemos un alma inmortal, la cual tiene una mayor libertad. Y por lo tanto, sostengo que el dinero se ha convertido en nuestro escudo físico por excelencia".
>
> —David Whyte

do que me sentiré incompleto si no hago eso. Lo mismo sucede cuando el Buscador de Placeres gasta dinero, el Protector cuida a los demás, y el Inocente evade la realidad. Estas actitudes no nos dejan ver la vulnerabilidad de la que nos protegen nuestros actos. Pero cuando miramos de frente a la vulnerabilidad, comprendemos que no es tan asustadora como le parece a nuestro niño de cuatro años. Si simplemente la confrontamos, desarrollaremos una mayor flexibilidad y tendremos más opciones.

QUÍTATE LA VENDA DE LOS OJOS

Piensa, escribe o habla con alguien de confianza sobre las respuestas a estas preguntas.

1. ¿Cuál es tu máscara en términos de dinero? (¿Cómo te muestras al mundo?)

2. ¿Qué sabes sobre ti en materia de dinero y preferirías ignorar?

3. ¿Qué quieres que los demás piensen de ti en términos de dinero?

4. ¿Qué es lo que más te avergüenza de tu relación con el dinero?

5. ¿En qué aspectos de tu vida eres menos realista y más soñador con el dinero?

6. ¿Cuáles son tus pensamientos más distorsionados sobre el dinero? Sé específico.

➤

7. ¿Cuáles son tus sentimientos más desagradables sobre el dinero?

8. ¿A cuáles patrones de conducta con el dinero apelas para no sentirte mal?

Después de escribir tus respuestas por primera vez, probablemente quieras hacerlo de nuevo. Puedes exagerar y dejar hablar a ese niño que hay en tu interior.

TU SABIDURÍA FINANCIERA INNATA

Sin importar quién seas o cuál sea tu actual situación financiera, tienes una sabiduría innata profunda y única sobre el dinero. No se trata de la máscara monetaria que busca la aprobación externa ni de esa Historia Básica condicionada que es tu niño con el dinero. Se trata más bien de la vida financiera que tendrías si eliminaras totalmente tus hábitos, tendencias y limitaciones.

Si el niño y la máscara son el inconsciente y los aspectos reactivos de tu camino del dinero, esta sabiduría innata es el lado consciente y visionario del mismo camino. El Camino Medio es el arte de entender ambos aspectos del sendero para así saber cómo encontrar el medio. Nos hemos dedicado a identificar las esperanzas y deseos del niño que hay en tu interior. Descubramos ahora tu visión más profunda sobre el futuro y el papel que el dinero tendrá en él.

Generalmente es muy difícil separar la sabiduría financiera innata de la Historia Básica condicionada. Podría decirse que todo está condicionado; todos nuestros pensamientos, incluyendo la sabiduría y las perspectivas más profundas, están basados en nuestras experiencias e influencias del pasado. Entonces, ¿cuál es la señal que nos permite saber que hemos detectado nuestra sabiduría innata?

La clave está en la respuesta de tu cuerpo. Si escuchas a tu sabiduría innata, no tardarás en sentirte relajado; es una sensación placentera, serena y entusiasta. La presión brillará por su ausencia. Algunas palabras que describen este estado son: naturalmente fuerte, conectado, pacífico, confiado, generoso, receptivo, agradecido y presente. Dejarás de sentir ansiedad y una sensación de bienestar invadirá tu cuerpo.

No te preocupes si no obtienes esta clase de respuesta: seguramente no has encontrado todavía una voz realmente liberadora que exprese tu sabiduría innata o ya lo has hecho, pero el niño de cuatro años que hay en tu interior está tan asustado por la posibilidad de que obedezcas a esa voz que la ha rechazado de plano. Cualquiera que sea tu situación, no intentes forzarla. Entiende que tu condicionamiento todavía tiene mucho poder sobre ti y sigue concentrando tu atención para indagar en este aspecto. Puedes visitar mi página web www.BrentKessel.com, donde encontrarás una meditación guiada que te permitirá encontrar tu sabiduría financiera innata.

TU SABIDURÍA FINANCIERA INNATA

¿Cuándo sentiste la mayor alegría de tu vida? ¿Qué hiciste? ¿Fue acaso cuando te fuiste de viaje con tu familia? ¿Cuando te fuiste a escalar con tu mejor amigo? ¿Cómo te sentiste (relajado, lleno de paz)?

Explica _____

_____

_____

➤

Si pudieras expresar por escrito el aspecto general de la vida más enriquecedora que podrías tener, donde no existieran limitaciones económicas ni psicológicas, ¿cómo sería esa vida? Recuerda que la palabra "enriquecedora" puede significar un tipo muy simple de alegría, paz y satisfacción, y que no implica necesariamente tener sueños grandiosos. Concéntrate en tantos aspectos como quieras: tu familia, viajes, creatividad, trabajo o voluntariado social, práctica espiritual o religiosa, salud, recreación, trabajo, profesión o filantropía. Haz todo lo posible por separar a tu voz adulta de tu Historia Básica condicionada e ignora los deberes dictados por la sociedad en general. Puedes repetir las metas más sinceras que describiste en la página 22. Esta información es solo entre tú y yo. Puede parecerte difícil al comienzo, pero ya verás cómo fluyen tus pensamientos a medida que avanzas. ¿De qué forma vivirías una vida completamente satisfactoria y plena?

_____

_____

_____

_____

CUENTA CON AMBOS

¿Cuál es la forma de tener una vida más feliz en relación con el dinero? Seguramente puedes decir que las respuestas de tu niño interior y de tu sabiduría adulta innata son diferentes. De hecho, así parece ser con frecuencia y se oponen entre sí. Una pareja que participó en uno de mis seminarios realizó este ejercicio y descubrió que lo que más deseaban sus integrantes era sentirse relajados y libres de presiones. Para ellos, esto significó alejarse del bullicio y el estrés de Los Ángeles y abrir un pequeño café en el estado de Washington.

Cuando hicieron el ejercicio de sabiduría financiera innata, ambos lograron tener una respuesta visceral a su visión de mudarse a Washington y de detenerse un poco a nivel profesional. Su Historia Básica mutua era: "Me sentiría feliz si mis ingresos me permitieran perseguir mis sueños". Curiosamente, sí tenían dinero suficiente, pero solo si estaban dispuestos a vender su casa de 400.000 dólares y vivir en arriendo cuando se mudaran. Sin embargo, la idea de vender la casa les produjo una reacción negativa. "Me sentiría como un idiota si no tengo mi propia casa. Es obvio que será mejor ser propietario que alquilar dentro de treinta años". Esta idea no fue lo suficientemente fuerte como para convencer a su condicionamiento inconsciente de que abandonaran esta creencia.

Nuestra discusión continuó: "¿Qué edad tendrás dentro de treinta años?", le pregunté al esposo.

"Ochenta y dos".

"¿Y cómo habrá sido tu calidad de vida durante esos treinta años, o incluso durante los primeros cinco, si haces lo que quiere tu Historia Básica?".

"Creo que mi Historia Básica quiere que compremos una casa en Washington, para lo cual tendré que trabajar más como urbanista, lo cual me parece una carga comparado con la sensación que tuve hace algunos minutos".

Seguimos hablando sobre las diferentes calidades de vida que tendrían en los dos lugares y sopesamos las ventajas y las desventajas. Al final de la conversación, su esposa señaló: "Creo que nos estás diciendo que deberíamos comprar otra casa". En realidad, yo no había dicho eso, pero su condicionamiento aún estaba en contradicción con sus deseos, lo cual no les permitía contemplar la posibilidad de que alquilar una casa sería la mejor decisión en su caso.

CUENTA CON AMBOS

Piensa de nuevo en lo que tu Historia Básica cree que te dará seguridad y felicidad. Puedes leer el ejercicio "Dejemos hablar al niño de cuatro años" (p. 217) y tus respuestas a los ejercicios del capítulo 2.

Luego dirige tu atención al camino que tu sabiduría financiera innata quiere que sigas. No tomes decisiones sobre cuándo o cómo hacer los cambios; simplemente recuerda el mensaje principal de tu sabiduría innata.

Dirige ahora tu atención a tu Historia Básica, es decir, a tu niño de cuatro años. Hazlo con suavidad y no rechaces lo que diga él ni su sabiduría. Tu Historia Básica ha surgido para protegerte y en ese momento fue la respuesta más inteligente que podías concebir para reaccionar a una vida que era incierta e impredecible. Escucha tus temores, objeciones e incluso tus berrinches durante tanto tiempo como sea necesario.

Dirige tu atención a tu sabiduría innata y valora tu naturaleza ilimitada y tu capacidad para mejorar notablemente tu calidad de vida.

Observa si puedes moverte con mayor frecuencia entre las dos perspectivas. Expresa tu condicionamiento y tu sabiduría innata al mismo tiempo. Di por ejemplo: "Quiero que alguien se encargue de mí en términos económicos, y al mismo tiempo quiero ser una persona independiente que forja su propio camino hacia la riqueza". Debes saber que lo que quieren ambas perspectivas es lo mejor para ti, aunque parezcan ser contradictorias o excluyentes entre sí.

Debo señalar que *este no es un proceso rápido*, sino una práctica continua. Tu condicionamiento seguirá manifestándose durante años o incluso décadas, pero la práctica hará que su influencia sea menor. Mientras más practiques el hecho de contar con esos dos aspectos, creerás y aplicarás en mayor medida lo que te diga tu sabiduría innata, a la vez que sentirás una mayor compasión y relajación cuando se manifieste tu condicionamiento. Si se hace con dedicación y sinceridad, esta práctica de contar con los dos aspectos puede ser el comienzo de llevar una vida que no esté controlada de manera inconsciente por tu condicionamiento financiero, y podrás conducir ese témpano a un clima más benigno: esa es la base del Camino Medio.

Sin importar qué tan profundas parezcan ser sus opiniones sabias, no puedes creer o confiar plenamente en este hasta que no lo combines con tu condicionamiento primitivo. La clave está en practicar ambas perspectivas durante algún tiempo: la Historia Básica inconsciente y tu sabiduría financiera innata. De nuevo, esto no es fácil y requiere de una gran voluntad. Recuerda constantemente esto. Los verdaderos cambios ocurrirán en la medida en que permitas la coexistencia de tu sabiduría innata y de tu condicionamiento primitivo.

¡ESTO ES DEPRIMENTE!

Es muy probable que te sientas un poco deprimido cuando tu Historia Básica comience a perder poder. Abandonar estrategias que están tan firmemente arraigadas es algo que no produce una sensación agradable. Generalmente, este malestar hace que regresemos a nuestros antiguos comportamientos con el dinero. El inconsciente florece en la falta de consciencia, pero empieza a cambiar cuando somos conscientes de nuestra Historia Básica, de la agenda de nuestro niño de cuatro años. Si la miramos de una forma negativa, cambiará y se manifestará con otra forma diferente, e intentará protegernos de los mismos temores al practicar las mismas creencias y patrones de conducta. En contraste, si miramos nuestra Historia Básica con paciencia y compasión, esta terminará por ceder, aunque inicialmente no sea una sensación muy agradable; es un proceso que dura toda la vida. De hecho, podemos asumir que siempre conservaremos nuestra Historia Básica hasta el día de nuestra muerte. El objetivo no es deshacernos de ella, sino crear una relación más cercana entre los extremos que suponen nuestra sabiduría innata y nuestro niño de cuatro años.

La práctica del Camino Medio requiere de un compromiso para someternos a lo más sabio y divino que hay en nuestro interior, a una especie de anciano interno. Adicionalmente, requiere que aceptes y seas consciente de esa parte infantil. Si eres cristiano, podrías considerar este proceso como el sometimiento a la voluntad de Dios, o encontrar las respuestas por medio de la oración. Si eres ateo, deberás someterte a lo que consideres como la inteligencia suprema. Si eres budista, deberías someterte a la naturaleza del Buda. Sin importar cómo lo hagas, si comienzas a analizar y a deshacerte de tus antiguas creencias y estrategias, sentirás una mayor libertad para diseñar la vida financiera que deseas.

EL CAMINO MEDIO PARA CADA ARQUETIPO

¿Cuáles son los arquetipos que más te molestaron? ¿Ignoraste alguno de ellos o sentiste impaciencia o incredulidad al leer alguna de las historias? En ese caso, es probable que ese arquetipo sea el que más necesitas incorporar a tu vida para lograr un equilibrio. Los Ahorradores extremos sienten repulsión al pensar en utilizar sus valiosos ahorros para realizar una compra innecesaria o ayudar a los necesitados. Al Inocente le disgusta que un Constructor de Imperios que tiene mucho más dinero del necesario se dedique a consolidar otro negocio, pues le parece un acto muy egoísta. Y a la Estrella le puede disgustar la falta de clase y respeto hacia sí mismo que exhibe un Idealista por medio de su apariencia descuidada.

Estas reacciones fuertes se derivan del miedo a comportarnos del mismo modo, y en un sentido más primitivo, del miedo al significado que ese comportamiento tendría en nuestra supervivencia o felicidad. Sin embargo —y por irónico que pueda parecer—, si logramos acercarnos gradualmente a los arquetipos que más evitamos, tendremos una vida más equilibrada y satisfactoria. El paso natural hacia el equilibrio ocurre cuando no estamos enfrascados en las estrategias mentales relacionadas con la seguridad y la felicidad. Hay que recordar que ninguno de los arquetipos es totalmente correcto o incorrecto; simplemente se trata de alcanzar el equilibrio.

Además de crear o refinar varios de los conceptos y ejercicios en este capítulo, Robert Strock, un psicoterapeuta y consejero espiritual con más de treinta años de experiencia, y que ha sido el mentor más importante de mi vida en las dos últimas décadas, me ayudó a desarrollar los siguientes perfiles. Esta lista contiene cuatro áreas que te ayudarán a identificar cuáles arquetipos predominan en ti y cómo compensarlos de la mejor manera.

1. Estados emocionales dolorosos experimentados con frecuencia por personas dentro de cada arquetipo.

2. Pensamientos frecuentes que tienen las personas dentro de cada arquetipo, los cuales pueden ser saludables si son moderados, pero que la mayoría de las veces lo controlan todo de una forma distorsionada.

3. Sabiduría liberadora en la queremos concentrarnos.

4. Equilibrar los arquetipos. Como mencioné anteriormente, los que más te desagradan probablemente sean los que más necesitas. Sin embargo, hazlo gradualmente.

En varios sentidos, el ejercicio de contar con ambos aspectos simplemente te pide que incorpores simultáneamente a tu conciencia los numerales 2 y 3 (Pensamientos frecuentes y Sabiduría liberadora). Por ejemplo, si eres un Buscador de Placeres, es probable que tu Historia Básica te diga: "Quiero vivir el presente". Te pido que integres de manera simultánea el pensamiento "vivir dentro de mis posibilidades y pensar en mi futuro nos producen a mí y a mis seres queridos un placer muy real aunque diferente". Y si eres un Protector que naturalmente piensa que "mis necesidades están después de las ajenas", te pido que te concentres más en "no podré ayudar efectivamente a los demás si no me cuido adecuadamente", lo cual es una verdad que implica desafíos.

EL GUARDIÁN

Estados emocionales dolorosos:

Ansioso

Temeroso

Preocupado

Pensamientos distorsionados y frecuentes (creencias condicionadas por el pasado):

Todo se desmoronará si no me mantengo completamente alerta.

Mi preocupación me ayuda a mantener todo en orden.

Sucederá una catástrofe.

Sabiduría liberadora o formas de concentración:

Hoy realizaré una actividad relajante que me gusta (por ejemplo, oír música, hacer una siesta, jugar tenis o golf, ver una película, estar en contacto con la naturaleza, leer un libro, realizar una práctica espiritual).

Lo que más me motiva a servir a los demás es
_____.

Quiero pasar un tiempo _____ durante la hora siguiente.

Una de mis prioridades es realizar cambios concretos que simplifiquen mi vida y mis necesidades financieras.

Los arquetipos que más necesitas enfatizar para lograr un equilibrio:

El Buscador de Placeres: placer, disfrutar

El Constructor de Imperios: innovación, decisión

El Inocente: esperanza, adaptabilidad

EL BUSCADOR DE PLACERES

Estados emocionales dolorosos:

Sediento
Codicioso
Impaciente
Ensimismado

Pensamientos frecuentes y distorsionados (creencias condicionadas por el pasado):

Lo que quiero y disfruto es más importante que lo que necesito.

Quiero vivir el presente.

Sabiduría liberadora o formas de concentración:

Vivir dentro de mis posibilidades y pensar en mi futuro nos produce a mí y a mis seres queridos un placer muy real aunque diferente.

Los arquetipos que más necesitas enfatizar para lograr un equilibrio:

El Guardián: vigilancia, prudencia

El Ahorrador: autosuficiencia, abundancia

EL IDEALISTA

Estados emocionales dolorosos:

Cansado
Escéptico
Desconfiado
Rebelde
Enojado

Pensamientos frecuentes y distorsionados (creencias condiciona-das por el pasado):

Se requiere mucho sufrimiento y sacrificio para ser creativo o espiritual.

Es mejor sentir dolor que tener una libertad financiera.

Sabiduría liberadora o formas de concentración:

La autosuficiencia me da poderes y respalda mis ideales.

El dinero es bueno si se utiliza para lograr el equilibrio.

Me encanta no tener que depender de otras personas ni del sistema.

La compasión surge con más naturalidad cuando no tengo ningu-na necesidad o dependencia financiera.

Los arquetipos que más necesitas enfatizar para lograr un equilibrio:

El Ahorrador: autosuficiencia, abundancia

El Inocente: esperanza, adaptabilidad

La Estrella: liderazgo, estilo.

EL AHORRADOR

Estados emocionales dolorosos:

Temeroso

Obsesivo

Tenso

Excesivamente analítico

Concentrado en el futuro

Pensamientos frecuentes y distorsionados (creencias condicionadas por el pasado):

Si ahorro suficiente, me sentiría feliz y seguro.

Me preocupa no tener suficiente.

Tengo que vigilar de cerca mis ahorros para el futuro.

¿Cuánto tengo ahora? ¿Cuánto ha aumentado o disminuido?

Sabiduría liberadora o formas de concentración:

Relajarme y disfrutar de la vida será una prioridad en la próxima hora.

Encontrar una forma de conectarme con el mundo por medio de una relación o una de mis pasiones ahora mismo.

Mi mayor prioridad en el día de hoy es mi satisfacción.

Relajarme es una parte mucho más importante de la vida de lo que creo.

Los arquetipos que más necesitas enfatizar para lograr un equilibrio:

El Buscador de Placeres: deleite, placer

El Idealista: visión, compasión

El Protector: solidaridad, generosidad

LA ESTRELLA

Estados emocionales dolorosos:

Sensible a las críticas

Ansioso

Sensación de insignificancia

Sensación de poco valor

Solitario

Falso

Pensamientos frecuentes y distorsionados (creencias condicionadas por el pasado):

Utilizar el dinero para sentirme con clase, elegante, a la moda, y sentirme feliz.

Sabiduría liberadora o formas de concentración:

Es muy importante saber que el uso que le doy al dinero está alimentando todos mis aspectos.

Dar a los demás me produce alegría y felicidad.

Resistir la tentación de comprar algo para llamar la atención es un acto de amor propio.

Los arquetipos que más necesitas enfatizar para lograr un equilibrio:

El Guardián: alerta, prudencia

El Inocente: esperanza, adaptabilidad

El Protector: solidaridad, generosidad

El Idealista: visión, compasión

EL INOCENTE

Estados emocionales dolorosos:

Frustrado

Abrumado

Desesperado

Desadaptado

Impotente

Victimizado

Pensamientos frecuentes y distorsionados (creencias condicionadas por el pasado):

El dinero no me llega con facilidad; de hecho, siempre tengo problemas con él.

Nunca tendré el dinero que necesito para llevar la vida que quiero.

No siento dolor mientras no vea mi situación financiera, la cual mejorará de alguna manera.

Sabiduría liberadora o formas de concentración:

Puedo simplificar mis necesidades para lograr la autosuficiencia.

Puedo encontrar una vocación que me apasione y me dé ingresos suficientes.

Los arquetipos que más necesitas enfatizar para lograr un equilibrio:

El Constructor de Imperios: innovación, decisión

El Guardián: alerta, prudencia

El Ahorrador: autosuficiencia, abundancia

EL PROTECTOR

Estados emocionales dolorosos:

Culpable
Martirizado
Abrumado
Enojado
Desinteresado
Superior

Pensamientos frecuentes y distorsionados (creencias condicionadas por el pasado):

No podrían sobrevivir sin mí.

Mis necesidades son menos importantes que las de ellos.

Sabiduría liberadora o formas de concentración:

No puedo ayudar efectivamente a los demás si no me cuido primero.

Los arquetipos que más necesitas enfatizar para lograr un equilibrio:

El Inocente: esperanza, adaptabilidad

El Buscador de Placeres: deleite, placer

El Ahorrador: autosuficiencia, abundancia

EL CONSTRUCTOR DE IMPERIOS

Estados emocionales dolorosos:

Enérgico

Insaciable

Inseguro

Estresado

Solitario

Delirios de grandeza

Pensamientos frecuentes y distorsionados (creencias condicionadas por el pasado):

Seré feliz cuando tenga ———————————.

El poder me dará seguridad y satisfacción.

Sabiduría liberadora o formas de concentración:

Actualmente tengo suficiente para disfrutar mi vida con plenitud.

Lograr mis metas no marcará una diferencia real en la calidad de mi vida interior.

El único lugar en el que puedo ser realmente feliz es en el momento actual.

Los arquetipos que más necesitas enfatizar para lograr un equilibrio:

Buscador de Placeres: deleite, placer

Idealista: visión, compasión

¿SIENTES EL CORAZÓN AGITADO?

No te sorprendas si sientes una fuerte resistencia o dices: "Son totalmente contradictorios: ¿a cuál de los dos debo seguir?". No te preocupes todavía de trazar tu rumbo: el simple hecho de ser consciente de tus creencias condicionadas y de tu sabiduría liberadora son un paso gigantesco.

Cuando estés preparado para seguir avanzando, es probable que sientas desasosiego mientras te diriges hacia el medio. Si te sientes incómodo y estás abordando directamente la fuente de tu sufrimiento ("Estoy sufriendo porque creo que _____ y eso no es completamente cierto"), mereces muchísimas felicitaciones. En un comienzo, cada paso hacia el equilibrio crea un conflicto interior. Los Ahorradores que comienzan a ser generosos se sienten nerviosos; los Buscadores de Placeres que empiezan a guardar dinero para su futuro se sienten oprimidos. Inicialmente, podrías sentirte muy asustado y ansioso, y tu nuevo comportamiento puede hacer que te sientas peor. Lo más probable es que tengas que prepararte pare enfrentar estas sensaciones antes de obtener la liberación. Es por eso que la mayoría de las personas nunca cambian, pues no pueden pasar del período de resistencia inicial.

El 99 por ciento de las personas mueren sin haber analizado sus condicionamientos y creencias de una forma real. Los pensamientos liberadores que he mencionado no tienen como propósito eliminar tu Historia Básica, la cual te acompañará hasta el día de tu muerte, sino orientarte. Sin embargo, la única variable de tu Historia Básica es cuánto poder tienes para controlar tu vida financiera.

LOS OPUESTOS SE ATRAEN

El dinero puede ser una de las fuerzas más divisorias y estresantes en las relaciones humanas modernas. Nuestras relaciones pueden ser románticas, de negocios, o familiares, pero cuando el dinero está de por medio, muchas veces comienzan a fallar. Muchas encuestas psicológicas afirman que el dinero es la causa principal de separación y divorcio.

Esto se debe en gran parte a que la Mente Deseante siempre está creando problemas en el mundo exterior para solucionarlos posteriormente debido a su perspectiva de "insuficiencia". Y cuando nos encontramos en una relación financiera con un cónyuge, socio comercial, padre, jefe, hijo o empleado, creemos que esa persona es la causa de nuestra inseguridad y dolor en materia de dinero, y nos relacionamos con ella como si fuera un problema que tuviéramos que solucionar. Creemos que nuestros problemas terminarían si dicha persona se comportara de un modo diferente con el dinero, aunque realmente esto casi nunca sucede en la vida real.

LA DANZA MASCULINA-FEMENINA CON EL DINERO

El escritor David Deida, conocido por su visión de las relaciones entre hombres y mujeres y por sus libros sobre la espiritualidad y la sexualidad, me expuso sus ideas sobre los roles masculinos y femeninos en relación con el dinero: "Si un hombre y una mujer bailan juntos y se limitan a hacer los mismos pasos o hacen eso en una relación, no será muy divertido", dijo. "Los seres humanos realmente prosperamos gracias a la dinámica de los opuestos, y la disyuntiva que hay entre: '¿Debemos ahorrar dinero para desastres futuros, o ayudar ahora tanto como podamos?'. Es una tensión creativa que nunca se resuelve".

Nuestra Historia Básica también tiene un efecto significativo en nuestras relaciones, porque muchas veces nos limitamos a establecer una conexión entre el inconsciente y el inconsciente. Atraemos parejas románticas que nos ayudan a crear una vida financiera con la que nuestra Historia Básica se siente cómoda. Pero es nuestra propia Historia Básica, y no los actos ajenos, la que crea esta vida y sus sufrimientos.

El Camino Medio es el antídoto para una Historia Básica desequilibrada. Pero en lugar de cultivar una Historia Básica completamente opuesta, muchas personas eligen a una pareja o cónyuge perteneciente a un arquetipo que finalmente los equilibra. Encuentra tu propio arquetipo(s) en las páginas 231 a 238 y lee los que aparecen en la parte inferior de cada sección: ¿predominan en la vida de tu cónyuge?

Es extraño encontrar a una pareja en la que ambos pertenezcan al mismo arquetipo. Más bien, los Guardianes tienden a atraer Inocentes o a otro arquetipo descuidado con los asuntos financieros. Los Idealistas atraen a los Constructores de Imperios, los Buscadores de Placeres a los Ahorradores, y así sucesivamente.

De este modo, las personas perpetúan la idea de que la solución a sus problemas de dinero está fuera de su alcance —en este caso, en su socio o cónyuge—. Y obviamente, esto solo termina por complicar la dinámica de una relación. Aunque podemos buscar a nuestro arquetipo opuesto de manera inconsciente, no tardamos en dedicar una gran cantidad de energía a resistirnos y a pelear de manera consciente con nuestro socio o pareja, cuando el verdadero cambio que buscamos está en nuestro interior.

ANDA DESPACIO

Modificar la Historia Básica inconsciente supone un proceso lento. Como ya lo discutimos, el acto de asumir que este cambio de nuestra identidad arquetípica es semejante a la práctica del yoga puede ser de mucha utilidad. En esta disciplina, transformamos nuestro cuerpo milímetro a milímetro, y cuando un estudiante (o maestro) rectifica una posición a partir de una imagen mental (por ejemplo, levantar la pierna un poco más para lograr una posición idónea), muchas veces se presenta una lesión, y la flexibilidad o fortaleza que se pretendía alcanzar sufre un trastorno considerable. Lo mismo sucede cuando intentamos alcanzar la riqueza interior y exterior. La historia está llena de personas que han conseguido fortunas de formas rápidas y sorprendentes, pero poco se habla de la gran cantidad de millonarios hechos a pulso, quienes amasaron sus fortunas durante el transcurso de varias décadas. La transformación, ya sea física o financiera, es algo que requiere de mucho tiempo. El consuelo es que recibirás recompensas a lo largo del camino, lo que indica que el lugar de destino no debe ser tu meta.

> "La mayoría de la gente está demasiado involucrada con [el dinero] y con tener una vida cómoda, pero no tiene por qué ser así. Podemos vivir en esta cultura sin obsesionarnos por ese materialismo. Nuestra cultura realmente no valora el aspecto espiritual, que es la parte más importante. Si valorara el dinero y el aspecto espiritual, entonces sería una cultura más equilibrada".
>
> —A. H. ALMAAS,
> ESCRITOR Y PROFESOR

Las personas que están en el Camino Medio no tienen un aspecto sensacional ni demasiado atractivo. Sus vidas no son glamorosas ni idílicas, tal como tendemos a creer ingenuamente que son las vidas de ricos y famosos. Sin embargo, estas personas son mucho más adaptables a la gran cantidad de situaciones financieras que les depara la vida. Una persona que se identifique con más de un arquetipo tiene por definición un punto de vista mucho más amplio que alguien que se suscriba a uno solo. Una actitud diversa y flexible con respecto a las finanzas se puede reflejar de muchas formas, desde un portafolio de inversión saludable y diversificado, a la voluntad de cambiar de profesión, o a algo mucho menos visible y tangible, como por ejemplo, mantener la chequera balanceada y disfrutar de placeres simples como salir a cenar y pasar vacaciones con su familia.

JUEGA

Una clienta mía (digamos que se llama Ariel) era una ahorradora consumada. Era la típica millonaria completamente frugal que salía a cenar a un restaurante una vez al mes y se compraba un par de pantalones y dos camisas cada doce meses. Y en cuanto a su auto, lo cambiaba cada diez años. Posteriormente, esta ahorradora se convirtió en una constructora de imperios cuando su empresa de diseño gráfico y mercadeo creció vertiginosamente. Tenía algunos clientes incluidos en la lista *Fortune 1000*; pero luego apareció el Internet, que transformó por completo las estrategias de publicidad de las grandes corporaciones, y los ingresos de Ariel se desplomaron. Su Guardián apareció de nuevo con su prudencia y conciencia, haciéndole reducir sus gastos y dedicarse a su negocio. Sin embargo, en estos últimos tres años su negocio se ha adaptado exitosamente a la era digital y sus ingresos ahora son mayores que nunca antes. Pero a ella ya no le entusiasma mucho la gran empresa con la que había soñado durante su época como constructora de imperios, pues descubrió en su interior a la buscadora de placeres, a la protectora y a la Idealista. Ariel tiene una vida envidiable: viaja a Vancouver y a Maine cada dos años, apoya un refugio local para mujeres y niños abusados, trabaja entre veinte y treinta horas semanales en su negocio y se ha dedicado a los estudios religiosos. Si pudiéramos utilizar una palabra para definir su nueva estrategia con el dinero, sería "juguetonería". Ella no se lo toma demasiado en serio, sin importar lo que su mente le recomiende hacer en un momento dado. Sus puntos de vista fueron extremados en el pasado, y ella ha comprendido que todos eran impermanentes, así que no sucumbe a las posiciones extremadas de su Historia Básica. También puede cultivar otros puntos de vista —que actualmente se encuentran latentes— luego de remontarse a otras épocas de su vida en las que estos predominaban.

TU NATURALEZA DIVINA Y TU NATURALEZA HUMANA

El Camino Medio puede parecernos aburrido a primera vista. Pero, ¿son los compromisos flojos y sin carácter los que nos quitan la inspiración y la pasión? No: es justamente lo contrario.

Al liberar toda la energía que tu Historia Básica ha gastado en su lucha para sobrevivir, te sentirás inspirado para crear la vida financiera que desees. Crearás la vida que más te satisfaga en lugar de seguir con la que tus experiencias pasadas han programado. Esta liberación es maravillosa, pero debes ser consciente de que se trata de un proceso constante, pues los antiguos pensamientos nunca desaparecen por completo y los patrones inconscientes aún circulan por tu cerebro. La diferencia es que ya no dependes de ellos, y esa es la verdadera libertad.

Si puedes tener una experiencia vívida y contradictoria, te felicito, pues has hecho algo que muy pocas personas pueden hacer.

Sortear este camino difícil sin abandonar tus pensamientos distorsionados ni tu concentración liberadora es algo muy honorable, noble y digno. Sin embargo, nuestra mente tiende a desear una solución definitiva con tanto ahínco que cae en la negación, y entonces evadimos la situación para no sentir la división ni el conflicto. El Camino Medio consiste en confrontar la realidad, analizar nuestras creencias condicionadas, nuestros pensamientos distorsionados y nuestra sabiduría financiera innata, y mantenerlos en nuestra consciencia con la mayor frecuencia posible. Transitar por el Camino Medio nos hace ser conscientes de nuestros pensamientos distorsionados, y nos confirma que tenemos razones para ser optimistas luego de escuchar la voz de nuestra sabiduría financiera innata. Recordamos que no seríamos los adultos que somos sin aquel niño interior de cuatro años, y no negamos nuestro inconsciente ni intentamos reprimirlo. Hacemos énfasis por igual en lo espiritual y en lo mundano, en los arquetipos en los que fuimos adoctrinados por las varias décadas que tuvimos experiencias fuertes y también por la sabiduría completamente visionaria y trascendente que yace en el fondo de cada ser humano.

Si Shrek y el Dalai Lama pueden coexistir en el anfiteatro Gibson de Hollywood, seguramente nosotros que somos mortales también podemos aprender a transitar por el Camino Medio.

CAPÍTULO DOCE

EL INVERSIONISTA CONSCIENTE

"Nuestro futuro y fortuna dependen de nuestro prójimo. Esto es más evidente ahora que nunca".

—Dalai Lama

Hasta ahora, los he invitado a concentrarse en su interior para que puedan construir una verdadera riqueza desde adentro hacia fuera. Y como ya hemos comenzado ese proceso, quiero que recuerden esto mientras los oriento para que se concentren en el mundo exterior. Si sus metas financieras están dirigidas básicamente a aumentar su placer, sus ahorros o el alcance de su generosidad con el mundo, una de las formas más seguras de construir una vida financiera sólida es invertir con inteligencia. Lo que ustedes leerán no es una teoría descabellada de la Nueva Era. En realidad, he visto crecer dinero de manera más rápida y con menores inconvenientes que con cualquier otro programa de inversiones, y está respaldado por algunos de los inversionistas más exitosos del mundo. La estrategia de inversión que compartiré con ustedes está basada en los principios del yoga y de las mayores tradiciones espirituales del mundo, así como en las investigaciones académicas más relevantes de Occidente, la cuales analizan cómo funcionan los mercados financieros. Mejor aún, está completamente alineada con el tipo de concentración interna del que he hablado a lo largo de este libro.

Esta forma de invertir:

- Dirige la atención del inversionista hacia el interior antes que hacia el exterior, porque, al igual que todos los asuntos financieros, la clave para una inversión exitosa está en conocernos a nosotros mismos. Esto significa permanecer firmes y no permitir que nuestra reacción emocional tome decisiones en materia de inversión.

- Descansa firmemente en la premisa de que todos estamos interconectados y somos interdependientes. En vez del énfasis tan común en hacer inversiones en nuestra ciudad o país natal, esta estrategia es global y les ofrece posibilidades a todas las personas sin importar su lugar de residencia. Este sistema de inversión incluye muchas más compañías y características humanas que cualquier otro.

- Requiere que escuchemos lo que nos dicen los mercados sobre cómo invertir antes que expresar nuestras opiniones, tal como muchas veces lo hacen los inversionistas, asesores y administradores de dinero. Muchas tradiciones espirituales nos invitan a escuchar la sabiduría de nuestros cuerpos, las verdades interiores más profundas o la palabra de Dios, antes que los deseos y juicios de nuestro ego.

- Emplea una perspectiva colaboradora y receptiva en vez de asumir las inversiones como una competencia que deba ganarse, o como una actividad agresiva en la que solo los mejores pueden prosperar. Adicionalmente, esta metodología aumenta las utilidades de casi todos los inversionistas que tienen una mentalidad competitiva.

- Incluye costos y tarifas muy inferiores a las predominantes, de tal manera que tendrás más dinero para financiar tus metas en vez de contribuir a las ganancias del sector de inversiones. Esto tiene una consonancia con el yoga, donde debemos emplear tan pocas energías como sea posible. Una de las frases favoritas de mi maestro es: "No hagas esfuerzos innecesarios". En el campo de las inversiones, esto se traduce como: "Ausencia de tarifas, costos, gastos e impuestos innecesarios".

Se ha dicho que la estrategia más exitosa en el campo de las inversiones es aquella que hemos practicado durante veinticinco años. Sin embargo, y como ya lo he mencionado, la mayoría de los inversionistas permiten que sus emociones dirijan inconscientemente sus decisiones en materia de inversiones como, por ejemplo, cuáles acciones o fondos de inversión inmobiliaria comprar, cuándo vender, y si debemos tener un portafolio agresivo o conservador, lo cual nos hace cambiar de estrategia con mucha frecuencia. Como pronto verás, los estudios de los inversionistas típicos han demostrado que la mayoría reciben dividendos mucho más bajos de lo que deberían recibir teniendo en cuenta los riesgos que corren: existen mejores opciones.

¡SANTA INVERSIÓN!

Las inversiones sólidas y exitosas realmente son muy simples. Muchos de los inversionistas más exitosos del mundo emplean los principios de la receptividad y la firmeza casi sin saberlo. En otras palabras, su comportamiento es muy semejante al de aquellos individuos que han alcanzado un alto grado de equilibrio espiritual: los santos.

"**Todos quieren creer que se enriquecerán con sus inversiones y eso los lleva a hacer tonterías: las personas tienden a reaccionar excesivamente a las informaciones recientes porque no entienden lo azarosos que son los dividendos y no valoran el riesgo de diversificar poco. El mercado y los medios de comunicación van por caminos diferentes**".

—Dr. Eugene Fama,
profesor de finanzas,
de la Universidad de Chicago

Este capítulo expondrá las verdades básicas sobre la inversión; verdades que han estado opacadas por el alboroto con el que el sector de las inversiones se promueve a sí mismo, y por campañas de publicidad conmovedoras pero vacías. Estas verdades te permitirán establecer un programa de inversiones libre de todo el estrés e incertidumbre que sienten los inversionistas, y lo hará crecer mucho más rápido y con menos altibajos. Otra característica maravillosa de este programa de inversiones es que está mucho más interconectado con el resto de la humanidad. Este capítulo no tiene por objeto convencerte de que renuncies a tu estrategia de inversiones ni a tu asesor actual (en caso de tener uno). Pero si canalizas tus inversiones en la dirección que yo te sugiero o empiezas a invertir basado en estos principios, recibirás unos beneficios enormes a nivel interior y exterior. Quienes no tengan un programa de inversiones sólido o estén interesados en un cambio radical, consulten el Apéndice (p. 337), donde encontrarán las estrategias del Inversionista consciente basadas en la cantidad de activos que deben invertir.

¿QUÉ SIGNIFICA INVERTIR?

Cuando pensamos en la palabra *invertir*, probablemente pensemos en esa autodisciplina dolorosa con la que guardamos para nuestros años de retiro el dinero que hemos ganado con tanto esfuerzo, en los miles de números pequeños e insignificantes en la sección financiera del periódico, o tal vez asociemos esta palabra con los titanes sedientos de poder de Wall Street que se aprovechan de los menos afortunados. Aunque este tipo de percepciones existe en la sociedad moderna, invertir es realmente mucho más simple y sencillo.

La palabra "invertir" proviene del latín *investire*, término que significa vestir o abrigar. Si pensamos que el dinero que hemos ganado representa nuestra energía de la vida (un tema explorado por Joe Dominguez y Vicky Robin en su libro *Su dinero o su vida*), la pregunta es: "¿Qué forma queremos que adquiera nuestra energía de vida?".

En el mejor de los casos, invertir consiste en ser un miembro activo y contribuyente del género humano; en ofrecer nuestro capital a otros seres humanos para que puedan tener una vida más productiva. Cuando compramos acciones en una compañía, suministramos —al igual que los demás accionistas— capital para que la compañía construya, por ejemplo, una nueva factoría en donde los trabajadores elaborarán productos que seguramente mejorarán la calidad de vida de los consumidores. Cuando invertimos en un apartamento u oficina, utilizamos efectivamente nuestro capital para que otras personas tengan un lugar para vivir o trabajar.

Nuestro capital financiero es la cantidad de recursos que exceden nuestras necesidades actuales. Es nuestro dinero "extra", con el cual establecemos relaciones con los demás. El nivel de interconexión disponible para los inversionistas actuales no fue posible sino hasta hace muy poco tiempo. Pensemos en la época anterior al dinero, donde no había una forma abstracta de representar un excedente: una persona que descubriera una forma más rápida de tejer no tenía incentivos financieros para enseñar su técnica a los demás, ni los medios para acumular los frutos de su productividad —o capital— y ofrecérselos a otros, de tal forma que solo tejía las prendas que pudiera utilizar su familia. Esto suponía un gran desperdicio de capacidad productiva que disminuía el nivel de vida de la tejedora y de los integrantes de su clan (Obviamente, varias sociedades colectivas utilizaron el trueque y el almacenamiento de materias primas y productos para beneficiar a un mayor número de personas, y dichos sistemas fueron realmente las bases para el dinero como un medio de intercambio entre las personas). Podemos pensar en la actual economía global como en un cuerpo humano en donde, en términos ideales, el dinero es la fuerza utilizada allí donde pueda hacer el mayor bien posible.

RIQUEZA INTERCONECTADA VERSUS RIQUEZA AISLADA

Podemos decir lo que queramos sobre la economía de mercado, pero una de las ventajas de este sistema es que nos ofrece la oportunidad de beneficiar a otros seres humanos y a nosotros mismos. Sin embargo, la mayoría de las personas, bien sean inversionistas individuales o administradores profesionales de dinero, se concentran casi exclusivamente en compartir su capital con los demás. Los inversionistas más aislados no les ofrecen su capital a los demás; al contrario, mantienen su dinero en efectivo o invierten en una casa o negocio, lo cual equivale a decir: "Nadie puede hacer un uso más productivo de mi capital que yo". Un segundo tipo de inversionista podría comprar una propiedad inmobiliaria o invertir en el negocio de un amigo, ampliando así un poco más el círculo y utilizando su capital para conectarse. Sin embargo, también puede decir: "Esta propiedad inmobiliaria o la compañía de mi amigo será la forma más eficiente de utilizar mis recursos adicionales", cuando en realidad rara vez lo es. Sin embargo, un tercer grupo está dispuesto a invertir en un conjunto mucho más diversificado de acciones o de fondos de inversión inmobiliaria, el cual puede comenzar en veinte compañías y llegar a más de cien. Pero, de manera invariable, su estrategia consiste en invertir en un grupo de empresas relativamente pequeño, pues cree que le dará mejor resultado que si invirtiera en un mayor número de compañías. Esta estrategia es utilizada de manera voluntaria o involuntaria por más del noventa por ciento de los inversionistas individuales. Sin embargo, sus expectativas de grandes dividendos están lejos de poder garantizarse. Como lo muestra la gráfica realizada por el investigador académico Mark Carhart —que aparece más adelante—, los dividendos que reciben estos inversionistas no son mayores que los que recibirían por inversiones realizadas al azar.

Explicaré cómo funciona la gráfica. Mientras nos desplazamos por el plano horizontal (X) hacia la derecha, veremos dividendos cada vez mayores, conocidos como "de rendi-

> "Todos tendemos por naturaleza a buscar patrones… y lo más confuso para la mayoría de las personas no es cuando no existe un patrón sino cuando todo está gobernado por la suerte; el mercado de acciones es un ejemplo perfecto de esto. Con mucha frecuencia aparecen dos comentaristas en la televisión: uno dice que el mercado subirá, y el otro dice que bajará. Pero no hay nadie que diga: 'Simplemente no lo sé y no hay forma de saberlo'".
>
> —Dr. Meir Statman, profesor de finanzas, de la Universidad Santa Clara

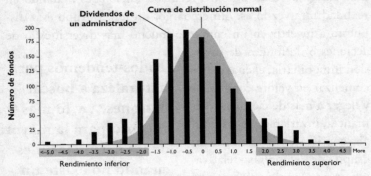

miento superior". Entonces 0,0 representa los fondos que no tienen un rendimiento inferior ni superior; los números negativos que están al lado izquierdo representan un rendimiento inferior, y los números positivos a la derecha representan un rendimiento superior.

La enseñanza realmente interesante de esta gráfica resulta de la comparación entre la curva gris de la campana y las barras verticales negras. La curva gris es la distribución de los dividendos por concepto de inversión si tú compraras acciones luego de lanzar una moneda al aire, es decir, si escogieras al azar. El punto más alto de la curva significa que los fondos no produjeron ningún valor. A medida que te mueves a la derecha, podrás ver cuántos fondos (elegidos al azar) pueden tener un rendimiento mejor al promedio, y si te mueves a la izquierda, verás cuántos tienen un rendimiento inferior. Recuerda que esto es aleatorio, es decir que el administrador de fondos supuestamente no tiene habilidades extraordinarias ni se ha esforzado demasiado en hacer buenas inversiones.

En contraste, las barras verticales representan los dividendos reales de los administradores de fondos con sus computadoras rápidas, sus viajes en clase ejecutiva alrededor del país para entrevistar administradores corporativos, y equipos de profesionales con estudios en maestrías. Como puede verse, la distribución de los administradores es semejante a la que vemos en la distribución al azar. Si pasas a la parte de la cola, verás que pocos administradores tienen un rendimiento superior al promedio y que también son pocos los que tienen un rendimiento inferior. La mayoría de los administradores ganan el mismo promedio de dividendos del mercado.

¿Qué es lo importante? *Que la distribución de los administradores actuales está al lado izquierdo. Es decir que es peor que los dividendos promedio producto de las inversiones realizadas al azar. Esto significa que, después de todo, a los administradores de fondos les va peor que a quienes hacen inversiones al azar.*

La información de esta tabla también puede hacernos creer que estamos eligiendo a los mejores administradores porque obtenemos mejores resultados. Pero, básicamente, este es un asunto de suerte, así como podemos lanzar una moneda al aire y sacar cara diez veces seguidas. Tal como me dijo David Booth, presidente y CEO de Dimensional, una firma de inversiones pasivas de 150 mil millones de dólares (más adelante explicaré este tipo de inversión): "Es como la lotería; todos sabemos que los billetes de lotería tienen dividendos negativos". Es decir que, en conjunto, todos los que juegan terminan con menos de lo que invirtieron, "pero las personas siguen jugando con la esperanza de tener suerte".

¿Qué es lo importante? *Que al tratar de ganar en el juego de la inversión, la mayoría de los inversionistas individuales tiene un rendimiento sustancialmente menor al que tendrían si compraran y mantuvieran un índice de acciones completamente diversificadas.*

INVERTIR COMO SI TODOS FUÉRAMOS UNO

¿Qué tiene que ver esto con la satisfacción a nivel espiritual? Las principales tradiciones espirituales sostienen que todos somos uno. Y el estilo de invertir que se describe en este capítulo es una aplicación muy práctica de esta lección, tal como pronto descubrirás.

> "La realidad es que no necesitas entender los aspectos complejos del mercado de valores. No necesitas tener acciones. Lo que necesitas es ser dueño del mercado de valores".
>
> —JOHN BOGLE, FUNDADOR DE VANGUARD FUNDS

Tener éxito en el mercado de acciones se da por medio de la inversión pasiva, también conocida como indexación (utilizaré los dos términos alternativamente). En su forma más simple, la inversión pasiva consiste en comprar un conjunto de acciones ampliamente diversificadas, a partir de varios monitoreos financieros, y no de las preferencias subjetivas de un inversionista. Los ejemplos más conocidos de inversión pasiva son los fondos de indexación basados en el índice de S&P 500 (una lista de inversión muy conocida que incluye aproximadamente a las 500 corporaciones más grandes de los Estados Unidos). Estos fondos deben comprar en todas las 500 compañías del índice de Standard and Poor en proporción directa al porcentaje que ocupa en el índice. En otras palabras, si General Electric es el 2 por ciento del índice, un fondo del índice del S&P 500 debe invertir el 2 por ciento de sus activos en GE: al comprar y mantener este fondo, los inversionistas les ofrecen proporcionalmente sus capitales a las mayores compañías de los Estados Unidos, sin especular de manera subjetiva a cuáles compañías les irá mejor que a otras.

Estas 500 compañías emplean a decenas de millones de personas y elaboran productos que son utilizados por miles de millones alrededor del mundo. Si se compara con un portafolio típico de unas 20 a 30 acciones, o incluso con el típico portafolio de inversiones inmobiliarias de 200 acciones, veremos que la estrategia del índice común está mucho más interconectada. Pero las 500 compañías más grandes de los Estados Unidos son una parte mínima de lo que puede indexarse. Las estrategias que empleamos en mi firma de inversiones nos llevan a invertir en más de 11.500 compañías, lo cual tiene un efecto en todos sus empleados y clientes. ¿Qué es lo importante? *Que mientras mayor sea el número de las compañías en las que inviertes, mayor impacto tendrá tu dinero.*

> **"Quienes siguen [el camino de la indexación] seguramente superen los resultados netos (después de tarifas y gastos) ofrecidos por la gran mayoría de inversionistas profesionales".**
>
> —WARREN BUFFETT

¿REALMENTE FUNCIONA?

"Todos somos uno" puede ser una frase espiritual y conmovedora, pero ¿quién quisiera emplearla en su estrategia de inversiones si le diera menores dividendos y tuviera que trabajar más duro o por más tiempo para alcanzar sus metas? Después de haber leído el capítulo sobre la Mente Deseante, seguramente recuerdas que la mayoría de los inversionistas invierten dinero en fondos de inversión inmobiliaria cuando su valor sube, y los venden cuando el rendimiento disminuye. La siguiente lista del estudio QAIB® de Dalbar (que citamos en el capítulo 1), muestra la diferencia en la tasa de crecimiento entre el inversionista típico en fondos inmobiliarios y alguien que compra y mantiene sus acciones en el índice S&P 500.

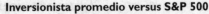

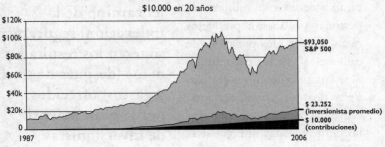

Inversionista promedio versus S&P 500

$10.000 en 20 años

$120k
$100k — $93,050 S&P 500
$80k
$60k
$40k
$20k — $ 23.252 (inversionista promedio)
0 — $ 10.000 (contribuciones)
1987   2006

Como puedes ver, el hecho de eliminar la subjetividad humana de la ecuación de inversiones produce enormes beneficios financieros: en este caso, la posibilidad de terminar un período de veinte años con un capital cuatro veces mayor al que tendrías. Si no puedes deshacerte de tu subjetividad, un asesor profesional puede hacerlo por ti. Para algunas personas, seguir su propio plan financiero y de inversiones es tan difícil como tratar de hacerse una sicoterapia a sí mismas, pues no tienen la objetividad necesaria para hacerlo.

¿Qué es lo importante? *Contactar a un profesional o persona objetiva para que te ayude a controlar tus impulsos emocionales.*

CUANDO EL PASADO NO EQUIVALE AL FUTURO

Como vimos con el ejemplo de la moneda lanzada al aire, siempre habrá personas que tengan mejores resultados con sus acciones que otras, ya se trate de administradores de dinero profesionales o personas que lancen una moneda para decidir qué acciones compran. Como lo muestra la tabla siguiente, aunque hayas utilizado la estrategia de comprar en los treinta fondos con mayor rendimiento en un período histórico de cinco años, lo más probable es que ninguno de ellos tenga un rendimiento estelar en el período subsiguiente.

Los 30 fondos más destacados

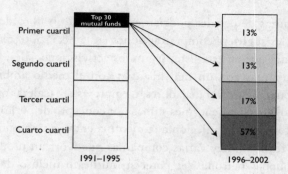

Fuente: Micropal ™ (no incluye fondos internacionales, balanceados ni especializados)

Esta gráfica nos muestra que entre los treinta fondos que tuvieron mejor desempeño durante el período de 1991 a 1995, diecisiete de ellos (el 57 por ciento) cayeron al cuartil inferior (al de los fondos con el peor rendimiento) entre 1996 y 2002. Solo cuatro fondos (el 13 por ciento) estuvieron en el cuartil superior después de su rendimiento estelar durante el primer período.

A manera de comentario, si observamos el rendimiento histórico durante diez años, los resultados no serán mejores que durante un período de cinco años. De hecho, los administradores que han ganado dinero tienden a presentar una caída aun más fuerte.

¿Qué es lo importante? *Que un gran rendimiento en el pasado no es señal de un rendimiento futuro superior al promedio.*

"Comprar cuando otros venden a regañadientes y vender cuando otros compran codiciosamente es algo que requiere una gran fortaleza y ofrece las mayores recompensas".

—SIR JOHN TEMPLETON

SI TE VA BIEN, HAZ EL BIEN

Algunos de ustedes podrían extrañarse si un libro de inversiones les sugiriera comprar acciones en la S&P 500, teniendo en cuenta que en esta lista, según los activistas sociales, hay varias compañías con un mal historial con el medio ambiente, que tratan mal a sus trabajadores, o empresas tabacaleras que han tenido que pagar enormes sumas por concepto de perjuicios luego de fomentar la adicción a la nicotina entre la población juvenil. En realidad, hay varias compañías que fabrican productos que a muchas personas les parecen inútiles o incluso dañinos, así como inversionistas adinerados que aumentan sus fortunas a expensas de otros. A mediados de los años 80, la inversión con responsabilidad social (SRI, por sus siglas en inglés) comenzó a surgir como una tendencia masiva en los mercados de inversión, cuando participantes importantes como el Sistema de Retiro para los Empleados Públicos de California (Cal-PERS) y varias universidades decidieron retirar sus cuantiosas hipotecas de inversión de compañías que tenían negocios en Sudáfrica, en una época en la que este país tenía un sistema racista de *apartheid*. Los fondos de inversiones inmobiliarias comenzaron a ser monitoreados en términos sociales, incluyendo aquellos que no realizaban inversiones en Sudáfrica, en compañías tabacaleras o que fueran irresponsables con el medio ambiente, para nombrar solo algunos aspectos tenidos en cuenta. Aunque estos fondos sentaron un precedente al incorporar los valores de sus accionistas al proceso de administración o manejo de la inversión, desgraciadamente tuvieron el mismo comportamiento que había afectado negativamente el rendimiento de las inversiones durante varias décadas, incluyendo la elección subjetiva de acciones, gastos elevados e ineficiencia en materia de impuestos. En otras palabras, actuar correctamente fue una consecuencia derivada de lograr buenos resultados financieros.

En 1991, Amy Domini, un antiguo corredor de bolsa y una de las primeras personas en proponer el SRI, combinó la indexación pasiva y el monitoreo social y creó el Domini Social Equity Fund, el primer fondo con monitoreo social. A mediados de 2000, Vanguard se unió con Calvert para ofrecer el Vanguard Calvert Social Index Fund (actualmente llamado Vanguard FTSE Social Index Fund), que tuvo una relación de gastos (la cantidad que la compañía saca anualmente de sus dividendos para pagar sus costos operativos) de solo el 0,25 por ciento, es decir, alrededor de la sexta parte de los gastos promedio en la industria. En términos ideales, todos los tipos de activos deberían ser monitoreados socialmente sin importar si son grandes, pequeños, internacionales, domésticos o de valores. Sin embargo, esto no existe aún, por lo que algunos se quejan de que los pocos fondos que emplea el SRI, incluyendo a los dos citados anteriormente, examinan e invierten solo en los grandes mercados norteamericanos e ignoran a las compañías pequeñas y extranjeras, las cuales son muy importantes para una estrategia de inversiones bien diversificada, como no tardará en ver. El argumento a favor de la inversión social sostiene que es más difícil convencer a los adolescentes de que fumen, construir una planta que emita altas dosis de dióxido de carbono o destruir un ecosistema si la compañía es muy pequeña, y que casi todos los grandes "pecadores" se encuentran en los Estados Unidos. Por esta razón, la mayoría de las compañías que evitan los fondos del índice SRI son grandes, estables y basadas en los Estados Unidos. Al momento de escribir este libro, me parece que el fondo Vanguard es la mejor forma de indexar acciones cuantiosas en empresas norteamericanas de una forma pasiva y con un monitoreo social. Otras estrategias de indexación, concentradas en compañías pequeñas y extranjeras están, en curso, pero todavía no están disponibles para los inversionistas al detal.

Otra estrategia adoptada por algunos inversionistas SRI es el "activismo de accionistas", en la que un individuo compra intencionalmente acciones en compañías a las que quieren transformar. Tener acciones en una empresa le permite a una persona votar para elegir a aquellos miembros de la junta que lleven la compañía en una mejor dirección, expresar sus preocupaciones en las reuniones de accionistas y en el departamento de relaciones con los inversionistas, y ser considerado como una persona perteneciente a la compañía y no ajeno a ella. Obviamente, nadie va a derrocar a la junta de una corporación multinacional comprando diez acciones, pero ser accionista le permite a una persona unirse con otras que tengan valores similares y tal vez producir un impacto positivo (Para más información sobre SRI, consulta la p. 364).

EL CAMINO MEDIO PARA LOS INVERSIONISTAS

Si tuvieras que elegir entre los dos portafolios a continuación, podrías pensar que te darían los mismos resultados, pues ambos producen los mismos dividendos en promedio en términos porcentuales. Sin embargo, no es así. ¿Cuál de los dos portafolios crees que haría crecer tu dinero con mayor rapidez?

PORTAFOLIO	DIVIDENDOS DEL A	DIVIDENDOS DEL B
Primer año:	40%	10%
Segundo año:	-20%	10%
Tercer año:	10%	10%
PROMEDIO:	10%	10%

A pesar de las ganancias del 40 por ciento obtenidas por el *A* en el primer año, la respuesta es el *B*. De hecho, durante un período de tres años, una inversión de $100.000 en el portafolio *A* aumenta a $123.200, mientras que los mismos $100.000 en el *B* aumentan a $133.100, aunque los dos tengan el mismo 10 por ciento de utilidades en promedio. Es como la antigua moraleja de la tortuga y la liebre. La razón es que la trayectoria más fluida del *B* (que en terminología de inversión se conoce como una menor volatilidad) significa que tiene una utilidad compuesta más alta, que es lo que indica cuánto dinero tendrá usted al final del período. ¿Quién no quiere mayores utilidades y una menor volatilidad? Aunque es difícil encontrar una inversión que te dé el 10 por ciento de utilidades año tras año sin mayores riesgos, el objetivo es que la trayectoria de nuestro portafolio de inversiones sea más fluida (reducir la volatilidad). Pero, ¿cómo hacer esto?

Hasta ahora hemos hablado de la indexación pasiva y del monitoreo social, los cuales contribuyen a una estrategia de inversión consciente y holística. Pero hay otro componente fundamental del programa del Inversionista consciente: incorporar tipos de inversiones que no tengan el mismo comportamiento. Esto se conoce como diversificación de activos, y, en términos simples, significa realizar inversiones que se mueven en distintas direcciones, en épocas diferentes.

En 1990, el doctor Harry Markowitz recibió el Premio Nobel de Economía por sus investigaciones sobre la teoría del portafolio. Durante la entrevista que le hice para este libro, me dijo: "El mundo es incierto, e incluso el personal de confianza no sabe si una compañía va a tener éxito o va a fracasar. Yo he utilizado las matemáticas formales a fin de investigar cómo debemos diversificar nuestros portafolios de inversión para obtener el máximo de utilidades en determinada situación de incertidumbre o riesgo". El trabajo de Markowitz mostró que los inversionistas pueden hacer esto adquiriendo diferentes tipos de activos. Por ejemplo, tener una combinación de acciones grandes, pequeñas, extranjeras y bienes inmobiliarios aumentará las utilidades a largo plazo y reducirá los riesgos si se compara con un portafolio que tenga apenas una de las cuatro opciones. Es interesante anotar que aunque las investigaciones de Markowitz no están basadas en ningún texto espiritual, el principio de combinar activos diferentes fue descrito en el Talmud, el antiguo texto judío sobre ética y leyes, el cual dice: "Que todo hombre divida su dinero en tres partes, invierta un tercio en tierra, otro tercio en negocios, y guarde el otro tercio restante".

En otras palabras, una buena distribución sería del 33 por ciento en bienes inmobiliarios, el 33 por ciento en acciones, y el otro 33 por ciento en bonos, pues considero que son los tres tipos principales de inversión.

Los inversionistas deberían tener la sabiduría de seguir este consejo de casi dos mil años de antigüedad, ya que estos tipos de inversión se comportarán mejor o peor en diferentes épocas y grados (sin embargo, no están significativamente correlacionados entre sí en términos matemáticos). Por ejemplo, durante el declive del mercado entre 2000 y 2003, cuando el S&P 500 perdió el 44 por ciento de su valor, los bienes inmobiliarios (según la evaluación del índice de la Asociación Nacional de Fondos de Inversión en Bienes Inmobiliarios) aumentaron un 45 por ciento y los bonos (medidos con el Lehman Intermediate Government/Corporate Index) aumentaron un 28 por ciento. Así que en vez de perder el 44 por ciento de su capital (si hubiera invertido exclusivamente en el S&P 500), un inversionista que hubiera diversificado de esta forma habría ganado un 10 por ciento en total, algo que no está nada mal para un consejo que tiene dos mil años de antigüedad.

LA VERDADERA DIVERSIDAD

Muchos inversionistas creen erróneamente que la diversificación significa simplemente que no se deben poner todos los huevos en la misma canasta. Algunos creen que han diversificado adecuadamente porque tienen al menos veinte acciones diferentes. Otros creen lo mismo porque han invertido en fondos mutuos o porque han contratado a dos o más asesores de inversiones.

El problema con estas dos estrategias es que lo realmente importante es la diversidad de sus inversiones y no el número de acciones o de administradores que tengan. He visto muchos portafolios administrados por profesionales reputados y confiables, con ocho a diez fondos mutuos o administradores de cuentas separadas, todas con nombres diferentes y con cientos de acciones individuales, y que parecían suponer una diversificación adecuada. Sin embargo, casi todas las veces que he realizado análisis para ver qué tipos de inversión representaban estos valores, se hizo evidente que más de las dos terceras partes estaban en compañías norteamericanas grandes y tradicionales, razón por la cual tantas personas perdieron entre el 50 y el 75 por ciento de sus inversiones durante la caída del mercado bursátil entre 2000 y 2003.

Dentro de los tres tipos principales de inversión que sugiere el Talmud —acciones, bienes inmobiliarios y bonos— hay otras subdivisiones que pueden reducir el riesgo de un portafolio en general, especialmente cuando invertimos de una manera pasiva o indexada. Algunas de ellas son:

ACCIONES DE VALOR: Estas son acciones cuyo valor total en el mercado (por ejemplo, el precio por el cual se vendería todo un negocio) es bajo en relación con sus ventas anuales o su valor contable (término para la suma de todos los activos; por ejemplo, escritorios, edificaciones, inventario y equipos libres de deudas que tenga una compañía). Este tipo de acciones no tiene una buena reputación en un momento dado. No son muy atractivas porque tal vez la persona o entidad que las administra ha cometido errores, o se consideran como pertenecientes a la "antigua economía". En consecuencia, los valores de esas compañías han disminuido en relación con otras. Por ejemplo, hasta el momento de escribir este libro, tendrías que pagar casi ocho veces el valor contable de Microsoft para comprar acciones en esta empresa, pero solo dos veces el valor contable para comprar en Southwest Airlines. Es como si una parte de su jardín comenzara a recibir menos agua y sol porque un árbol se está apoderando de todos los recursos, mientras que otra parte del jardín se mantiene en buenas condiciones debido a la buena cantidad de luz y agua que recibe. La parte soleada y regada del jardín equivale a las compañías mejor administradas, que tienen el crecimiento más rápido, y que, según la percepción general, tienen el mejor desempeño o rendimiento. Si tienes apenas una cantidad limitada de recursos para distribuir —agua y luz—, ¿cuál parte crees que recibirá el mayor beneficio? Obviamente, la parte del jardín con poca luz y agua.

Lo mismo sucede con la inversión, salvo que, en este caso, nuestro capital es un recurso escaso que debemos distribuir con la mayor eficacia posible. Si pudieras comprar por $100 una compañía con ventas anuales de $100, o comprar por $300 una compañía con ventas anuales de $100 y no supieras nada más de ninguna de las dos compañías, seguramente comprarías la primera porque seguramente pagarías mucho menos por el derecho a ganar cada dólar de ingresos netos que reciba dicha compañía. Es como si la compañía estuviera en oferta, aunque lo que esté para la venta sean sus ganancias futuras, que es lo que realmente estás comprando cuando adquieres acciones.

Lo importante es que el hecho de que a una compañía le vaya muy bien o que esté bien administrada no es una razón para invertir en ella *porque los demás inversionistas también saben eso, y el precio que tendrás que pagar por sus acciones ya está incluido en ese optimismo.* Algunos de los inversionistas más famosos y exitosos, incluyendo a Warren Buffett y a Benjamin Graham, fueron inversionistas de acciones de valor. El pesimismo de los inversionistas con respecto a las acciones de valor está garantizado generalmente cuando analizas los riesgos de una compañía. Pero si alguien invierte una porción de sus activos en un índice ampliamente diversificado de acciones de valor, el riesgo de todo el portafolio generalmente disminuye, porque los que se recuperen y superen las proyecciones pesimistas del mercado compensarán con creces los pocos que sigan declinando en valor. Y durante los cuarenta años pasados, las acciones de valor han producido un tres por ciento más de utilidades que las acciones de empresas de primer orden. Puede que esto no parezca gran cosa, pero implica que un inversionista triplique su dinero en un período de cuarenta años.

ACCIONES DE BAJA CAPITALIZACIÓN. Son títulos cuyo valor es bajo en el mercado en términos absolutos. Hay muchas definiciones para "bajo", pero pienso que mientras más lo sea tanto mejor, porque es allí donde está el mayor contrapeso a las acciones de gran capitalización, que son las predominantes en la mayoría de los portafolios de inversión de las personas. En los últimos cuarenta años, los títulos de baja capitalización han dado rendimientos superiores —en un dos por ciento aproximadamente— a los generados por las acciones de rentabilidad segura de los Estados Unidos.

ACCIONES INTERNACIONALES. Suelen ofrecer beneficios por concepto de reducción de riesgos durante los declives en el mercado norteamericano. Las acciones extranjeras no presentan necesariamente más ganancias que las norteamericanas, pero tienden a producir beneficios en períodos diferentes (especialmente cuando están denominadas en monedas locales), matizando así el comportamiento general del portafolio. Las acciones extranjeras pueden (y deberían) incluir compañías grandes y pequeñas de mercados desarrollados y emergentes (por ejemplo, países en vías de desarrollo).

BIENES INMOBILIARIOS. La manera más simple de tener bienes raíces en los Estados Unidos es por medio de un fondo de inversión de bienes inmobiliarios (REITs, por su sigla en inglés), que deriva sus ganancias de las propiedades inmobiliarias y no de productos y servicios. Al igual que con las acciones, es muy importante que los inversionistas se concentren en la diversificación geográfica, pues no es recomendable que las propiedades estén situadas en una misma ciudad o región. Lo anterior va en contra de lo que piensa la mayoría de los inversionistas en bienes inmobiliarios, quienes los compran porque pueden verlos y "tocarlos". Muchas veces son herencias familiares y se encuentran por lo tanto localizadas en un área geográfica específica. Otro tipo muy importante de diversificación es la del "tipo de propiedad", lo que significa que no se posee una sola propiedad (es decir, una oficina, un apartamento, un local comercial o industrial). Esto equivale a tener un solo tipo de acciones, como por ejemplo en compañías petroleras, financieras o de servicios. La razón para esta diversificación es que los descensos del mercado inmobiliario afectan a diferentes clases de bienes, en regiones diferentes y durante épocas diferentes. Una recesión regional que provoque un aumento en la desocupación de oficinas en el Noroeste probablemente no causará el mismo tipo de problemas en los apartamentos localizados en el Oeste de la nación. Yo prefiero que los clientes acaudalados inviertan directamente en bienes inmobiliarios, pero deberían tener suficiente dinero para comprar un mínimo de tres propiedades tan diferentes entre sí como sea posible. Si tu portafolio de inversión no es lo suficientemente grande como para permitir lo anterior, un buen fondo indexado de REITs te dará una diversificación adecuada.

MATERIAS PRIMAS. Las materias primas como los productos agrícolas, los metales preciosos y el petróleo se comportan de manera similar a los bienes inmobiliarios, en el sentido de que ambos son muy diferentes a las acciones y a los bonos. Hay maneras muy riesgosas de invertir en materias primas —conocidas como futuros—, donde se han ganado y perdido grandes fortunas con mucha rapidez. Sin embargo, no te estoy proponiendo que hagas esto. Hay un pequeño grupo de fondos indexados de materias primas que suponen un equilibrio adecuado entre muchas clases de estas —metales, energía y productos agrícolas— y que ayudan a minimizar el riesgo de volatilidad general del portafolio, a pesar de que las materias primas puedan parecer muy volátiles cuando se analizan por separado.

BONOS. Como podrás leer más adelante, la manera más segura de reducir el riesgo a la baja en un portafolio es incrementando las asignaciones en bonos. La regla general dice que con el transcurso del tiempo no serás recompensado por invertir en bonos basura o por correr el riesgo de invertir en bonos a largo plazo (que son mucho más susceptibles a los cambios en las tasas de interés). En esencia: *Le recomiendo a mis clientes que concentren los bonos de sus portafolios en bonos provenientes del sector público o privado altamente calificados, que sean pagados en un plazo igual o inferior a cinco o siete años.*

¿CÓMO SE COMPORTA UN PORTAFOLIO DIVERSIFICADO?

Si se evalúa por separado, cada tipo de activo puede parecer extremo en términos de volatilidad. Es bueno tener presente cuáles condiciones del mercado los hacen comportarse bien o mal, y cuándo son atractivos o no. ¿De qué se trata en última instancia? *Así como nosotros necesitamos establecer un equilibrio entre los diferentes arquetipos que nos componen, la clave para una inversión exitosa consiste en combinar diferentes clases de activos, de tal manera que se equilibren entre sí.*

La siguiente es la asignación que recomiendo para un portafolio que no incluya bonos. Claro que si necesitas un portafolio más convencional, sería aconsejable que incluyeras bonos en él. Los porcentajes que aparecen a continuación son solo aplicables a la parte de tu portafolio que no incluye bonos.

Estados Unidos Grande	21%
Estados Unidos Valor Grande	21%
Estados Unidos Pequeño	9%
Estados Unidos Valor Pequeño	9%
Internacional Valor Grande	8%
Internacional Pequeño	4%
Internacional Valor Pequeño	4%
Portafolio de Mercados Emergentes	3%
Mercados Emergentes Pequeños	3%
Mercados Emergentes Valor	3%
Bienes Inmobiliarios	10%
Materias Primas	5%

COMPRAR BARATO Y VENDER CARO

Una vez que hayas distribuido tus activos, debes establecer una disciplina muy importante, llamada reasignación, por medio de la cual se redistribuye periódicamente el portafolio para cumplir así con los objetivos originales del mismo.

Un ejemplo sencillo: digamos que tu portafolio tiene asignado un 40 por ciento en un fondo grande e indexado de acciones, un 20 por ciento en un fondo pequeño e indexado de acciones y un 40 por ciento en un fondo de bonos a corto plazo. Si el mercado de acciones (incluidos el pequeño y el grande) sube un 30 por ciento y el de los bonos permanece estable, tendrás el 66 por ciento de tus activos en acciones y solo el 34 por ciento en bonos. La reasignación ordena que vendas tus acciones grandes (en este ejemplo) hasta que representen de nuevo el 40 por ciento del valor total del portafolio, las pequeñas hasta que representen de nuevo el 20 por ciento del total, y que utilices lo recaudado para comprar bonos hasta que alcancen un 40 por ciento del total. En términos relativos, esto te obliga a vender lo que acaba de valorizarse y a comprar lo que acaba de devaluarse.

La mayoría de los inversionistas hacen todo lo contrario: compran más de aquello que se ha valorizado y suelen vender lo que se ha devaluado. A la larga, esto equivale a comprar caro y vender barato, mientras que los inversionistas de éxito quieren obviamente hacer lo contrario. La reasignación te demandará que vayas con mucha frecuencia en contra de tus instintos; sin embargo, es lo que hace la mayoría de los inversionistas más exitosos del país y se considera como la mejor de las prácticas en la industria de administración de inversiones.

Muchos inversionistas se preguntan por cuánto tiempo conservar sus "ganadores", es decir, los activos que se han valorizado de una manera más radical. La mayoría los conservan durante mucho tiempo. La reasignación nos obliga a vender los ganadores y a reinvertir en aquellos activos que se han valorizado menos. Te podrías preguntar con qué frecuencia

➤

> deberías reasignar. La mayoría de los inversionistas profesio-
> nales eligen hacerlo en intervalos regulares (cada año natural),
> o establecen un rango de porcentajes dentro del que puede
> moverse cada activo hacia arriba o hacia abajo, sin generar una
> transacción. Por ejemplo, si tu portafolio tiene un objetivo del
> 40 por ciento en acciones norteamericanas grandes, puedes
> establecer un rango que oscile entre el 32 y el 48 por ciento,
> pues si el activo cayera por debajo del 32 por ciento, compra-
> rías más de la misma clase, y si subiera más del 48 por ciento,
> venderías la cantidad adecuada para volver al rango ideal.
>
> La mayoría de las estrategias bajo la categoría de "Listas
> para usar", que recomiendo en el Apéndice de la página 337,
> se encargan de hacer la reasignación.

Aquí tienes dos portafolios de muestra. Uno de ellos está
diversificado con seguridad, lo que quiere decir que se compo-
ne de diferentes acciones o fondos, pero casi todos los activos
están invertidos en compañías norteamericanas grandes y de
rendimiento seguro; el otro está diversificado por clase de activos, de acuerdo con los patrones de porcentaje discutidos en
esta sección. Mira los resultados:

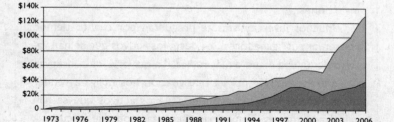

Valor de una inversión de $1.000 después de treinta y cuatro años

Como mencioné anteriormente, el crecimiento más rápido del portafolio de activos diversificados se debe en gran parte a que ocurren menos alzas y bajas cuando combinamos los extremos (como en los beneficios personales, cuando una persona equilibra extremos arquetípicos). En consecuencia, finalmente las ganancias serán mucho mayores (así como un inversionista más equilibrado alcanza más paz y libertad).

Todos los inversionistas andan en busca de un "almuerzo gratis": esa información que nadie tiene o ese truco seguro que nos reportará grandes ganancias. Creo que la diversificación por clase de activos es el único "almuerzo gratis" en el mundo de la inversión, gracias al cual, y con un método comprobado a través del tiempo, puedes reducir los riesgos de manera efectiva e incrementar la tasa de utilidades de manera confiable. Muchas tradiciones espirituales hacen hincapié en el equilibrio entre los extremos como una clave para el crecimiento; lo mismo se aplica para las inversiones.

DESCUBRIR LAS TARIFAS Y LOS COSTOS OCULTOS DE LA INVERSIÓN

Cuando llegamos a los costos y a las tarifas que cobra la industria de los servicios financieros, vemos que no hay "almuerzos gratis". Para no tener que pagar más honorarios de los necesarios, entender un poco la historia del negocio de los consejeros financieros sería de mucha utilidad. Originalmente, una sociedad anónima acudía a una firma financiera para recaudar capital. El departamento de inversión bancaria de la firma financiaba una colocación de acciones y, posteriormente, un equipo de vendedores que más tarde fue conocido como corredores de bolsa, le vendía los títulos a los inversionistas por vía telefónica. Si tienes un cliente de un lado —una sociedad anónima— que te paga millones de dólares en honorarios, y muchos otros clientes del otro que apenas te pagan unos cuantos cientos o miles de dólares, ¿dónde crees que depositarás tu lealtad? Probablemente en la corporación que te paga millones de dólares para que asegures la colocación de acciones y no con los cientos de inversionistas individuales a los que consideras como clientes interesados en esas acciones.

Se ha presionado muy poco a las firmas de servicios financieros para que las tarifas y costos que cobran a los inversionistas individuales sean más claros. Por lo tanto, la mayoría de los inversionistas están pagando más de lo que creen en honorarios (Más adelante te enseñaré a calcular cuánto). En respuesta a lo anterior, muchos asesores financieros preguntarían: "¿A quién le importa el costo de nuestros honorarios? Se deberían preocupar más bien por los rendimientos que les ofrecemos". Este tipo de declaración ignora la gran cantidad de investigaciones independientes que demuestran que los altos costos y honorarios dan como resultado, y de manera consistente, un rendimiento más pobre para los inversionistas.

John Bogle, fundador del Vanguard Group, determinó que las altas tasas de gastos (la cantidad que un fondo de inversión cobra a sus clientes por sus servicios) generalmente eran responsables del pobre desempeño de los fondos de inversión que estudiamos anteriormente en este capítulo. El análisis comparado que hizo Bogle sobre el desempeño de los fondos manejados por un administrador de portafolios activos (por ejemplo, aquel que escoge y decide qué títulos comprar o vender) y los índices pasivos de mercado (como el S&P 500), encontró que los gastos eran los responsables de la disminución del 92 por ciento en el rendimiento de los fondos de inversión inmobiliaria con respecto al índice del mercado. Esto tiene sentido porque todos los que intervienen de alguna manera en su portafolio de inversiones, deben ser pagados con el producto bruto que este produzca, sin importar el monto del mismo.

Me encantaría que los honorarios fueran firmados por cada inversionista antes de que realice cualquier inversión. Sería algo muy semejante a uno de esos autoadhesivos de rendimiento por galón de gasolina que tienen todos los autos nuevos pegados en la ventana, o a la información nutricional incluida en todos los empaques de alimentos. Simplemente diría:

> La cantidad total de honorarios y costos vinculados con esta inversión para un período de tres años de inversión, es del **3,10 por ciento.**

En esencia: *Los altos costos y honorarios son responsables del desempeño poco favorable que han tenido históricamente los administradores de las inversiones no indexadas.*

La mayoría de los inversionistas se sentirían horrorizados ante la posibilidad de darles entre el 2 y el 5 por ciento anual de su inversión en activos a sus corredores de bolsa y compañías de servicios financieros. No me refiero a ciertas anualidades ni a productos de compañías de seguros con precios exorbitantes y que pueden subir aún más, sino a los honorarios que cobra normalmente una típica firma de corredores de bolsa, una compañía de inversiones, un fondo de inversiones al detal o una firma de administración de dinero.

El otro costo considerable

> "Wall Street se ha esforzado mucho para que las inversiones sean muy complicadas. Es por eso que pueden cobrar mucho por prestar asesoría y orientación".
>
> —Joe Moglia, presidente, TD Ameritrade

que debe tenerse en cuenta es el de los impuestos. Estos pueden afectar lo producido de manera importante; sin embargo, la mayoría de los administradores de fondos de inversión y de cuentas separadas son contratados y despedidos con base en el rendimiento antes de impuestos. Por lo tanto, muchos asesores le prestan muy poca atención al impacto de los mismos en el

desempeño de la inversión. Según un estudio académico reciente, esto ha causado una pérdida de entre el 1,4 y el 4,1 por ciento
del producto bruto en favor de la Hacienda Pública (IRS por su
sigla en inglés), dependiendo de la clase de activo en cuestión. En
contraste, hay portafolios de fondos indexados muy eficientes en
materia de impuestos, en los que se pierde en promedio menos
del 0,50 anual por concepto de impuestos.

No subestimes la importancia de los honorarios y los impuestos. Si estás pagando más de lo que deberías, ello podría marcar
una gran diferencia en el futuro de tu seguridad financiera y en
tus alternativas. Por ejemplo, un aumento del 1 por ciento en los
costos podría significar que debas trabajar cinco años extra antes
de poder jubilarte, o que debas enviar a tu hijo a una universidad
que cueste la mitad de la que habrías podido pagarle si hubieras
reducido los costos de tu inversión con anterioridad.

Básicamente: *Sé conciente de cuánto cuestan tus inversiones.*

HONORARIOS OCULTOS

Debido a que es muy difícil detectar todos los honorarios
ocultos, he incluido una lista de preguntas para que se las hagas a tu proveedor de inversiones. Incluyo algunos términos
específicos de la industria que pueden utilizarse al pie de la
letra con el fin de obtener respuestas más precisas y verdaderas, incluso si no entiendes el significado de los mismos.
Después de cada pregunta he incluido entre paréntesis las
cantidades promedio que considero justas. Si estás pagando
más (y es muy probable que lo estés haciendo), estás creyendo que tu inversión superará la carga que supone el costo
adicional gracias a un mejor desempeño (lo que, de acuerdo

➤

con la información existente, solo ocurre muy esporádica-mente). Pídeles a tus asesores o administradores que cal-culen las respuestas basados en los doce meses anteriores. Si aún no has contratado sus servicios, pide que te diseñen un portafolio de muestra en el que invertirían por ti, y que respondan a tus preguntas basados en dicho portafolio; tal vez pueden recurrir a un cliente que tenga una inversión similar a la que harías tú. Si ninguno está expresado en dó-lares, pide que te conviertan el total anual en un porcentaje de tus activos.

1. ¿Cuánto le estoy pagando a usted y a su compañía de ma-nera directa por concepto de honorarios de administración, honorarios por transacciones (compra y venta de acciones, bonos, valores), honorarios de planificación financiera y an-ticipos sobre los honorarios?

_____% (0,25% - 1,25%; mientras más acti-vos se inviertan, menor deberá ser el porcentaje).

2. ¿Cuál será la tasa total anual de gastos por operaciones, incluida la repartición entre la oferta (el precio que recibo cuando compro una acción o bono) y la demanda (el precio que recibo cuando vendo una acción o bono), expresada como un porcentaje de mi portafolio sobre las acciones o bonos que le compre directamente a usted o a su firma?

_____% (0%–0,25%)

3. ¿Cuánto tendré que pagar por comisiones adelantadas o diferidas, o por honorarios de colocación en los fondos de inversión u otras inversiones que usted recomiende?

_____% (0%)

➤

Si la respuesta a la primera pregunta es mucho mayor que 0%, la respuesta a la tercera pregunta también debe ser, con muy pocas excepciones, 0%, debido a que una carga u honorario de colocación solo se genera una vez. Divide el presunto honorario de colocación por el tiempo que durará la inversión. Por ejemplo, una carga del 5 por ciento sobre una inversión a tres años debería ser de 1,67 por ciento por año.

4. ¿Cuál es la tasa de gastos (la cantidad que un administrador de fondos le cobra a un cliente o fondo por sus servicios) o la tarifa por concepto de manejo que cobran las compañías de inversión o administradores de dinero en los que invierto?

_____% (0,15% - 0,50%, dependiendo del tipo de activo. En general, los activos internacionales y los pequeños deben estar en la parte alta del rango.)

5. Expresado como un porcentaje de mi portafolio anual, ¿cuáles son los costos que usted paga por las transacciones, incluyendo el rango entre la oferta y la demanda?

Esta pregunta es diferente de la número 2. Al igual que cualquier inversionista, los fondos de inversión y los administradores de dinero deben asumir rangos similares entre la oferta y la demanda en cada bono o acción, así como otros gastos por transacciones en las acciones o títulos que compren a nombre suyo. Por ejemplo, si un fondo compra una acción por $15,50, pero solo puede venderla por $15,00, esa diferencia de $0,50 debe ser asumida por los accionistas del fondo.

➤

_____% (El promedio del sector oscila entre el 0,60% y el 0,80%, dependiendo del estudio.)

6. ¿Percibe otras tarifas o comisiones por las que no le haya preguntado? ¿Por qué concepto son? ¿De qué manera salen de las ganancias de mi portafolio? Si se le están sumando a los cargos mencionados anteriormente, ¿qué porcentaje de mis activos representan anualmente?

_____%

Suma los porcentajes para ver el total cuando obtengas todas las respuestas. Suponiendo que el mercado financiero se comportará bien y te representará una ganancia bruta del 8 por ciento en las próximas décadas, réstale el porcentaje total que te están cobrando y obtendrás así la ganancia neta que probablemente recibirás.

Es cierto que te estoy pidiendo que investigues un poco, pero considero que cuando lo hayas hecho, encontrarás un administrador que te cobrará un porcentaje con el que te sentirás cómodo y, en todo caso, no necesitarás hacer este ejercicio con mucha frecuencia. Además, es muy probable que puedas ahorrarte una buena cantidad de dinero. Si tu asesor o tu firma de inversiones no están dispuestos a responderte estas preguntas francamente, te aconsejo que no contrates sus servicios.

EL TIEMPO ESTÁ DE TU PARTE

Una de las cosas más difíciles de aceptar para los inversionistas es que en cada estrategia de inversión se corre el riesgo de perder dinero en un momento dado. Es probable que la pérdida potencial no sea obvia para ti; de hecho, es posible que nunca ocurra. Por ejemplo, mucha gente cree que el valor de su casa siempre ha aumentado. Pero, de manera invariable, solo saben el precio de su vivienda con alguna exactitud al momento de comprarla, cuando refinancian la hipoteca, o cuando la venden. Comparada con la información disponible sobre las acciones o bonos, la información sobre las propiedades es mucho más escasa. Si la televisión y los periódicos suministraran tanta información sobre el precio de las propiedades como la que ofrecen sobre las acciones y los bonos, las personas estarían más inclinadas a tener unas prácticas financieras con sus propiedades semejantes a las que aplican a sus otros activos.

> "Hay una investigación muy interesante sobre tendencias de comportamientos: deberían incluirla en un librito rojo y dársela a todo el mundo. Esta investigación dice que quienes realizan muchas transacciones obtienen en promedio el mismo resultado neto que los demás. Pero, obviamente, el resultado es muy malo, porque el exceso de transacciones conduce a honorarios y costos excesivos".
>
> —Dr. Harry Markowitz, premio Nobel de economía

La otra respuesta a mi declaración acerca de que cada inversión puede perder dinero en determinado momento, podría ser que si tú inviertes en certificados de depósito (CD por su sigla en inglés), ellos nunca pierdan valor. Pero esto deja por fuera los efectos de impuestos e inflación. Si ganas 5 por ciento en un certificado de depósito y luego pagas 25 por ciento de impuestos sobre dicha ganancia, habrás perdido un 3,75 por ciento. Niveles de impuestos mayores reducirían todavía más tu tasa de interés luego de impuestos. Aún más, los incrementos en el costo de vida han promediado entre el 3 y el 4 por ciento a largo plazo, dependiendo de qué clase de costos estemos hablando. En el caso de nuestro inversionista en certificados de depósito, él puede estar perdiendo realmente poder adquisitivo de manera lenta pero segura, aunque crea que es una inversión libre de riesgos.

En esencia: *Mientras más riesgo estés dispuesto a correr a corto plazo, mayores oportunidades tendrás de financiar tus metas a largo plazo.* En los últimos cien años en los Estados Unidos, no ha habido prácticamente períodos de diez años —ni mucho menos períodos de quince años (o más)— en los cuales los bonos se hayan comportado mejor que las acciones. Entonces, si tu meta es de tan largo plazo (y debe serlo), estarás asumiendo muchos menos riesgos si tu portafolio se encuentra conformado por acciones y propiedad inmobiliaria que si lo estuviera por bonos. Para decirlo de otro modo, ¿qué preferirías: sufrir un pequeño dolor de estómago al ver cómo tu portafolio sufre una baja del 25 por ciento el próximo año y mantener tu inversión en acciones y propiedad inmobiliaria, o afrontar la angustia emocional de quedarte sin dinero cuando tengas ochenta o noventa años por haber invertido en bonos?

El siguiente gráfico muestra cómo los riesgos buenos y malos se hacen menores a medida que nuestra inversión dura más

S&P 500 ganancias anualizadas: octubre 1926 a septiembre 2006

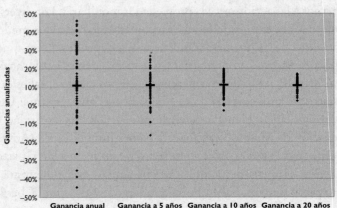

en el tiempo (Nota que para esta gráfica utilicé el S&P 500 para acciones).

Como puedes ver, si miramos solo la ganancia de un año (extremo izquierdo), hay años en los que las personas pueden ganar o perder el 50 por ciento de sus inversiones. Si nos limitamos a los períodos de cinco años, la peor pérdida fue del 17 por ciento anual y la mayor ganancia fue del 28 por ciento. Para períodos de diez años, las peores pérdidas fueron del 4 por ciento anual y las mayores ganancias fueron del 20 por ciento. Finalmente, no hubo períodos de veinte años con pérdidas y las ganancias siempre estuvieron cerca del 20 por ciento anual.

Esta reducción de los riesgos a través del tiempo explica por qué es tan importante que los inversionistas cultiven la disciplina interna. Aquellos que salen ganando —según el estudio Dalbar, quienes convierten $10.000 en $93.050, en lugar de $23.252— lo hacen porque no venden cuando todo parece ser peor y aunque todo el mundo diga: "Esta vez es diferente; no puedes basarte en la historia". Los ganadores saben que existe una versión diferente del refrán que acompaña a cada caída del mercado. Entonces, ellos lo ignoran o, mejor aún, compran mucho cuando todo el mundo es más pesimista.

Dicho esto, hay ciertas situaciones en las que no debemos exponernos a las acciones y a la propiedad inmobiliaria. Por diversificado que sea el portafolio antes recomendado, de todos modos habrá años en los que perderás dinero, y si dependes de ese dinero para metas a corto plazo, necesitas reconsiderar la colocación de tu inversión. No querrás perder un 20 por ciento si sabes que la matrícula universitaria de tu hijo subirá el año entrante. Utiliza la siguiente tabla para determinar con máxima seguridad la colocación de dinero en acciones y bienes inmobiliarios (Advertencia: si tienes como objetivo tu retiro u otra meta a largo plazo, desacelera la racha de pérdidas de tus activos que comenzará a corto plazo pero que disminuirá a lo largo del tiempo. Deberías aplicar la información de este gráfico, utilizando el momento en que el dólar promedio, y no el primer o último dólar, vaya a ser retirado).

Tiempo en el que el dólar promedio será retirado para tu meta	Máximo % en acciones	Máximo % en REITs y en materias primas	Bonos y mercados financieros a corto plazo
Menos de 2 años	0%	0%	100%
2-4 años	25%	8%	67%
4-6 años	50%	16%	34%
6-8 años	65%	20%	15%
Más de 8 años	75%	25%	0%

PREPÁRATE

Es muy importante, sobre todo si nunca has invertido en un mercado que esté a la baja, que entiendas qué se siente al ver cómo tus inversiones pierden valor. La importancia de esto depende del arquetipo con el que te identifiques. El siguiente ejercicio nos beneficiará a todos, pero es especialmente importante si tú eres un Guardián, un Ahorrador o un Constructor de Imperios. Haz el ejercicio y no te asustarás cuando las cosas sean difíciles.

¿CUÁL ES TU COMBINACIÓN IDEAL DE ACCIONES Y BONOS?

La gran pregunta es: ¿qué margen de pérdida en el valor de tu portafolio en el mercado puedes resistir? (Tú puedes y debes invertir aunque solo tengas unos pocos cientos de dólares, ¡así que sigue leyendo!) La mejor manera de pro-

➤

tegerse de los riesgos es aumentando el porcentaje de inversiones de ingresos fijos (por ejemplo, en bonos, efectivo, mercados de dinero y Certificados de Depósito) que compongan el portafolio, pero esto no significa que un mayor número de inversiones de ingresos fijos sean buenos para todo el mundo.

Primero escribe cuántos activos tienes disponibles para invertir (incluye cualquier bien inmobiliario que no esté destinado para tu uso personal, balance global de préstamos, así como cualquier negocio u otro activo que vayas a vender en un plazo de dos años):

$_____(a)

Ahora, teniendo en cuenta que, históricamente, un portafolio diversificado siempre se recupera si se le da el tiempo suficiente, ¿hasta qué valor en dólares estarías dispuesto a ver caer en tu portafolio sin asustarte? Sé honesto. Esa caída ocurrirá, es solo cuestión de tiempo, y no de si sucederá o no.

$_____ (b)

Ahora, (a) − (b) = $_____ (c)

Y por último, (c) ÷ (a) = _____% (d).

Busca tu respuesta para (d) en la columna izquierda del siguiente gráfico. La columna de la derecha te dirá qué porcentaje del total de tu portafolio deberás colocar en inversiones de ingresos fijos (bonos, efectivo, mercados de dinero y certificados de depósito):

➤

Pérdida máxima aceptada para mantener la inversión	Porcentaje mínimo para invertir en bonos o mercados financieros
0%	80%
15%	40%
20%	20%
30%	10%
>30%	0%

Estas metas de colocación asumen que utilizarás los principios descritos en este capítulo. Si tu portafolio está menos diversificado o es más costoso en términos de honorarios y costos de lo que he recomendado, es probable que tus pérdidas sean mayores en mercados a la baja que las descritas aquí, y por ello, su colocación en bonos debiera ser un poco mayor.

Si eres un Guardián extremo, es probable que quieras ver cómo se hubiera comportado tu portafolio durante la Gran Depresión. Puedes hacerlo en www.BrentKessel.com, donde hay una hoja de cálculo de Excel (llamada "1929") que puedes llenar para ver el efecto que tuvo la Gran Depresión en varias combinaciones de acciones y bonos. Esto puede ayudarte a determinar cuál portafolio puede servirte, si realmente quieres saber cuál creo que es la peor situación posible (para que conste, no creo que vayamos a tener otra Gran Depresión, pero tendremos correcciones de mercado del 20-50 por ciento cada pocos años, aunque a intervalos irregulares e impredecibles).

En esencia: *Es muy importante establecer tu tolerancia al riesgo en el corto plazo, porque de esa manera mantendrás tu compromiso con la colocación del portafolio que hayas elegido. Ese es el ingrediente clave para el éxito, por lo cual digo que es mucho más importante estudiarse a uno mismo que a los mercados.*

La inversión es una experiencia increíblemente poderosa y positiva cuando la asumimos de adentro hacia fuera. Este capítulo ha abordado una gran cantidad de material, incluyendo conceptos que son malinterpretados por la mayoría de los inversionistas. Entre ellos están: la inversión pasiva, el sondeo social, la reducción de honorarios y costos, la reducción de riesgos escogiendo activos que no se muevan con rigidez, estar dispuesto a mantener la inversión a largo plazo y controlar sus emociones si sus inversiones no se comportan según lo planeado. Sin importar cuánto hayas invertido, intenta dar un paso hacia la inversión consciente (al menos este mes). Te puedo contar innumerables historias de pequeños pasos dados por mis clientes, que les han reportado grandes beneficios. John, que se considera un Guardián, decidió cambiar su inversión en el sector farmacéutico (en el cual poseía cuarenta acciones) a favor de un fondo de crecimiento global más diversificado (que posee 650 acciones). Úrsula, una Inocente que durante cinco años guardó sin abrir los balances que le enviaba su corredor de bolsa, le pidió a este una respuesta sobre sus honorarios y costos, y pudo llegar a un arreglo mucho mejor. Si te tomas el tiempo de organizar tus inversiones según estos principios demostrados a lo largo del tiempo, tus recursos financieros crecerán mucho más rápido, permitiéndote realizar tus más profundas metas y valores en menos tiempo y con mucha más tranquilidad.

¡VOY A PERDERLO TODO!

En un momento dado, incluso los inversionistas más conscientes tendrán dificultades al enfrentarse a los caprichos del mercado, y pueden incluso querer olvidarse de su estrategia. Si te encuentras en dicha situación, anímate y sigue los siguientes pasos. Podrán parecer muy susceptibles en términos emocionales, pero confía en mí: son extremadamente prácticos. Los he usado exitosamente con muchos clientes y en varias crisis bursátiles, incluyendo la peor desde la Gran Depresión.

- **OBSERVA TUS SENTIMIENTOS.** En lugar de actuar de acuerdo con los métodos que siempre te han servido para sentir alivio, mira en tu interior y define tu estado de ánimo. Es posible que ni siquiera te hayas dado cuenta de que estás sintiendo algo. Simplemente piensa que la estrategia actual probablemente no sea la más adecuada para ti, y estás cansado de esperar los resultados deseados. Sin embargo, siéntate en silencio aunque sea por cinco minutos, e intenta sentir lo que hay debajo de tus pensamientos. ¿Cuál de estas palabras describe lo que sientes?

☐ Enfado   ☐ Tristeza   ☐ Frustración   ☐ Confusión
☐ Furia   ☐ Envidia   ☐ Desesperanza   ☐ Falta de valor
☐ Pesadumbre   ☐ Codicia   ☐ Competitividad   ☐ Temor

Intenta observar tus estados de ánimo, bien sea que cambien o permanezcan iguales, que recorran tu cuerpo o permanezcan inmóviles. Evita tomar decisiones financieras si sientes una intensa carga emocional.

➤

- **SI TIENES UN ASESOR FINANCIERO, LLÁMALO.** Le estás pagando a esa persona para que haga lo que más te conviene. Si tienes un asesor sólo por tarifa, prácticamente no tendría que haber ningún conflicto de intereses y él o ella deberían darle prioridad a tus necesidades. Si has perdido la confianza en tu asesor, visita a otro que trabaje sólo por tarifa y pídele una segunda opinión. Un buen asesor casi siempre te aconsejará mantener tus objetivos, a no ser que alguna circunstancia en tu vida —no en la bolsa ni en el mundo— haya cambiado.

  Habla con amigos o colegas, pero solo si han sido inversionistas disciplinados y exitosos (y, de ser posible, por varios años). Pregúntales qué están haciendo en la situación actual.

- **SI DEBES ACTUAR, ESPERA HASTA QUE TU MALESTAR EMOCIONAL HAYA PASADO.** Deberías hacer algunos de los ejercicios recomendados en los capítulos dedicados a los arquetipos, pero especialmente los del tercero. Si tu niño interior te está pidiendo a gritos que tienes que hacer algo ahora mismo para no perderlo todo, haz el ejercicio de "El peor escenario posible" que aparece en la página 76. A continuación, esfuérzate al máximo para establecer una estrategia nueva y sistemática, una con la que puedas comprometerte gracias a la nueva información que te ha dado esta experiencia sobre ti mismo. Recuerda que en los mercados no sucede nada realmente nuevo.

En resumen, el Inversionista consciente:

- posee índices ampliamente diversificados de acciones, en lugar de intentar escoger acciones y administradores de fondos ganadores,

- procesa las reacciones emotivas hacia los resultados de la inversión de manera interna, en lugar de hacerlo por medio de actos externos,

- insiste en un portafolio que sea sostenible tanto para el planeta como para su propio futuro financiero,

- entiende que lo importante es diversificar su portafolio en diversas clases de activos. Diversificar entre acciones o industrias dentro de la misma clase de activos o entre asesores financieros es mucho menos esencial para la reducción de riesgos o para el mejoramiento de las ganancias,

- mantiene los costos bajos, idealmente por debajo del 1 por ciento,

- y entiende su habilidad práctica y emocional para tolerar el riesgo, establece metas prudentes para su mezcla de bonos y acciones, y practica la reasignación para mantener el curso en las épocas buenas y malas.

CAPÍTULO TRECE

EL YOGA
DEL DINERO

"Insistamos más y más en recaudar fondos
de amor, de amabilidad, de entendimiento, de paz. El dinero vendrá si buscamos
primero el reino de Dios: el resto se dará
por añadidura".

—Madre Teresa

Un amigo mío, Bob Patillo, era el dueño de una firma de bienes
inmobiliarios muy exitosa, pero la vendió y ahora se dedica a
ayudar gente pobre de países en vías de desarrollo. Y mientras
hablábamos sobre nuestros hijos en un salón de Boston, me contó una historia que me conmovió:

Yo iba en el auto con Gus, mi hijo de ocho años, y pasamos
al lado de una camioneta que estaba estacionada y con las
puertas abiertas a un lado de la carretera. Un grupo de monjas iban y venían de una tienda de víveres enfrente, cargadas
con cajas llenas de alimentos y otros productos. Dije: "Es-
tacionémonos y veamos si podemos ayudar". Bajamos del

auto y fuimos hasta donde las monjas para ver qué estaban haciendo.

Nos dijeron que administraban un orfanato y que hacía una semana atrás —tres días antes de Navidad— se había incendiado y todos los regalos de los niños habían desaparecido. La tienda de víveres había donado los alimentos, aunque eso no reemplazaría en modo alguno los regalos que habían esperado ansiosamente los niños.

En aquel entonces, yo solía anotar la mesada que le daba a mi hijo en una pequeña tarjeta que llevaba conmigo. Dividíamos su estipendio semanal de seis dólares en tres sobres imaginarios: el sobre de gastos, el sobre de ahorros y el sobre de regalos. Él me miró y preguntó: "Papá, ¿cuánto tengo en el sobre de regalos?". Busqué en mi bolsillo y saqué la pequeña tarjeta y dije, "veintiséis dólares". Me miró y dijo: "¿Les puedo dar veinte dólares para los niños?".

Los ojos de Bob se humedecieron mientras me contaba el gesto de su hijo. "¿Qué más podría pedir un padre?", preguntó.

Hace poco, el Dalai Lama dijo: "El amor, la compasión, el perdón y la satisfacción son el corazón de todas las grandes religiones". El amor y la compasión son cualidades inherentes al ser humano. Sabemos esto por naturaleza, no por las leyes ni por las doctrinas religiosas. Y como sabe todo aquel que ha dado, el beneficiado no es solo quien recibe. Muchos nuevos padres expresan admiración cuando se dan cuenta de que solo ellos son los responsables del cuidado y la alimentación de su niño, y ese sentimiento los conduce hacia un sentido de unidad, compasión e inspiración para hacer todo lo mejor posible en beneficio de este pequeño ser. Sin importar si eres padre o no, el sentimiento de poder dar y de marcar la diferencia en la vida de alguien es una experiencia preciosa.

La compasión es un estado del ser, mientras que la generosidad es una acción. El dinero nos puede mostrar que somos compasivos por naturaleza, al tiempo que nos brinda los medios para realizar actos de generosidad si así lo queremos. Uno de los dones más grandes de una relación saludable con el dinero es el hecho de reconocer y experimentar que podemos estar saciados materialmente, incluso si la sensación es fugaz. A partir de esa saciedad, aumentan nuestra inspiración, realización, paz y compasión. Cuando sentimos que tenemos suficiente de manera natural y sin esfuerzo, queremos dar de lo que tenemos, independientemente del tamaño de nuestra cuenta bancaria. La expresión que utilizo para describir esto es el yoga del dinero. La palabra *yoga* significa "unir", "juntar" o, simplemente, "unidad", por lo que el yoga del dinero es el acto de emplear el dinero para afirmar y aumentar nuestro sentido de unidad en ese sentido, con las demás personas, y finalmente, con algo más grande que cualquier ser físico.

¿CUÁNDO TE HAS CONMOVIDO POR TU PROPIA GENEROSIDAD?

Piensa en un momento en el que hayas dado algo, te hayas preocupado por alguien y hayas recibido algún beneficio. Puede ser algo tan pequeño como haber pagado un almuerzo, o tan gratificante como haber sido voluntario en los Cuerpos de Paz. Recuerda lo mejor que puedas, el efecto que tuvo tu generosidad en tu estado mental e incluso la paz o la ansiedad que sentiste en tu cuerpo. Tómate el

➤

tiempo para honrar y disfrutar las partes de tu corazón y de tu alma a las que les gusta dar. Regresa a esos recuerdos y auméntalos recordando otras experiencias de compasión o generosidad en las cuales te sentiste bien luego de dar. Este ejercicio te permitirá ser más consciente de cómo el acto de dar te puede afectar física, emocional y espiritualmente.

EGOLATRÍA

Todos fuimos niños alguna vez, y recibimos cuidados y sostén por parte de otro ser humano. De no ser así, no hubiéramos sobrevivido. Pero a medida que crecimos, nos dimos cuenta que el mundo no siempre es un lugar seguro y feliz, que nuestras necesidades pueden ser satisfechas o no, y que en última instancia, depende de nosotros abrirnos un camino en el mundo. Fue allí cuando nuestra Historia Básica se formó, lo que esencialmente es una respuesta a la pregunta: "¿Cómo puedo estar seguro y ser feliz en este mundo?". Pero como hemos podido ver, la respuesta varía ampliamente. Algunos sienten que estarán más seguros si disfrutan de su dinero comprando cosas que les brinden placer. Otros piensan que deben ahorrar para los tiempos difíciles. Hay otros que piensan que evitar el dine-

> "En aquel entonces mi padre trabajaba como abogado y le dije: 'Has estado trabajando para mi tío Henry y sé que tus honorarios son muy altos. ¿Vas a cobrarle lo mismo a él?', y mi padre me respondió, '¡No seas tonto! Es tu tío Henry'. Entonces le dije, '¡Papá, en mi trabajo en el mundo, todos son mi tío Henry!'".
>
> —RAM DASS

ro y meter la cabeza dentro de un agujero como el avestruz, hará que las cosas salgan bien. Cualquiera que sea nuestra Historia Básica, lo cierto es que su posición es muy centrada en sí misma. Quiere asegurarse de que nuestra supervivencia sea segura.

Lo irónico es que cuanto más nos concentramos en nosotros mismos, menos probabilidades tendremos de sobrevivir. Un estudio médico realizado a tres mil personas durante un lapso de siete años, midió la frecuencia con que cada una de ellas decía las palabras *yo, mí* y *mío* para ver si existía alguna correlación entre esto y las enfermedades coronarias. De manera asombrosa, encontraron que sí existe una correlación entre las dos; de hecho, fue la manera más clara de predecir mortalidad entre las víctimas de ataque cardíaco.

No se trata de que el hecho de centrarnos en nosotros mismos nos vaya a causar la muerte, sino de saber si esto nos hace más felices, o si es una fuerza externa que nos hace sentir que somos responsables y "buenas personas". Si el hecho de preocuparnos por los demás nos hace más felices, tendremos un gran incentivo para ir más allá de nuestra Historia Básica y expresar generosidad por nuestro propio bienestar.

No dejarnos atrapar por nuestra Historia Básica —sea esta o no la lucha por sobrevivir del Inocente o del Idealista, la insaciable ambición y ganas de acumular del Constructor de Imperios

> "La manera más práctica de cuidar de nuestros propios intereses, de encontrar la libertad y de ser felices, no es perseguir estas cosas de manera directa, sino dar prioridad a los intereses ajenos; ayudar a otros a liberarse de sus temores y penas, contribuir a su felicidad. Realmente es muy sencillo. No debes escoger entre ser amable contigo o con los demás. Son la misma cosa".
>
> —PIERO FERRUCCI,
> PSICÓLOGO TRANSPERSONAL

o del Ahorrador, o el derroche de la Estrella o del Buscador de Placer— nos dará el equilibrio para emplear el dinero como un medio de expresión del estado del alma más natural, que según creo, es un estado de compasión.

Pero no tenemos que esperar a ser completamente libres. Si dejamos que nuestro arquetipo dominante no influya tanto en nosotros así sea por una hora diaria, podremos emplear ese tiempo para expresar nuestra compasión. Por ejemplo, el Guardián puede dejar de preocuparse, el Buscador de Placer le puede decir no al impulso de comprar su propio placer, y el Protector puede extender su compasión hacia otra persona o grupo —o hacia sí mismo— durante una hora al día. No hay una meta establecida que debamos alcanzar para ser compasivos. Solo necesitamos liberarnos un poco y alejarnos de las reglas y hábitos de nuestra Historia Básica por un momento.

Como se discutió previamente, mi Historia Básica sobre el dinero ha sido ahorrar y gastar de manera prudente, para alcanzar la libertad financiera que me permita sentirme seguro y libre de preocupaciones. Como crecí en Sudáfrica, presencié una gran cantidad de sufrimiento humano causado por los hombres. Siempre supe que quería estar comprometido con la ayuda a los demás, pero aparte de algún trabajo voluntario y de algunas pequeñas contribuciones a obras de caridad, la generosidad no fue una prioridad para mí mientras sacaba mi negocio adelante. Sentía que primero tendría que conseguir dinero, y que naturalmente, después sería más generoso.

Pero la vida dio un giro inesperado. En marzo de 2002, mi hijo mayor, Kaden, que en ese entonces tenía dos años, comenzó a orinar en exceso. Mi esposa Britta y yo lo llevamos al pediatra junto con su hermano pequeño, Rumiah, y supimos que Kaden tenía diabetes tipo 1 (juvenil). Y todo cambió en ese momento. Empezamos a controlar los niveles de azúcar en su sangre de ocho a diez veces al día; fuimos muy cuidadosos con sus comidas y le inyectamos insulina. Cuando el susto inicial pasó y él terminó de adaptarse a una nueva vida, investigamos sobre esta enfermedad para saber si tenía cura. Supimos que la diabetes juvenil era una enfermedad misteriosa que era estudiada de varias formas. A través de la Fundación para la Investigación sobre la Diabetes Juvenil, una obra de caridad fundada en los años 70 por un grupo de padres, aprendimos que el dinero era clave para poder avanzar en las investigaciones.

A pesar de mis impulsos como Ahorrador, nos convertimos en ávidos recaudadores de fondos y en donantes a esta causa. De un momento a otro, nuestras contribuciones se multiplicaron por diez, pero en lugar de sentirme empobrecido, me sentí enriquecido y más seguro de lo que me había sentido en mis días de frugalidad. Era algo extraño: había pensado que tenía que ser rico para expresar mi generosidad, pero me empecé a sentir rico al sentirme inclinado —de manera espontánea— a mostrar mi compasión de una manera concreta.

Sin embargo, es importante anotar que no había abandonado del todo mi mecanismo de defensa más arraigado —el del Ahorrador— para ser más generoso. Pienso que si hubiera dicho: "He visto la luz: se trata simplemente de ser generosos. Luego me sentiré rico y no necesitaré ser tan prudente o cuidadoso como antes", no me hubiera comportado del mismo modo. A pesar de mi conexión con esta valiosa causa, mis viejos hábitos y pensamientos no habrían tardado en manifestarse de nuevo: "¡Idiota!, ¿cómo pudiste volverte tan descuidado e indisciplinado? ¡Vuelve a trabajar; suspende todos esos gastos y donaciones, y hazme sentir seguro de nuevo!". Pero en lugar de esforzarme para ser más generoso, practiqué el Camino Medio con mis donaciones. Lo que significa hacer uso de los atributos positivos del Ahorrador —prudencia, autosuficiencia y abundancia— al tiempo que se cultivan la empatía y la generosidad, sellos distintivos del Protector equilibrado.

He visto muchos ejemplos de que una mayor generosidad nos da más abundancia, y no menos. En el verano de 2006 fui invitado a un evento en el hotel Hilton de Los Ángeles para ver a Amma, una mujer hindú de una pequeña aldea de pescadores, quien es conocida como "la santa que abraza". Esta mujer rolliza y radiante, envuelta en una sencilla toga blanca, se sentó en la silla principal de un salón de banquetes ocupado por varios cientos de personas. Tuve que tomar un número como todos los demás, y hacer fila durante cuatro horas. A medida que me acercaba, la vi abrazar a discapacitados, a celebridades y a las personas encargadas del aseo del hotel donde se estaba celebrando el evento. Amma, cuyo nombre significa "madre", abraza a cientos de miles de personas al año, duerme muy poco y no desfallece. Parece irradiar más amor que cualquier otra persona que haya conocido. Cuando llegó mi turno, miré dentro de sus cálidos ojos castaños, recibí mi abrazo y sentí una profunda avalancha de paz y bienestar.

Cuando la vi sentí que, en cierto modo, Amma desafiaba la gravedad. Siempre supe que los recursos como el dinero, el tiempo y la energía del cuerpo eran finitos: leyes irrefutables del universo. Si se da más, se tiene menos para uno mismo. Pero aquí estaba esta mujer madura, pobre y sencilla, quien se había comprometido a recoger mil millones de rupias para los damnificados del tsunami (unos $23 millones, la mitad de lo que el gobierno de los Estados Unidos se había comprometido a donar). ¿Cómo pudo hacer semejante promesa? Ni siquiera cobra por sus abrazos, y tampoco encabeza una organización dedicada a recaudar fondos. Es cierto que he oído los viejos adagios que dicen: "Mientras más das, más recibes", "Dar es una recompensa" y "Es mejor dar que recibir". Pero esta persona, por medio del dar, estaba creando literalmente más dinero, tiempo, energía y amor.

El estudiante de economía que llevo adentro, quedó perplejo. Quizá la escasez y la abundancia no sean tan simples como había pensado. Es como si las leyes del universo se inclinaran ante el amor. Las leyes financieras se inclinan. Las leyes temporales se inclinan. Las limitaciones logísticas se inclinan. Si damos mucho más de lo que habitualmente nos hace sentir cómodos, es probable que terminemos teniendo más.

NO ES SOLO POR LOS SANTOS

Hay una antigua historia judía que me contó el rabino Harold Kushner. Un rabino habla con un estudiante y le dice: "Si un hombre tiene quinientos dólares y regala cien, ¿cuántos le quedarán?". El estudiante lo miró con incredulidad y dijo: "¡Vaya!, cuatrocientos, por supuesto". Y el rabino le respondió: "No, eso es incorrecto. Solo le quedan cien. Los cuatrocientos restantes puede gastarlos, perderlos, invertirlos mal o se los pueden robar. Lo único que tendrá todo el tiempo serán los cien dólares que regaló".

Dar con generosidad es uno de los cinco pilares del Islam. En el siguiente pasaje de la Azora 17 del Corán, somos invitados a cultivar nuestra generosidad: "Y dale a tu pariente su derecho, y al necesitado y al viajero; y nunca despilfarres".

En el evangelio de Lucas se les ordena a los seguidores de Cristo: "Den a otros, y Dios les dará a ustedes. Les dará en su bolsa una medida buena, apretada y repleta. Dios los medirá a ustedes con la misma medida con que ustedes midan a los otros".

> "La generosidad cría una clase de felicidad inmediata que se diferencia de otras prácticas que a menudo tienen una reafirmación positiva retardada. Esto ayuda a que la generosidad engendre más generosidad con menos y menos esfuerzo".
>
> —JOSEPH GOLDSTEIN, COFUNDADOR DE LA INSIGHT MEDITATION SOCIETY

Y en el budismo, la compasión es considerada como un medio esencial para terminar con el sufrimiento causado por nuestra egolatría. De hecho, las enseñanzas budistas describen tres tipos de compasión. La primera, cuando tenemos un sentido de cercanía o empatía por un amigo o por alguien que es amable con nosotros y que nos agrada. Este tipo de compasión se encuentra mezclada con nuestros vínculos emocionales con esa persona, y por lo tanto, está parcializada. Si esa persona dejara de ser amable con nosotros, probablemente dejaríamos de sentir compasión. El segundo tipo se presenta cuando sentimos interés por otra persona, pero se encuentra mezclado con sentimientos de superioridad y separación. En este tipo de compasión hay más lástima que empatía, y quizá, falta de respeto hacia la otra persona. Finalmente, hay una compasión imparcial, en la cual deseamos que todos superen el sufrimiento, sin importar qué tan cercanos sean a nosotros o cómo nos traten. Esta compasión no aparece de manera espontánea en la mayoría de las personas. Debe cultivarse por medio del entrenamiento y del esfuerzo, pero nos ofrece unos beneficios inmensos. Cuando sentimos una compasión imparcial, todas las personas parecen ser amigos nuestros, y nuestra preocupación, temor, duda y celos disminuyen ostensiblemente.

Todas estas tradiciones hablan de altruismo, no solo como una responsabilidad o una forma de cuidar a los demás, sino como el principal medio para darnos libertad y cuidarnos a *nosotros mismos*.

COMPARTE EL DOLOR, COMPARTE LAS GANANCIAS.

Estas dos prácticas pueden ayudarte a cultivar la compasión imparcial.

1. **DIGAMOS QUE ACABAS DE RECIBIR MALAS NOTICIAS FINANCIERAS.** Tal vez esperabas una devolución de impues-

➤

tos, pero tu contador te dice que le debes algunos miles de dólares al Departamento de Hacienda (IRS por su sigla en inglés), o tu compañía de seguros acaba de negarte varios reclamos médicos que hiciste con anterioridad, o quizá ese negocio importante se malogró.

El primer paso consiste en darse cuenta de que hay otras personas que también sienten ese dolor. Inicialmente te podría parecer poco natural, pero admitir que no eres el único en dicha situación podría ofrecerte un poco de alivio.

En el segundo paso, expresas o sientes en tu interior el deseo o el anhelo de liberarte del dolor que estás sintiendo.

En el tercer paso, tu deseo se extiende a otras personas, y sientes o dices, "Ojalá que los demás no sientan este dolor". Pema Chodron, renombrada profesora de budismo tibetano, expresa esto de otra manera: "Al ver que de todos modos estoy sintiendo este dolor, quizá pueda sentirlo por todos los demás, de manera que puedan sentir alivio y felicidad".

Este ejercicio puede tardar literalmente solo unos segundos. Hazlo cuando te sientas mal, y observa qué sucede.

2. **SUPONGAMOS QUE ACABAS DE RECIBIR UNA MARAVILLO-SA SORPRESA FINANCIERA.** Quizá recibiste una bonificación o un aumento salarial mucho más grande de lo esperado, acabas de pagar el depósito inicial de tu primera casa, o terminaste de pagar una antigua deuda de tu tarjeta de crédito.

Extiende tus deseos para que otras personas puedan sentir esta alegría o placer.

Hace poco recordé esta práctica mientras tenía frente a mí una sopa deliciosa en un restaurante. Me dije: "Que todas

➤

302 | La fortuna en tus manos

las personas hambrientas del mundo puedan probar una comida tan deliciosa y nutritiva como esta en el día de hoy".

Un cínico podría decir: "¡Seguro que tu pequeña oración le hará mucho bien a cualquiera que esté pasando hambre!". Pero sostengo que esto sí hace mucho bien. Primero que todo, nos saca de nuestra egolatría, lo que significa que seremos menos propensos a permanecer estancados en nuestros comportamientos condicionados con respecto al dinero, lo cual puede guiarnos hacia una conducta compasiva. Segundo, desearle el bien a los demás hace que nuestra alegría sea más profunda; no nos producirá necesariamente una mayor felicidad en ese momento (ya que es natural sentir un poco de tristeza cuando pensamos en el sufrimiento de otros), pero esta clase de despertar de la conciencia abre nuestros corazones y nos hace menos propensos a permanecer atrapados en repetir nuestros patrones de comportamiento con el dinero. En última instancia, son las acciones generosas las que nos brindan las experiencias que más nos conectan con nuestros semejantes, y tal como este libro lo ha enfatizado, el cambio duradero en nuestra vida financiera comienza con el cambio interior.

LA MOTIVACIÓN ADECUADA

Lo misterioso acerca de la gran recompensa que recibimos al dar, es que es algo que no podemos planear de una manera lógica. Sucede de la mejor forma cuando damos de una forma completamente espontánea, como algo que es parte natural de la vida, y no porque "debamos" o "tengamos" que hacerlo.

Sin embargo, muchas personas sienten que deben ser generosas, o más de lo que son. Nuestra motivación suele obedecer a una mezcla de culpa y de compulsión moralista. Podemos citar las siguientes declaraciones a manera de ejemplos: "Esto es lo que debe hacerse" y "Quiero ser un buen ciudadano". Pero cuando vemos las cosas de este modo, hace falta algo muy importante. Estamos dejando que nuestra Historia Básica, nuestra voz condicionada e interior que nos habla de dinero, nos diga cómo comportarnos, eliminando así la libertad y no permitiéndonos sentir alegría.

Cuando nuestra motivación es aliviar el sufrimiento y llevar alegría a las vidas de otros —en contraste con la necesidad de medir el acto de estar de acuerdo con un patrón externo de bondad— nuestra generosidad nos beneficia tanto a nosotros como a las causas con las que nos comprometemos. De esto es de lo que hablan las tradiciones espirituales cuando proponen crear el cielo aquí en la tierra. No se trata de acumular méritos para el más allá (aunque muchas religiones hablen de ello). Más bien, se trata de estar motivados por la compasión y la solidaridad, de manera que experimentemos más amor y compasión en el día de hoy, lo que nos motivará a dar más, lo que a su vez generará más amor y compasión, tal como sucede en un ciclo. Si los donantes se sienten bien dando, no solo es probable que lo sigan haciendo, sino que sus beneficiarios sentirán una conexión con ellos y no se verán como objetos de la caridad. La línea entre quien da y quien recibe comienza a borrarse, y es allí cuando comienza la diversión.

¿OBLIGACIÓN O INSPIRACIÓN?

Si tiendes a dar por obligación y no porque sientas alegría, me gustaría que recuerdes una ocasión en la que hayas dado porque sentiste que debías hacerlo. ¿Qué diste y a quién? ¿Cómo te sentiste después? Haz una evaluación física de tu cuerpo ➤

mientras recuerdas esa experiencia: ¿Cómo te sientes hoy con respecto a esa ocasión? Ahora, a manera de contraste, piensa en algún momento (quizá el mismo del primer ejercicio de este capítulo) en que hayas dado de corazón, animado por un sentimiento de empatía o porque el acto de dar te produjo placer. ¿Qué te conmovió en esa oportunidad? ¿Cómo se siente tu cuerpo al recordar dicha experiencia?

¿En cuál de las dos experiencias sentiste más la necesidad de ser reconocido?

Por mi parte, recuerdo una época en la que solía hacer donaciones todos los años a una misión local que ayudaba a indigentes, para las comidas que les repartían los días festivos. Pero cada noviembre, cuando me llegaba una carta que decía: "Muchas gracias por el generoso gesto del año pasado, pero ahora lo necesitamos más que nunca", yo sentía una opresión en mi pecho. Sentía que les debía una contribución tan cuantiosa como la anterior. Y mi corazón ya no estaba con ellos, a pesar de la labor tan noble que realizaban. Más bien, hace poco sentí deseos de abrir un comedor que reparte sopas en un centro de actividades extracurriculares para niños huérfanos a causa del SIDA en Sudáfrica. Me conmovió escuchar las historias de estos niños y su deseo de sobrevivir. Me sonreí al pensar en ellos, y una sensación de paz recorrió todo mi cuerpo. Decidí entonces ayudar a este comedor, confiado en que otras personas que se identifiquen realmente con la misión de los indigentes les darán una mano.

SI NO ES AHORA, ¿CUÁNDO?

El punto clave al decidir si dar o no, consiste en ver si sientes o no un cambio en tu estado emocional, o si estás dando con la esperanza de sentir esto en un futuro. Dar motivado por una recompensa futura (por ejemplo, ser reconocido como una persona generosa), es dar un paso hacia el engaño. Pero dar porque nos sentimos bien es algo que marca una gran diferencia en el mundo.

Sin embargo, no debemos tener solo motivaciones puras antes de dar. La mayoría lo hacemos porque ansiamos una mezcla de alegría presente y futura, lo cual no tiene nada de malo. Simplemente necesitamos valorar esa parte nuestra que quiere el bien para los demás, incluso si otra parte de nuestro ser se ve obligada a dar por una voz que le dice "debes", o porque anhela un reconocimiento por sus actos de generosidad. Si adquirimos una mayor conciencia sobre aquellas motivaciones interiores que nos motivan a dar, podremos cultivar motivaciones positivas y hacer a un lado cualquier aspecto de nuestra Historia Básica que esté dificultando ese crecimiento.

En otras palabras, no te castigues si percibes que das para pagar menos impuestos o porque quieres que los demás tengan una buena opinión de ti. Es más útil concentrarte en esa parte tuya que tiene buenas intenciones, que criticarte por las motivaciones que no son tan nobles. Criticar no es compasivo, y menos aún contigo mismo. Dar ánimo y elogiar son los pasos que generan más compasión.

¿CUÁNTO DEBERÍAS DAR?

Las tradiciones religiosas y espirituales han tenido históricamente una variedad de preceptos con respecto al dar. La más común es la de donar el diez por ciento de los ingresos. Pero quienes propusieron estos mandamientos tan simplistas, seguramente no sabían mucho de contabilidad. Si hay dos personas y una de ellas posee una tierra que tiene un valor de $10 millones que no genera rentas y recibe una pensión de $5.000 mensuales, y la otra trabaja cincuenta horas a la semana como jefe de cocina y se gana $15.000 mensuales, pero no tiene ahorros ni otros activos, ¿quién debería dar más? Claude Rosenberg, ex administrador de fondos de inversión y autor de *Wealthy and Wise* (*Ricos y sabios*), sugiere que donemos anualmente el uno por ciento de nuestro patrimonio neto. Donar el 10 por ciento del ingreso o el 1 por ciento del patrimonio neto hace que todo sea más equilibrado.

Soy partidario de que la cantidad que donemos sea decidida en nuestro interior, y no por autoridades externas o normas culturales supuestamente correctas. Si anhelamos una relación que no sea complaciente con el dinero y con nuestra felicidad, descubriremos que dar es una parte integral de nuestra satisfacción, y que donar diferentes cantidades en épocas diferentes de nuestra vida es algo muy apropiado.

Muchas personas quisieran dar más dinero y sentir mucha compasión, pero se contienen porque están temerosos de no tener suficiente para cubrir sus propias necesidades. Con anterioridad discutí la Mente Deseante y su perspectiva de la "insuficiencia". Para la Mente Deseante, toda acción se evalúa a partir de si esa acción contribuirá o irá en contra de nuestras oportunidades de supervivencia. Si nos encontramos en una posición en la que hemos superado el nivel de supervivencia, la Mente Deseante buscará mejorar nuestra situación.

Algunos de nosotros podemos querer dar más y más, pero esto puede crear algunos problemas. En efecto, hay personas que dan demasiado. Yo tenía un cliente llamado Ben, un diseñador gráfico que heredó dinero antes de los cuarenta años. Casi de inmediato comenzó a donarle dinero a obras benéficas, y a regalarles dinero a amigos y familiares que pasaban por un mal momento. El Protector desequilibrado de Ben lo estaba poniendo en peligro. Sus gastos excedían sus ingresos, y lo que necesitaba era un poco de prudencia y de interés en sí mismo (despertar al Guardián, arquetipo que él mismo había estimulado en sus asesores financieros) para controlar sus donaciones.

Pero la mayoría de los que sienten miedo de dar demasiado no se encuentran en la posición financiera de Ben. El miedo que sienten a quedarse sin dinero, incluso si es irracional, los priva de la alegría que podrían sentir al expresar su generosidad.

Todos tenemos este miedo adentro en mayor o menor medida. Y todos tenemos el deseo de hacer del mundo un sitio mejor, aunque sólo sea para nosotros. La pregunta es: "¿Qué parte tuya necesita crecer: el Guardián cauteloso o el Protector generoso?". O para reiterar una pregunta hecha anteriormente: "¿Cuál es tu deseo más profundo?". Como dice Thich Nhat Hanh: "Riega las semillas que quieres ver crecer".

Cuando damos, le decimos al mundo y a nosotros mismos "Tengo suficiente" de una manera subliminal. Este es el motivo por el cual me sentí tan enriquecido después de que mi esposa Britta y yo incrementamos nuestras donaciones estimulados por la diabetes de Kanden. Mi antigua perspectiva de: "No tengo suficiente, así que tengo que ganar y ahorrar más", cambió por "Tengo lo suficiente para hacerme cargo de mi familia y donar dinero para ayudar a encontrar una cura a esta enfermedad". De este modo, las semillas de la suficiencia estaban siendo irrigadas. ¿Adivina qué pasó? Comencé a recibir más que suficiente. Llámalo coincidencia si quieres, pero nuestra nueva generosidad nos llevó a un hito en nuestra abundancia financiera. Cuando nuestra orientación se transforma en: "Tengo suficiente, estoy agradecido, utilizaré bien este dinero", los demás sienten que quieren estar alrededor nuestro, trabajar con nosotros y ayudarnos, independientemente de que sean conscientes de ello o no.

Sin embargo, procura no ser demasiado ingenuo y no dones más de la cuenta con la esperanza de que esto te genere más ingresos y riquezas en el futuro como por arte de magia (tal como lo creería el Inocente). Como dije antes, esta magia puede darse, pero solo si no es la motivación principal de nuestra generosidad. Si eres un Protector, un Inocente o incluso un Buscador de Placer, ten cuidado y templa tu generosidad con la prudencia del Ahorrador, del Constructor de Imperios o del Guardián. Sin embargo, haz donaciones sin temor mientras tu seguridad financiera no se encuentre en peligro. Deja que tu corazón se desborde un poco. Lo que significa que tu Historia Básica ególatra debe ser desafiada para que crezcas y amplíes tu esfera de atención y compasión.

¿CUÁNTO HAS DADO Y POR QUÉ?

¿Cuánto donaste el año pasado? Busca en el registro de tu chequera, en los extractos de tu tarjeta de crédito y en tu declaración de renta. Haz una lista de las cantidades que donaste y las razones por las que lo hiciste.

Beneficiario o categoría	Motivo de la donación	Cantidad
		TOTAL:

¿Estás contento con cada donación y con su causa? Revisa la lista y pon un visto bueno frente de cada donación con la que te sientas bien. Verifica la cantidad total de tus

➤

donaciones. ¿Qué porcentaje de tu patrimonio neto representan? La mejor manera de averiguarlo es dividiendo el total de donaciones entre tu patrimonio neto (la suma de todos tus activos, menos la suma de tus deudas). ¿Crees que sentirás una mayor satisfacción si aumenta o disminuye esa cantidad?

_____

_____

_____

_____

_____

Es completamente cierto que podemos dar algo sin importar cuánto tengamos. En el budismo, incluso el beneficiario de la generosidad es invitado a dar a aquellos menos afortunados que él. Lo importante no es cuánto donemos, sino la intención.

REGALA

Sin importar el estado en que se encuentren tus finanzas, disponte a dar algo la semana entrante, preferiblemente a una persona u obra de caridad que te conmueva. Préstale atención al efecto que esto tiene en ti. Intenta darle algo a una obra de caridad o a alguien a quien no le hayas dado en el pasado.

TRES SOBRES

La generosidad es un valor que puede cultivarse desde muy temprano. Muchos de mis clientes me preguntan cómo enseñarles asuntos de dinero a sus hijos. La historia al comienzo de este capítulo está basada en una de las mejores prácticas que conozco: repartir una mesada en tres sobres. El primero es para gastos presentes; el segundo para ahorrar para gastos futuros y el tercero para hacer donaciones. Pienso que los niños de cuatro años en adelante pueden ser iniciados en esta práctica. Aún más, nadie es tan viejo como para no aprender de ella.

Este ejercicio de los tres sobres lleva a algunas personas sumamente ricas a incluir la mayoría de sus activos en el sobre de la generosidad, tal como lo han hecho Bill Gates y Warren Buffet en años recientes. Si no hacen este tipo de ejercicio, muchos millonarios hacen donaciones que son desproporcionadamente pequeñas en comparación con sus patrimonios netos. A menudo, ellos no experimentan el impacto que los gratificaría de verdad y les produciría esa sensación de "suficiencia" y de interconexión que viene de la generosidad. Pero aunque los activos que tengas sean de tres o diez dígitos, tus donaciones no tienen por qué producir un cambio notable en el mundo: basta con que te cambien a ti.

Mike Murray, ex director de recursos humanos de Microsoft e inversionista de microcréditos para gente pobre, nos cuenta la siguiente historia:

Mi esposa y yo miramos el total de activos que habíamos acumulado, básicamente debido a nuestras creencias religiosas, y decidimos sacar una gran parte y crear una fundación familiar. Esto nos ha dado muchas cosas buenas.

Primero, nos impidió sentirnos ricos todos los días. Lo que quiero decir es que cuando creas una fundación y pones dinero en ella, ese dinero ya no te pertenece. No puedes utilizarlo para comprar un auto nuevo, para remodelar tu casa, ni para comprar otra casa de recreo.

Aunque ese dinero sigue siendo de cierta manera una parte de nuestra influencia financiera, no podemos utilizarlo para nuestro beneficio personal.

El segundo aspecto positivo de todo esto es que según las leyes norteamericanas, debemos donar anualmente casi el 5 por ciento de ese dinero a obras de caridad. Entonces, de un momento a otro, nos vimos con un presupuesto de donaciones y tuvimos que decidir lo que era importante para nosotros. Podemos donar ese dinero para aliviar las condiciones de pobreza, o para asuntos ambientales, de educación o salud —la lista de posibilidades es inmensa—, para obras públicas o hasta para la ópera.

Creo haberlo expresado bien: no existen reglas acerca de cuánto podemos o debemos dar. Pero quiero ofrecer algunas reglas de sentido común, para que puedas ver en qué se emplean tus donaciones.

Si estás ganando y acumulando dinero, puedes donar con toda seguridad:

• Todos los ingresos que no necesites ni para tus gastos actuales ni para tu retiro. Es probable que requieras los servicios de un Planeador Financiero Certificado profesional o de otro asesor imparcial (consulta la página 363) para determinar dicha cantidad.

Si trabajas como independiente y eres rico o estás retirado, puedes donar alguna combinación de lo siguiente:

• Hasta el 100 por ciento de tu ingreso pasivo (ingresos por concepto de inversiones, rentas de bienes inmobiliarios, o cualquier negocio en el que no estés involucrado de manera activa), siempre y cuando no necesites ese dinero para tus gastos actuales.

- Todos los activos que desees, siempre y cuando conserves activos productivos o valiosos, y que equivalgan aproximadamente a veinticinco veces el valor de tus gastos establecidos. Si todavía estás joven o si tus gastos pueden aumentar significativamente en el futuro, asegúrate de tener esto en cuenta a la hora de hacer cuentas. Además, si tus activos te generarán una tasa de dividendos inferior al 7 por ciento a largo plazo, tendrás que conservar una suma que sea veinticinco veces mayor que el monto de tus gastos anuales.

¿QUÉ PUEDES DAR?

Hay una hermosa fábula acerca de un hombre que estaba abatido al lado de una carretera. Una mujer pasó a su lado, sintió empatía por él y le sonrió. Reconfortado por la sonrisa, el hombre decidió escribirle una carta a un amigo a quien no veía desde hacía mucho tiempo. El amigo se conmovió tanto con la carta que le dio diez dólares a un mendigo. Ese mismo día, el mendigo encontró un perrito que estaba extraviado y temblando de frío en un callejón, y gastó los diez dólares en alimentos para el perrito, y lo mantuvo caliente junto a su fuego. El perro siguió al mendigo, quien esa noche tocó la puerta de una casa y le pidió permiso a la familia para pasar la noche en el porche, pues iba a llover; la familia aceptó. Los ladridos del perrito los despertaron en horas de la noche, y descubrieron que había un incendio cerca de la habitación de su pequeño hijo. Lograron salvar al niño, quien posteriormente llegó a ser un famoso investigador médico que descubrió un tratamiento para la malaria, salvando millones de vidas. Y todo eso comenzó con una simple sonrisa.

Cuando nos liberamos de nuestra Mente Deseante y de nuestra Historia Básica, es mucho más probable que le ofrezcamos una sonrisa o cualquier clase de energía positiva a aquellos que sufren. Nuestra sensibilidad y empatía se incrementan naturalmente cuando nuestra egolatría disminuye, y no necesitamos hacer ningún esfuerzo. Dar amor, energía y tiempo, son maneras muy valiosas de compartir nuestra compasión. Pero yo soy un planeador financiero y por lo tanto, quisiera abordar otros aspectos prácticos que tiene el acto de donar dinero y otras propiedades tangibles.

Hablando en términos financieros, existen dos fuentes desde las que podemos donar: nuestros ingresos o nuestros activos. Nuestros ingresos son la recompensa por nuestro trabajo, o una ganancia sobre nuestro capital (nuestras inversiones). Si trabajas como asistente de un abogado y te pagan $6.000 al mes, esa es la recompensa por tu trabajo. Y si adicionalmente tienes un portafolio de inversión que te genera ingresos de $2.000 al mes, esa es tu recompensa por tu capital. Si ese portafolio es tu único activo y tiene un valor de $400.000, ese es el tamaño de tu capital o tu patrimonio neto.

Continuando con el ejemplo, este asistente de abogado tiene las siguientes opciones para donar:

1. Una parte de su salario,

2. una parte del ingreso derivado de su inversión,

3. una parte de su patrimonio neto o

4. cualquier combinación de los anteriores.

Generalmente solo tenemos en cuenta nuestros ingresos cuando intentamos determinar el monto de nuestra donación. Pero quiero mostrarte las diferentes fuentes financieras de donde puedes sacar tus donaciones, y los beneficios de donar activos, y no dinero en efectivo.

314 | La fortuna en tus manos

En los Estados Unidos, cuando alguien hace una donación a una obra de caridad legalmente establecida, puede deducirla de sus ingresos gravables hasta cierto porcentaje de sus ingresos totales, dependiendo del monto de su donación. Si esa persona dona el 10 por ciento de su salario, dicha cantidad podría deducirse cuando presente su declaración de renta. Si esa persona pagara el 25 por ciento por concepto de impuestos, el 25 por ciento de su donación sería efectivamente una donación del gobierno, manifestada como una reducción en los impuestos pagados por el donante. En otras palabras, él dona $1.000 y obtiene una reducción por el mismo valor. Esto compensa $1.000 de sus ingresos sobre los cuales hubiera tenido que pagar $250 en impuestos sino hubiera realizado la donación. A pesar de que esta persona donó $1.000 buscando un ahorro de $250 en sus impuestos, su costo neto es solo de $750 (1.000 - 250 = 750). Y si donara un porcentaje en efectivo de los ingresos derivados de sus inversiones, el tratamiento fiscal sería el mismo.

Pero si en lugar de lo anterior donara un porcentaje de su portafolio de inversiones a una obra de beneficencia pública, tendría una deducción igual al valor que tiene su contribución en el mercado, y de nuevo, hasta cierto límite. Pero vayamos un poco más lejos y supongamos que algunos de los recursos del portafolio se han valorizado significativamente, o que han sido heredados por el donante, y tuvieron un costo base (lo que se pagó por las acciones cuando fueron compradas) mucho menor a su valor actual en el mercado. Aun así, obtendría una deducción igual al valor en el mercado, y no tendría que pagar impuestos sobre las ganancias de su capital en caso de haber vendido los activos para hacer su donación en efectivo. El siguiente ejemplo nos ilustra los beneficios que recibió una de mis clientas al realizar una donación en activos altamente apreciados —en lugar de dinero efectivo— a su antigua escuela secundaria para la compra de textos. Esto le permitió hacer una donación un 25 por ciento mayor que tuvo el mismo costo neto para ella que si la hubiera realizado en efectivo:

SUPOSICIONES

Monto deseado de la donación: $10.000

Costo base de sus activos: $0*

Tasa de impuestos sobre ganancias del capital: 15%

Nivel de impuestos: 25%

	DONACIÓN EFECTIVO	DONACIÓN ACTIVOS
Venta de los activos:	$11.765	No aplica
Impuesto sobre ganancias del capital (15%):	($1.765)	$0
Cantidad donada:	$10.000	$10.000
Deducción por caridad (25%):	($2.500)	($2.500)
Valor neto de la donación:	**$9.265**	**$7.500**

Lo anterior nos muestra que, efectivamente, le habría costado a mi cliente unos $0,93 por cada dólar que hubiera donado en efectivo, pero solo le costó $0,75 por cada dólar de los activos que donó. Esto significa que ella pudo aumentar su donación en un 25 por ciento, con el mismo efecto neto después de impuestos. Me podrían decir que ella no necesitaba vender los activos, y así no habría pagado el impuesto sobre la ganancia del capital, pero ella (o sus herederos) también podrían venderlos algún día. Muchas

---

* El costo base casi nunca representa cero para un activo comprado como inversión, pero en muchos casos puede serlo para títulos heredados o donados hace mucho tiempo, así como para bienes inmuebles completamente devaluados.

personas dejarán activos muy valorizados a la hora de su muerte, y si ellos están sujetos a impuestos a la propiedad, es probable que esta tasa sea mucho más alta que la tasa de impuesto sobre las ganancias del capital, haciendo que el valor comparativo de donar activos que estén valorizados sea aún mayor. Si su costo base está por encima de cero, sería más recomendable que si donara en efectivo. Básicamente, mientras menor sea el costo base, tanto mejor.

Si el precio de tus activos es mucho mayor que la cantidad que quieres donar, existe una alternativa llamada fondo sugerido por el donante. Así, tienes la posibilidad de donar dinero en efectivo o activos al fondo. Este fondo se encuentra generalmente administrado por una fundación de la comunidad local, y se encarga de distribuir las donaciones con el transcurso del tiempo, a un ritmo que sea cómodo para ti. Esta alternativa es mucho más efectiva si estás pensando por ejemplo en vender un bien inmobiliario, un negocio u otro activo menos líquido, y no quieres donar toda la cantidad de una sola vez (por ejemplo, si el activo que has vendido vale $500.000 y solo quieres donar $25.000 por año). Consulta la página 365 para más información.

¿CUÁL ES TU CAUSA?

Cada uno de nosotros se siente inclinado a diferentes causas, motivo por el cual la filantropía se manifiesta de muchas formas.

CÓMO DONAN LOS AMERICANOS

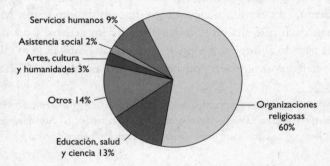

te, desde hace treinta años existe un modelo llamado microfinan-ciación, que ayuda a mejorar la vida de cien millones de personas de bajos recursos: crece continuamente, incluso mientras lees esto. En lugar de hacer un donativo, alguien que invierta en un fondo de microfinanciación aporta un capital a una persona que posee un negocio muy pequeño, generalmente a una mujer del Tercer Mundo. Ella puede utilizar el préstamo para comprar un horno en el que hará pan para luego venderlo, o para comprar una vaca lechera y vender la leche. El tamaño promedio de los préstamos está por debajo de los doscientos dólares, y el nivel de pago supera el 95 por ciento. Los préstamos se encuentran garantizados por un grupo de microempresarios en lugar de uno solo, reduciendo así el riesgo de mora.

Este aparte se habría po-dido incluir en el capítulo de inversión, porque las insti-tuciones prestamistas de mi-crofinanciación tienen tanto ganancias financieras como sociales. Las ganancias finan-cieras están entre el uno y el cinco por ciento. Para los in-versionistas de patrimonios netos grandes, existen unos cuantos fondos de inversión que compran instituciones microfinancieras (los bancos que hacen los préstamos). Estos fondos de inversión ofrecen la posibilidad de utilidades financieras que son incluso más altas que las disponibles para quienes invierten en acciones en los países desarrollados, aunque con más riesgos e incertidumbre.

Pero mucho más importantes que las utilidades financieras son las utilidades sociales creadas por quienes invierten en el mi-crofinanciamiento. Generalmente, un préstamo de doscientos dó-lares aportará el capital para crear o ampliar un negocio que gene-

> "Esto no es caridad. Son negocios, negocios con un objetivo social que es ayudar a la gente a salir de la pobreza".
>
> —MUHAMMAD YUNUS, PREMIO NOBEL DE LA PAZ, PIONERO DEL MICROCRÉDITO Y FUNDADOR DEL BANCO GRAMEEN

rará ingresos para sostener a una familia de cinco integrantes. Lo mejor de todo es que el dinero no desaparece, sino que es pagado y prestado, una vez más, a otro microempresario, que gracias a ello podrá ser autosuficiente en materia económica.

En Abacus hemos encontrado que este es un buen complemento para la filantropía y una inversión financiera pura para nuestros clientes. Pero no creas que únicamente los ricos pueden hacer este tipo de préstamos. He visto a grupos de estudiantes y a obreros hacerles préstamos de cien dólares a microempresarios de su ciudad o del otro lado del mundo. Si deseas conocer más sobre la microfinanciación, visita mi página web: www.BrentKessel.com.

DIGAMOS QUE QUIERES DEJAR UN LEGADO

Independientemente de que sean Constructores de Imperios o no, muchas de las personas con quienes he trabajado quieren ser recordadas. Todos queremos que de alguna manera nuestras vidas tengan un significado. Sin embargo, nuestros testamentos y planes patrimoniales —los documentos que rigen los resultados tangibles de toda una vida de trabajo— suelen estar dictados por las normas sociales o por lo que nos ordena nuestra Historia Básica.

He estado en incontables reuniones con mis clientes y abogados especializados en planes patrimoniales, quienes suponen que el cliente quiere dejarles a sus hijos y nietos tanto dinero como sea posible y reducir los impuestos al máximo. Pero la planificación de lo que sucederá con nuestro dinero no debería tener ideas preconcebidas. Lo que significa que antes de comenzar a planificar, debemos identificar y luego hacer a un lado las expectativas familiares y culturales con respecto a nuestro dinero.

¿ME RECORDARÁN?

¿Sabes el nombre de alguno de tus bisabuelos? ¿Sabes algo acerca de sus vidas?

Si eres como la mayoría de las personas, tendrás problemas para responder estas preguntas. Probablemente solo tengas que remontarte a una o dos generaciones de tu familia para ver que las vidas de tus antepasados yacen en un olvido absoluto. Por importantes que hayan sido sus vidas, lo cierto es que sus deseos y sus historias básicas son completamente insignificantes en estos momentos.

La mayoría de las personas nunca se da cuenta de lo mucho que serán olvidadas después de su muerte si solo centran sus vidas en sus deseos y preferencias personales. Incluso los Constructores de Imperios, que quieren construir un gran negocio u otro legado y que sus descendientes lo mantengan, tienen una batalla muy dura. El 70 por ciento de la riqueza familiar se desvanece en dos generaciones, y el 90 por ciento en tres. Esto se debe a que la mayoría de las familias, les dejan casi todo su dinero a sus descendientes, les enseñan muy poco o nada acerca de cómo administrarlo, y no tienen consciencia del impacto que esta actitud tendrá por fuera de su familia. Con frecuencia, las historias básicas de los Constructores de Imperios se refieren a personas tan dominantes, que las generaciones posteriores se rebelan contra sus valores en lugar de adoptarlos, y más bien adoptan versiones extremas de la Estrella, del Protector o del Buscador de Placeres, lo que lleva al agotamiento de la fortuna.

Pero hay excepciones a la regla; por ejemplo, los Rockefeller, quienes han sido capaces de mantener y aumentar sus legados, y han dirigido importantes porcentajes de sus recursos hacia el bien común.

Aunque diversos factores contribuyeron a que familias como los Rockefeller mantuvieran un mayor porcentaje de sus riquezas que otras familias acaudaladas, creo que concentrarse de manera equilibrada en utilizar la riqueza (o cualquier cantidad de dinero) para el bien común, juega un papel muy importante en la preservación de esa riqueza. No creo que esto se deba a que Dios o cualquier otro poder divino recompensen de manera consistente a quienes se dedican a hacer el bien. Hay demasiados ejemplos de personas de buen corazón que han sido torturadas o asesinadas, o que han tenido vidas llenas de sufrimiento a pesar de tener una gran compasión. Sin embargo, creo que cuando nos concentramos en el bien común, no nos vemos tan consumidos ni por nuestra egolatría ni por nuestra Historia Básica, lo cual contribuye a que aumente el espectro de posibilidades.

NO ESPERES HASTA QUE MUERAS

Aunque aquellos que han dejado grandes legados filantrópicos al momento de sus muertes han hecho mucho bien, me gustaría que estuvieran vivos para sentir en carne propia todo el bien que hicieron con sus donaciones.

ESCRIBE TU PROPIO OBITUARIO

¿Qué quieres que la gente diga sobre ti dentro de dos generaciones? ¿Qué efecto esperas tener en el mundo? ¿Qué has venido a hacer a este mundo que no hayas hecho todavía? Comparte estas preguntas con tus hijos u otros seres amados.

Hacer donaciones en vida es una buena manera de disfrutarla más. Adicionalmente, la práctica filantrópica es uno de los métodos más poderosos para enseñar a los niños los principios de una administración inteligente del dinero. Cuando hayas decidido hasta qué punto vas a incorporar la filantropía a tu vida, da tanto como sea prudente antes de morir, y de esa manera podrás disfrutar de la experiencia de ver tu compasión en acción y de las relaciones personales que se crean en torno a tus donaciones.

MEDITAR EN LA AMOROSA BONDAD

El término *amorosa bondad* viene del budismo, pero he visto muchas oraciones y meditaciones similares en otras tradiciones. Esta contemplación silenciosa puede ser practicada por personas de cualquier tradición religiosa. El único requisito es que creas en tu potencial para ser compasivo con los demás.

Escoge un lugar silencioso y siéntate donde nada te distraiga o perturbe. Concéntrate en tu respiración. Habla contigo mismo mientras inhalas: "estoy inhalando", y di: "estoy exhalando" mientras exhalas. Si deseas, puedes simplificar y decir: "inhalo", "exhalo".

Desea en silencio paz y bienestar para ti, quizá diciendo: "Que sea feliz", o "que esté libre de sufrimiento". Esfuérzate en mantener una buena disposición contigo mismo y con los aspectos más negativos de tu ser. Sé tan gentil como lo serías si les estuvieras deseando felicidad y libertad de todo sufrimiento a tus seres queridos. Sin embargo, canaliza toda esa gentileza hacia ti.

Después de un momento, haz partícipe de esa gentileza a alguien cercano: a tu madre, a tu hermano, a tu cónyuge, a

➤

tu amigo o a alguien a quien apenas conoces, pero que está atravesando un momento difícil. Di: "que sea feliz"; "que tenga paz"; "que su estado mental sea plácido"; "que esté libre de todo sufrimiento".

Expande el foco de tu atención; a una familia completa o a toda una comunidad, y di en silencio: "que estén en paz"; "que estén satisfechos y felices"; "que estén libres de todo sufrimiento".

Continúa con todo un país, con todos los seres humanos del planeta y finalmente con todos los seres del universo.

A lo largo de la meditación, presta atención a los cambios que te ocurran a medida que pase el tiempo. ¿Te aburres o te distraes con facilidad cuando te ocupas de los demás, o te es fácil desviar la atención de ti mismo? ¿Cambia tu nivel de preocupación y ansiedad a medida que avanzas en la meditación? ¿En cuál fase te sientes mejor y más estimulado? Es probable que tus respuestas cambien un poco gracias a la práctica. Aprecia tu motivación para ser generoso y reconoce que quieres que esa motivación crezca en tu interior.

Emplear el dinero para expresar nuestra bondad es algo paradójico, porque nos han enseñado que mientras más demos, menos tendremos. Pero he visto que dentro de los límites razonables, dar realmente genera mucho para nosotros, y no simplemente más dinero, sino más relajación, goce, paz y libertad, lo que nos permite tener una relación más sana con el dinero. Sin importar en qué estado se encuentre la expresión de tu generosidad, te invito a poner en práctica uno o dos de los pasos descritos en este capítulo, y analiza los efectos que tengan en tu vida. Estoy casi seguro de que descubrirás que eres el afortunado beneficiario de tus actos bondadosos.

CAPÍTULO CATORCE

HAS LLEGADO

"La libertad no es un asunto del futuro.
Es un asunto del presente".

—Thich Nhat Hanh

Después de leer este libro, puedes sentirte inspirado a llevar a cabo cambios dramáticos en tu relación con el dinero. Por otro lado, podrías pensar que los cambios que necesitas son tan desalentadores que te impedirán hacer algo en particular. Aunque las dos respuestas son naturales, es muy importante que no te excedas o te quedes corto en tu esfuerzo por cambiar tu relación con el dinero. Solo tú puedes saber cuál es el esfuerzo adecuado en dicha situación. *Ahimsa* es una palabra en sánscrito que significa "no violencia". En los textos antiguos de yoga, quiere decir que no forcemos a otros ni a nosotros mismos —por medio de la violencia— a cambiar física, emocional o espiritualmente. Los buenos profesores de yoga alientan a sus estudiantes a que antes de implementar cualquier cambio, no se esfuercen por lograr una postura determinada, sino que sean conscientes de las sutilezas que hay dentro de la postura *tal como ella es*. Dentro de ese espíritu, te aliento para que prestes atención a los momentos de tu vida diaria en los que tienes dificultades con el dinero. Comprende que en lo más profundo de ti, eres bondadoso, incluso si no cambias nunca. Paradójicamente, es solo a partir de esta profunda aceptación de tu vida presente que lograrás un cambio verdadero y duradero.

Una manera en la que he visto que mis amigos y clientes se hacen daño a sí mismos es cuando dirigen toda su atención y energía a lo que está mal en términos económicos. Ejemplos de esta conducta incluyen el darse a sí mismos órdenes en un tono apropiado para niños, tales como: "¡No compres más ropa este mes!" o "¡Deja de trabajar los fines de semana: no necesitamos ese dinero extra!". Esto recuerda al padre que siempre le está diciendo a su hijo lo que no debe hacer. Como lo saben la mayoría de los padres, los niños tienden a no obedecer la orden de: "¡No!", o "No hagas eso", y lo único que hace este tipo de órdenes es reforzar las conductas que se quieren corregir. Lo que necesitamos es la capacidad de tomar decisiones financieras con menos agitación y más tranquilidad.

> "El universo se entrega a la mente que está tranquila".
>
> —Lieh Tzu,
> filósofo del
> siglo quinto

En esta sociedad moderna abrumada por inquietudes de supervivencia básica, por costos crecientes en materia de educación y salud, por miles de opciones en inversión y tentaciones materiales por todos lados, puede ser difícil para cualquiera de nosotros imaginarse una mente realmente serena. Sin embargo, la serenidad está a nuestro alcance.

La mayoría de las decisiones sobre el dinero no son más que respuestas reflejas de nuestro condicionamiento. Si hemos tenido diferentes experiencias y condicionamientos, tomaremos decisiones diferentes. Lo que he tratado de expresar en estas páginas es que sin importar su condición o su condicionamiento, hay una nueva forma de tomar decisiones que emerge de las profundidades del silencio y de la paz que todos tenemos dentro, una manera que es creativa y elegida por nosotros, y no coartada y sin elección posible.

PERMANECE SERENO

Si tienes que tomar una decisión financiera pero tu mente está intranquila, aplaza tu decisión. La ansiedad y confusión que sientes muchas veces ocultan una serie de sentimientos y creencias más profundos. Tal como dice Tsoknyi Rinpoche: "En lugar de centrarnos en los síntomas de nuestra esperanza y de nuestro temor, debemos encontrar una entrada al interior de la esperanza y del temor. De lo contrario, estaremos engañados en la creencia de que los síntomas son reales". En otras palabras, pensamos que la decisión de refinanciar un préstamo o de vender nuestra inversión nos dará la libertad o impedirá que suceda algo que tememos. Pero al atribuirle la responsabilidad al síntoma y no a la causa, lo único que hacemos es perpetuar la esperanza y el temor en el futuro, porque no hemos enfrentado el origen del problema.

Siéntate en un lugar tranquilo, sin distracciones, y averigua qué hay detrás de la decisión con la que has estado luchando. ¿Cuál te has dicho a ti mismo que será el resultado de cualquiera de las dos posibilidades? Debes entender los aspectos financieros que afectan tu decisión para poder proceder. Trata de conseguir dicha información y no aspires a tomar cartas en el asunto por el momento. ¿Cuáles son los hechos que necesitas conocer para tomar la decisión correcta?

Cualquiera que sea la dirección que decidas tomar, escribe tanto el peor escenario posible, así como el mejor.

➤

A continuación —y esta es la parte importante— indaga en tu interior para ver cómo afectará tu esencia esta decisión, en contraste con lo que sucederá con tus pensamientos y emociones. Procura saber qué cambiará en tu parte más serena si te decides por una u otra dirección. Hacer esto te dará seguramente una objetividad saludable y una serenidad interior. Utiliza esta serenidad para ver cuál será tu próximo paso según tu instinto.

Después de tomar la decisión, no te sorprendas si muchas voces críticas se hacen presentes en tu cabeza. Acabas de evaluar el mejor y el peor escenario posible por medio del prisma de tu esencia íntima, de tu alma, o como quieras referirte a la parte más inteligente y serena que hay en tu interior. Así, estarás en condiciones de responder, en lugar de reaccionar, a las oportunidades y desafíos que te ofrezca el dinero.

SER ANTES QUE HACER

Hay muchas formas de prestar atención a la esencia que anima tu existencia y, realmente, hacerlo es una búsqueda que está en el centro de casi todas las tradiciones espirituales (varias tradiciones se refieren a este aspecto como "descubrir su verdadera naturaleza", "despertar", "nacer de nuevo" o "iluminación"). Para mí, permanecer en silencio y llegar a conocer esta consciencia, esta presencia que está más allá de cualquier pensamiento o idea de "mí", ha sido mi maestro más íntimo. No se trata de adoptar ningún sistema de creencias o de describirse con un rótulo. Por el contrario, es una invitación a experimentar de manera directa nuestra propia fuerza vital, una consciencia siempre presente, sin importar lo que estemos haciendo o pensando.

"¿QUIÉN SOY?"

¿Quién respira a través de ti en estos momentos?

¿Quién está sintiendo con tu cuerpo, viendo con tus ojos, escuchando con tus oídos, sintiendo la temperatura del aire en tu piel?

Siéntate en silencio durante algunos segundos o minutos, y ten una prueba de la consciencia más básica que hay en tu interior. O al igual que muchos santos y sabios a través de la historia, puedes permanecer sentado todo el tiempo que consideres necesario.

Las expresiones naturales y fluidas de esta energía son el amor y la compasión. Por experiencia propia, sé que esta esencia trasciende los límites físicos, y que es por lo tanto afectuosa y compasiva, porque es todo y todos. No está en conflicto con la vida, ni con ningún aspecto de ella, lo que significa que no necesitas que tu Historia Básica cambie, ni estar más conectado con tu dinero: simplemente está aquí para experimentar. Cuando nuestra atención se centra en ella, sentimos una paz tremenda, una serenidad y el más poderoso sentimiento de bienestar. (Para describirla, las tradiciones espirituales del mundo han utilizado palabras como *cielo, paraíso, unidad* y la expresión "la paz que sobrepasa todo entendimiento".)

➤

Cuando la mente escucha este tipo de palabras, asume que la esencia es perezosa y que carece de motivación. "¿Si la vida parece ser tan agradable, entonces para qué levantarme a hacer algo?". He visto que la gente más centrada en este tipo de esencia del ser hace todo lo contrario. Tiene más energía y suele ser más activa que antes. Y esta actividad está en concordancia con lo que la esencia quiere expresar en el mundo. La mente piensa que la acción efectiva demanda disciplina y fuerza de voluntad. Pero, de hecho, cuando nuestra atención descansa completamente en esta presencia, el siguiente paso, sin importar su trascendencia, se convierte en algo obvio y libre de todo esfuerzo de parte nuestra.

PRESENCIA Y CONTEMPLACIÓN DE LA MUERTE

Para cultivar la consciencia de esta esencia, el escritor Ken McLeod sugiere el siguiente ejercicio:

Deja de leer un momento e imagina que morirás dentro de un minuto. Tu última experiencia habrá sido la lectura de estas páginas, sentado en esta habitación, con la ropa que llevas puesta, sintiendo y pensando lo que estás sintiendo y pensando en estos momentos. Eso es todo. Este es el fin de tu vida. No tienes tiempo para hacer nada al respecto. No tienes tiempo para escribir una nota ni para hacer una llamada telefónica. Tu vida terminó. Morirás en un minuto. Todo lo que puedes hacer es experimentar lo que está sucediendo.

➤

La belleza del ejercicio es tal que si lo haces en serio, dejarás de luchar, de desear, de lograr metas, de anhelar una mejor vida, permitiendo que todo lo demás pierda sentido.

¿Qué queda? ¿Qué es ese estado de consciencia dentro del cual careces de toda acción, pensamiento y esperanza, haciendo que ya no desees nada?

¡Con un poco de suerte, lo anterior solo fue un ejercicio y todavía estarás vivo y leyendo! Si es así, ¿aún puedes entrar en ese sitio dentro de ti que es completo y no necesitas cambiar en absoluto? En caso negativo, inténtalo de nuevo, medita o permanece en silencio. Esta parte nuestra es sublime, pero usualmente se encuentra ahogada por el parloteo continuo de nuestra mente. Pero si estamos en silencio, nos habla con un poder inconfundible y es nuestra guía más confiable.

MEJOR, IMPOSIBLE

Este libro ha explorado muchos aspectos de nuestra relación con el dinero y ha sugerido muchos métodos y formas de comprensión para que esa relación esté más de acuerdo con nuestra naturaleza espiritual. Si quedas atrapado en el aspecto superficial de dichas prácticas, puedes hacer todo el bien posible con el dinero, pero no experimentarás la verdadera libertad. Se debe a que ésta no reside en ninguno de los dos planos de la existencia, el físico y el psicológico. Cualquiera que sea tu creencia espiritual o material, cualesquiera que sean los arquetipos con los que te identificas, entre más profundices en este aspecto de tu ser —presente antes de que tuvieras un nombre o una historia, e incluso antes de que tuvieras tus primeros pensamientos— más libertad verdadera experimentarás en tu vida diaria.

Este libro se ha dedicado en gran parte a llamar la atención de la consciencia hacia las semillas internas de las acciones relacionadas con el dinero. Sufrimos cuando actuamos de manera inconsciente con respecto al dinero (o con respecto a cualquier otra cosa), porque nos estamos moviendo en contravía de lo que quiere hacer nuestra esencia o alma. Si dirigimos nuestra consciencia hacia adentro de nosotros, podremos preguntarnos: "¿Cuál es esa consciencia que está observando?". Si miramos sinceramente en nuestro interior, nos daremos cuenta de que "todo es condicionamiento. Ya no tengo por qué comportarme de esta forma ni de otra, a no ser que yo lo decida". La Historia Básica pierde todo el poder que una vez tuvo. Y nuestro comportamiento con el dinero muestra una capacidad de cambio notable, aunque gradual.

Recuerda: tu esencia no tiene ningún problema con tu Historia Básica ni con tus condicionamientos. De hecho, ve este tipo de cosas desde una perspectiva cariñosa y divertida. Nos podemos dar el lujo de divertirnos cuando estamos libres de la ilusión de que somos nuestra Historia Básica. Esa es la verdadera libertad.

Piensa en una tormenta marina, con vientos huracanados y un oleaje estrepitoso; luego piensa en la calma que hay a tan solo 30 pies bajo la superficie. La parte nuestra, a la que me refiero, se parece más a esas profundas corrientes oceánicas, libres del drama y de las tormentas de nuestra vida diaria.

Tú has llegado al punto de tomar las decisiones financieras que sostienen aquello que es más importante para tu esencia. Es algo que tiene que ver con la satisfacción de tu corazón y de tu alma, y no con la de tu ego. Esto no es el medio, sino el fin. ¿Cuáles son las mayores prioridades de tu esencia libre de ataduras? Lee la siguiente lista e identifica las cualidades más valiosas para ti.

Compasión	Fe	Simplicidad
Libertad	Creatividad	Júbilo
Plenitud	Relajación	Satisfacción
Inspiración	Generosidad	Paz

¿Qué estados son tus mayores prioridades?
¿Cuál es tu mayor potencial?
¿Cuál es tu deseo más profundo?

HAS LLEGADO

Separa un día en el que no harás nada por tu futuro y en el que no tendrás planes. Prográmalo con anterioridad en compañía de tu familia, compañeros de vivienda o de trabajo, de manera que tengas el apoyo para ser espontáneo y pasar todo el día sin planes. Podrás prescindir de todo tipo de estructuras y hacerle caso a tu corazón: te lo has ganado y tienes el derecho de disfrutar de ti mismo, de tu entorno, de tu gente, de estar compenetrado con tu cuerpo y con tu vida.

La primera vez que hice este ejercicio, me asombró ver la frecuencia con la que mi mente quería planear el futuro. Fiel a sí misma, me gritaba: "Hay muchas cosas buenas que pueden hacerse en lugar de esto. Escribir, leer, organizar el iTunes, escuchar música, jugar con los niños, hacer una siesta o ejercicio, comer, llamar a un amigo. ¡Por favor, debe haber algo para hacer! Mientras más cosas hagas, más feliz serás".

Si esa voz te dice: "Es una buena oportunidad para hacer X, Y o Z", no la escuches, a menos que hacer X, Y o Z te brinde felicidad por el solo hecho de hacerlo, y no porque la felicidad se deba al cumplimiento de una tarea. Si no disfru-

➤

tas lo que estás haciendo ese día, piensa en otra alternativa. En otras palabras, no necesitas mostrar ningún resultado al finalizar la jornada.

Si tomarte todo un día te parece difícil, comienza con una hora. Es probable que no seas capaz de hacerlo las primeras veces que lo intentes, pero dedícate a esta práctica y así podrás cultivar la experiencia de haber llegado adonde querías. Un día así es una celebración de tu vida tal como es, en lugar de una lucha por crear la vida que tu mente piensa que te hará feliz algún día.

Tener presente este aspecto mientras tomamos decisiones financieras es lo mejor que podemos hacer. El dinero es un depósito de energía vital, y cuando podemos canalizarla en la forma más benéfica para nuestra alma, se genera una alineación entre nuestra vida financiera y nuestra vida espiritual.

A esta alineación se le suma el sentimiento de tener lo suficiente. De hecho, nuestra esencia siempre tiene lo suficiente, incluso cuando el cuerpo físico siente frío, hambre o susto. Pero más que tener lo suficiente, nuestra esencia es profundamente cariñosa; está satisfecha y agradecida, y esto no surge del esfuerzo, sino de su expresión más natural. Somos libres cuando en lugar de esforzarnos en tener amor, abundancia, paz y libertad, nos esforzamos en ser amor, abundancia, paz y libertad. De hecho, cuando nos identificamos con esa parte nuestra que ya tiene suficiente, que ya ha llegado, que siente suficiencia y no escasez, los impulsos de amor y generosidad aparecerán naturalmente y sin ningún esfuerzo.

Mi más sincero deseo es que el dinero sea un maestro esencial en tu vida, que te guíe hacia un sentido perdurable de libertad y satisfacción. Nada de esto es fácil, pero sí bastante simple. La libertad y la felicidad son tus derechos de nacimiento, y sin importar cuál sea tu situación, no hay nada por fuera de tu mente que te impida disfrutar estas sensaciones.

Espero que seas feliz.

Espero que seas libre.

Que tu vida sea una expresión plena de tu espíritu único y propio, tanto en el momento actual como en el futuro.

LOS ASPECTOS PRÁCTICOS

En este libro, mi meta ha sido ayudarte a tener más paz y felicidad en tu relación con el dinero. Dicho esto, no hay que negar que una parte importante de la felicidad y la paz se encuentra en el mundo exterior de las finanzas: flujo de caja, manejo de la deuda, planes para el retiro, impuestos, seguros, plan patrimonial, consejos filantrópicos y otras cosas que comparto con mis clientes. A continuación encontrarás una guía fácil de leer, para una planeación financiera práctica de las estrategias y técnicas a las que nos hemos referido a lo largo del libro. También encontrarás una serie de tablas que resumen las características de los ocho arquetipos y que ofrecen recomendaciones prácticas y específicas para equilibrar tus impulsos en cada una de las ocho categorías. Este material te puede ayudar a proyectar aún más tus metas, independientemente del monto de tu cuenta bancaria.

A medida que leas, te invito a que recurras a la sensación de abundancia y recompensa que estás empezando a cultivar. Al abordar estos asuntos prácticos, es natural que percibas ansiedades o antiguos patrones de pensamiento. Trata estos sentimientos como oportunidades para hacer una pausa y volver a las prácticas contenidas en este libro. Notarás que las medidas que tomes cuando estés más calmado y tengas una mentalidad más saludable, serán más naturales y tendrán un impacto más duradero en tu vida.

Hemos llegado a este punto y te diriges hacia la meta de entender tu vida financiera desde el interior hacia fuera. Algunos de ustedes ya tienen un gran conocimiento práctico en asuntos financieros, mientras que otros se confunden con cualquier aspecto relacionado con el dinero. Aunque espero haberte ayudado a identificar patrones de comportamiento particulares que tienes, no existe ningún libro que le ofrezca consejos completamente personalizados a cada lector. Algunos consejos son válidos a todo nivel y por eso los incluí aquí. Si necesitas más ayuda de la que ofrezco aquí, hay muchos libros —y muy buenos— que profundizan en ciertos productos y estrategias. Por supuesto, tus asesores financieros (en caso de tenerlos) pueden haberte dado consejos que estén en conflicto con los que te he dado aquí, y pueden ser apropiados para tu situación particular. Sin embargo, lo que sigue a continuación te dará una base para hacer preguntas acertadas sobre los consejos financieros que has recibido.

ESTRATEGIAS DE INVERSIÓN "LISTAS PARA USAR"

Si quieres implementar mi aproximación del Inversionista consciente, aquí tienes algunos pasos prácticos que puedes implementar, independientemente de que seas un inversionista nuevo o experimentado. Advertencia: la vida y las necesidades financieras de cada individuo son diferentes; por lo tanto, te recomiendo consultar con un Planeador Financiero solo por tarifa® o con un consejero de inversiones registrado (consulta la página 363). Sin embargo, como estos profesionales suelen trabajar únicamente con clientes prósperos, aquellos menos acomodados se pueden ver forzados a realizar inversiones costosas, sin diversificación, e ineficientes en materia de impuestos. Para ayudarte independientemente del monto de tus activos, esta sección te ofrece algunas herramientas "listas para usar", así como muchos de los principios expuestos en este libro (o incluso todos).

Soy nuevo en esto y nunca he invertido, o tengo menos de $75.000.
La clave está en utilizar un programa automático y disciplinado. Los planes de retiro con beneficios en los impuestos son algunos de los instrumentos más poderosos para invertir. Si tu empleo te ofrece un plan de retiro 401 (k) o cualquier otro, participa hasta contribuir al máximo. La mayoría de los planes ofrecen una variedad de opciones de inversión. Haz todo lo posible para aplicar los principios expuestos en el capítulo 12, y selecciona una mezcla diversificada entre mercados domésticos, internacionales, de capitales grandes y pequeños, y acciones de valor. Es posible que solo te ofrezcan una opción de fondo de inversión indexado, quizá del tipo de activos grandes en los Estados Unidos. Si es así, toma esa alternativa, pero asegúrate de colocar dinero en otros tipos de activos, aunque tengas que trabajar con fondos de inversión que estén siendo administrados. Intenta monitorear tan atentamente como puedas los porcentajes para cada tipo de activo que aparecen en la página 270. Sin embargo, si no hay fondos de inversión para un tipo de activo en particular, coloca el dinero correspondiente en el tipo de activo más parecido. Por ejemplo; si no hay un fondo de inversión disponible para acciones internacionales de baja capitalización, opta por acciones internacionales; si no hay oferta para fondos de inversión de acciones de pequeño valor en los Estados Unidos, adquiere acciones de baja capitalización en los Estados Unidos.

Si tienes inversiones destinadas a tu plan de retiro, puedes utilizarlas para completar cualquier déficit en la diversificación. En términos generales, es más importante que tu portafolio esté diversificado entre todos los tipos de activos, a que cada cuenta individual esté diversificada. Para estar seguro de que sea así, primero deberás determinar qué porcentaje de tu portafolio está representado por bonos, de acuerdo con la información de las páginas 283 a 285. Dependiendo de tus preferencias, escoge uno de los siguientes:

Prefiero una compañía de fondos de inversión con un nombre reconocido.

Llama a Vanguard al (877) 662–7447 o consulta la página www.vanguard.com y compra uno de sus fondos de inversión llamados LifeStrategy. Estos fondos tienen un mínimo de inversión de $3.000, no están monitoreados socialmente y vienen con cuatro colocaciones de bonos de tamaños diferentes:

Nombre del fondo	% en bonos	Símbolo indicativo*
Vanguard® LifeStrategy® Income Fund	80%	VASIX
Vanguard® LifeStrategy® Conservative Growth Fund	60%	VSCGX
Vanguard® LifeStrategy® Moderate Growth Fund	40%	VSMGX
Vanguard® LifeStrategy® Growth Fund	20%	VASGX

Si el monitoreo social es importante para ti y estás dispuesto a renunciar a la diversificación de activos por tipo descrita con anterioridad, puedes invertir en el Vanguard FTSE Social Index Fund (VFTSX), pero es probable que la inversión sea más arriesgada y que tu tasa de utilidades a largo plazo sea menor.

Si tienes entre $30.000 y $75.000 para colocar en acciones y propiedad inmobiliaria y, más específicamente, si deseas invertir en fondos monitoreados socialmente, divide la parte libre de bonos del Vanguard como sigue:

Nombre del fondo	Indicativo	Colocación
FTSE Social Index Fund	VFTSX	20%
Value Index Fund	VIVAX	20%
Small-Cap Index Fund	NAESX	10%
Small-Cap Value Index Fund	VISVX	10%
REIT Index Fund	VGSIX	15%
Total International Index Fund	VGTSX	15%
Emerging Markets Index Fund	VEIEX	10%

Prefiero un poco más de personalización y reasignación automática.

Llama a TD Ameritrade al (800) 858-9775 o visítalos en www.TDAmeritrade.com y abre una cuenta Amerivest. Ellos te harán una prueba escrita, pero si tu objetivos están dentro de los tiempos mencionados en la página 283 y la colocación que tienen en bonos es diferente, puedes hacer caso omiso de la prueba e insistir en mi colocación de bonos. En el momento de escribir estas palabras, Amerivest no ofrece portafolios monitoreados socialmente. Sin embargo, utiliza fondos negociables en el mercado, que son pasivos como un fondo indexado, y combinan tipos de activos que no se mueven al unísono unos con otros, y que también son de bajo costo y eficientes en impuestos.

Tengo más de $75.000 para invertir.

El consejo de maximizar las cuentas de retiro sirve para todos los inversionistas sin importar el monto de sus portafolios; por lo tanto, lee el primer párrafo de la sección anterior. Con los activos remanentes, puedes invertir bien, sea en Vanguard o en Amerivest, tal como lo describí anteriormente. Si prefieres tener una relación más personal con un asesor, visita la página www.dfaus.com/find_advisor/ donde encontrarás una lista de asesores solo por tarifa registrados en inversiones, que solo trabajan con portafolios pasivos diversificados por tipo de activos (aunque muchos no utilizan el monitoreo social). También puedes visitar la página www.napfa.org/consumer/planners/ donde encontrarás una lista de planeadores financieros solo por tarifa® competentes, algunos de los cuales usan indexados pasivos (algo que considero bueno), una selección de acciones activas (algo que considero malo) y un poco de monitoreo social. También te invito a que visites mi sitio en la red (www.BrentKessel.com) o que llames al 888-422-2287 para ver si alguno de los servicios de mi compañía es apropiado para ti, pues contienen los principios de inversión expuestos en este libro.

Tengo más de $1 millón para invertir.

A medida que aumente el valor de tus activos para inversión, tendrás alternativas más interesantes tales como monitoreo social, estrategias individuales de acciones administradas pasivamente e inversiones alternativas con utilidades financieras y sociales excepcionales.

Puedes buscar una relación personal de administración de riqueza utilizando cualquiera de las páginas web mencionadas anteriormente; o también puedes contactarnos en www.BrentKessel.com, o llamarnos al 888-422-2287 para averiguar si nuestros servicios son apropiados para ti, o si existe alguna compañía en tu ciudad a la cual te podamos remitir.

FLUJO DE DINERO EN EFECTIVO

Si tuviera que adivinar, diría que el 70 por ciento de los adultos no podrían decir con un 10 por ciento de aproximación cuáles son sus gastos mensuales promedio. La mayoría de nosotros utilizamos nuestra inteligencia y fortaleza física —lo que podría llamarse nuestra "energía vital"— para ganar dinero. Así pues, el flujo de efectivo es el gasto de esta energía vital. Y por esta razón, es muy importante saber dónde la estás gastando, para poder hacer cambios en caso de que tus prioridades no se vean reflejadas en tu gasto. También te será muy difícil mantenerte libre de deudas, ahorrar para los objetivos más importantes o comprometerte con un programa filantrópico si no conoces el monto de tus gastos.

El truco consiste en hacer que la observación de lo que ganas y gastas sea fácil y simple de entender. La manera más precisa de hacerlo es utilizando un programa de finanzas personales, tal como Quicken o Microsoft Money. Dichos programas te permiten pagar tus cuentas en línea y saber de una forma sencilla cómo estás gastando tu dinero (Si no te gustan las computadoras, puedes pagarle a alguien o hacer trueque con algún amigo. Pero ten en cuenta que tú y solo tú debes tener la firma y el poder para hacer retiros de tus cuentas). Un método más simple consiste en utilizar una calculadora de presupuesto en línea (consulta Recursos en la página 284).

Bien sea que utilices un programa o no, mantén cuentas separadas para tus negocios y tu flujo de efectivo personal. Esto facilitará rastrear tus gastos y la declaración de impuestos. No mezcles tus cuentas de ahorros, de inversión y de gastos personales. Destina una cuenta solo para pagar facturas. De esta manera, siempre podrás controlar tus retiros y saber cuánto estás gastando. Consigna de manera automática en esta cuenta aquellos pagos que sean frecuentes.

Si tienes deudas que no tengas que pagar periódicamente (menos de una vez por mes) y que lo puedan tomar por sorpresa (impuestos, vacaciones u obligaciones anuales), establece una transferencia automática mensual a una cuenta separada. Haz una lista de todas las cuentas significativas en las que gastes dinero esporádicamente. Luego calcula cuánto gastas en ellas durante el año. Totaliza y divide entre doce; el resultado será la cantidad que debes transferir mensualmente a tu cuenta bancaria de grandes facturas (la calculadora de presupuesto que mencioné anteriormente establecerá esta cantidad por ti).

Si recibes grandes cantidades de efectivo de manera irregular (regalos de tus padres, comisiones o cualquier otro tipo de ingresos), mantén ese dinero en una cuenta de ahorros o en otra cuenta diferente a la que tengas destinada para tus gastos regulares, y establece una transferencia automática mensual a tu cuenta de gastos regulares por una cantidad que cubra dichos gastos.

Aunque todo esto pueda parecerte un poco complicado, cuando organices tus cosas te darás cuenta de que es la manera más simple de saber si estás gastando más o menos de lo que crees. Si estás gastando más, y vivir de tus recursos es un objetivo importante para ti, necesitarás hacer ajustes en tu estilo de vida (consulta los ejercicios de las páginas 27, 91 y 158). Si por el contrario descubres que estás gastando menos de lo que recibes, intenta identificar cuál uso de ese excedente te produce una satisfacción más duradera.

ADMINISTRACIÓN DE DEUDAS E HIPOTECAS

Si estar endeudado es algo normal para ti, no tendrás libertad financiera a menos que sepas cuánto ganas y cuánto gastas. Una vez logrado lo anterior, podrás elaborar un plan para saldar tu deuda. No acumules tus deudas en una sola tarjeta de crédito ni adquieras una línea de crédito sobre tu vivienda hasta no haber establecido tu flujo de efectivo. A fin de pagar una deuda, tienes que saber las cantidades exactas, así podrás hacer transferencias de manera metódica y automática a tu cuenta de pagos.

Cuando hayas hecho cuentas, y si tu crédito lo permite, consolida tus deudas dentro de la opción con la tasa más baja de interés que puedas encontrar. Si no puedes consolidarlas, no caigas en la tentación de pagar primero la más pequeña. Es mejor pagar primero la deuda con la *mayor tasa de interés*. Mientras tanto, puedes ir haciendo los pagos mínimos de tus otras deudas. Cuando saldes la más grande, repite el proceso con la segunda más alta. Es muy importante que nunca utilices una tarjeta de crédito que estés tratando de pagar, pues no sabrás si estás avanzando en el pago de la deuda, y tampoco tendrás ninguna motivación psicológica. Utiliza una tarjeta de débito o una nueva tarjeta de crédito que pagues todos los meses, pero si tu problema es crónico, utiliza solo dinero en efectivo o giros postales y contacta a los Servicios de Consejería para Crédito al Consumidor. En la sección de Recursos de este Apéndice encontrarás más información.

Recuerda siempre que los créditos (hasta $1 millón) respaldados por tu vivienda casi siempre son deducibles de los impuestos, haciendo que la tasa efectiva de interés sea más baja de lo que parece. Considera el siguiente ejemplo:

	Tarjeta de crédito	Hipoteca
1) Cantidad del préstamo	$25,000	$25,000
2) Tasa de interés	8%	10%
3) Costo mensual del interés	$167	$208
4) Nivel de impuestos	30%	30%
5) Deducción de impuestos	No aplica	$63
sobre la hipoteca (#4 × #3)	N/A	$63
6) Costo neto del interés (#3 - #5)	$167	$145
7) Tasa de interés neta (#6 × 12 ÷ #1)	8%	7%

Lo anterior significa que hacer préstamos sobre tu propiedad para liquidar deudas con intereses más elevados que no ofrecen deducción de impuestos es una buena táctica en términos generales. Sin embargo, si estás tratando de saldar deudas, no adquieras una línea de crédito que pueda aumentar en el futuro sobre tu patrimonio. Más bien, adquiere un préstamo del tipo "una sola vez sobre tu patrimonio" con cuotas fijas que puedas incluir dentro de tu presupuesto. La mayoría de los grandes bancos los ofrecen, con costos de cierre muy pequeños y con tasas de interés muy competitivas.

Muchas personas creen que estarán más seguras en términos financieros si liquidan sus hipotecas, razón por la cual se han popularizado los programas que cobran varios cientos de dólares al año simplemente por hacer que sus pagos mensuales sean quincenales, dando como resultado que su préstamo a treinta años sea saldado en veintiuno. Lo que no dicen quienes venden o proponen estos planes es que al pagar la mitad de la cuota mensual cada dos semanas, estás haciendo 26 pagos al año, lo que equivale a pagar 13 cuotas mensuales en lugar de las doce que pagarías normalmente. Esa cuota extra es la que básicamente acelera la liquidación del préstamo. En otras palabras, si tienes la disciplina —o, mejor aún, si haces esos pagos de manera automática con tu cuenta corriente y en concordancia con tu sociedad hipotecaria— puedes obtener casi el mismo resultado (pagar la hipoteca en veintiún años en lugar de treinta y evitar el exceso de interés), al mismo tiempo que te ahorras varios cientos de dólares al año por concepto de honorarios. Si saldar esa deuda es importante para ti pero no puedes hacer los pagos automáticamente, no lo dudes y toma un programa de este tipo.

Sin embargo, la mejor manera de determinar si estarás en una mejor situación financiera es acelerar la liquidación de tu hipoteca; consiste en comparar el costo después de impuestos del préstamo con la tasa de utilidades después de impuestos que tengan tus otras inversiones. El desafío está en que es difícil saber con exactitud cuál será la ganancia de tus inversiones. Cuando estés decidiendo si vas a liquidar o no una hipoteca, calcula primero el costo que tenga esta después de impuestos, utilizando el mismo procedimiento que empleamos en la tabla anterior.

Hipoteca

1) Tamaño del préstamo	$25.000
2) Tasa de interés	10%
3) Costo mensual del interés	$208
4) Nivel de impuestos	30%
5) Deducción de impuestos (#4 x #3)	$63
6) Costo de intereses (#3 - #5)	$145
7) Tasa de intereses después de impuestos (#6 x 12 ÷#1)	7%

Luego pregúntate: "¿Puedo hacer una inversión que me garantice utilidades después de impuestos que sean superiores al resultado de la línea 7?". Si la respuesta es "sí", no deberías acelerar el pago de tu hipoteca.

Otra manera de abordar esta situación es ver si es probable que otras inversiones tengan ganancias después de impuestos que sean mayores a la tasa de interés que tenga tu hipoteca mientras la pagues (quince o treinta años generalmente). Por lo tanto, en lugar de saldar la hipoteca o de mantener una propiedad libre de deudas, estarás mejor si pides prestado a una tasa de interés más baja e inviertes con una más alta. Si esto te asusta, recuerda que en el mercado de las acciones nunca se ha presentado un período de quince años (o más) que haya dado pérdidas. Mientras más largo sea el plazo de la inversión, más seguras son las acciones y las propiedades inmobiliarias, y menos seguros serán los bonos (debido a la inflación). Cuando hacemos cálculos de planificación financiera para nuestros clientes, asumimos que un portafolio pasivo globalmente diversificado y sin bonos, debería ganar el 8 por ciento después de impuestos. Es un cálculo bastante conservador, ya que en los últimos treinta años este tipo de portafolio ha tenido ganancias promedio que se ubican alrededor del 14 o 16 por ciento. Por esta razón, si el costo después de impuestos de tu hipoteca es menor que el dividendo que piensas obtener de tu portafolio, no te apresures a liquidar tu hipoteca de manera acelerada. El dinero que se gasta saldando la hipoteca estaría mejor invertido en el mercado de acciones (Si este consejo realmente te produce una gran ansiedad y no te reportará utilidades financieras necesariamente, desiste entonces de esta idea).

PLANEACIÓN DEL RETIRO

En la actualidad, la manera más segura de planear el retiro es conseguir un empleo que te guste tanto que no quieras retirarte de él. Gracias a los avances en la tecnología y la medicina, muchas personas vivirán mucho más de lo esperado. Algunos médicos con los que he hablado creen que para el año 2020, aquellos que disfruten de una buena salud, tengan un seguro médico y sean menores de setenta años, superarán los ciento treinta años de edad. Esto supone casi el doble de las expectativas de vida actuales. A excepción de las personas más acaudaladas, al resto de la población le será imposible pagar seis décadas de gastos con unos ingresos totalmente pasivos. Adicionalmente, serán muy pocas las personas que puedan trabajar durante ese período de sus vidas. La mayoría de los jubilados a quienes asesoro realmente quieren hacer una contribución a la sociedad, bien sea a través de un trabajo de medio tiempo, prestando servicio voluntario, cuidando niños o realizando otra labor. Comienza a planear desde ya cuál será tu contribución, independientemente de que te paguen por ella o no, y tengas en cuenta tu planificación financiera.

Muchos asesores financieros siguen elaborando planes de retiro con la misma tasa de dividendos para todos los años. Sin embargo, esto no es realista. Al contrario, la mejor práctica en la industria de la planeación financiera es lo que se conoce como análisis Monte Carlo, en donde las tasas de dividendos se asignan de manera aleatoria alrededor de un promedio. El planeador financiero puede ofrecerte miles de posibilidades a partir de tus niveles de ingresos, gastos y activos; cada uno con diferentes tasas de dividendos. Así, él o ella podrán calcular las probabilidades de que tengas buenos resultados en el futuro, dependiendo de las decisiones que tomes en tu vida. Por ejemplo, si continúas en un empleo que te disgusta y te retiras dentro de diez años, verás que tienes una probabilidad del 75 por ciento de no quedarte sin dinero. En cambio, si trabajas por ejemplo veinte años como consultor independiente (algo que realmente te agrada), ganas el 60 por ciento de tu sueldo actual, donas el 15 por ciento de tu ingreso anual a obras de caridad de tu elección y reduces tus gastos en un 10 por ciento cuando tengas ochenta años, las posibilidades de que nunca te quedes sin dinero serán del 92 por ciento. Si se utiliza correctamente por un profesional competente, este análisis te ofrecerá una respuesta más sólida que las obtenidas con otros métodos, los cuales calculan una tasa fija de dividendos (Advertencia: es fácil malinterpretar y abusar de este tipo de análisis. Estos estudios ilustran simplemente los riesgos que existen y las medidas que pueden tomarse para reducirlos, pero en ningún caso garantizan resultados).

Como sugerí anteriormente, aprovecha al máximo el 401 (k) ofrecido por tu empleador, siempre y cuando esté disponible, ya que es como si el gobierno de los Estados Unidos te otorgara un préstamo sin intereses. Esto se debe a que el Tío Sam te permite mantener e invertir la parte de tu salario con la que habrías pagado impuestos si no la hubieras incluido en tu plan de retiro. Si tu empleador contribuye tanto como tú, optar por esta alternativa te dará una mayor cantidad de beneficios, pues la tasa efectiva de dividendos en esta inversión es astronómica. Casi todo el mundo subestima el poder de estas alternativas (401 (k)s, 403Bs, IRAs, SEP-IRAs, y los planes de ganancias compartidas), independientemente de que tu empleador contribuya tanto como tú.

Por último, si tienes más de cuarenta años, posees tu propio negocio y ganas por lo menos un 25 por ciento más de lo que necesitas para vivir, podrías obtener algo que se conoce como plan de pensión con beneficio definido. Aunque las grandes corporaciones han ido eliminando este tipo de planes, puede ser un instrumento de ahorro muy interesante, pues no impone a las contribuciones los límites que tienen los demás planes de retiro (típicamente, 25 por ciento de compensación o un límite en dólares, $45.000 en 2007). Algunos de mis clientes han contribuido anualmente con cifras de seis dígitos deducibles de impuestos, ¡y dicha contribución representa el 75 por ciento de sus ingresos! Al igual que en otros planes para trabajadores independientes, puedes invertir los activos del plan en acciones, bonos e incluso en propiedad inmobiliaria y escrituras de fideicomiso, siempre y cuando el administrador del plan permita estos tipos de inversión (Si tienes empleados, debes contribuir a las cuentas de ellos dependiendo de sus edades, años de servicio y nivel de salario. Muchos empleados valoran mucho estas contribuciones una vez que las entienden).

IMPUESTOS

Las contribuciones al plan de retiro descritas con anterioridad, se encuentran entre las mejores alternativas para reducir impuestos. Contribuir a obras de caridad es otra opción acertada. Como ya lo mencioné, muchas personas no tienen en cuenta los impuestos cuando comparan las tasas de dividendos de los depósitos bancarios y los certificados de depósito con otras opciones. Los ingresos provenientes de intereses (a excepción de los bonos municipales libres de impuestos) son gravados como un ingreso ordinario, lo que significa que dependiendo del estado donde vivas y de tus otros ingresos, podrías estar pagando alrededor del 40 por ciento en impuestos sobre los intereses que recibas de tus certificados de depósito. Los impuestos sobre las ganancias del capital, calculados contra cualquier tipo de activo que se haya valorizado, bien sea una propiedad inmobiliaria, una acción, un fondo de inversión o un bono, actualmente son del 15 por ciento a nivel federal, por lo que la tasa de impuestos es casi la mitad de la tasa ordinaria para la mayoría de los contribuyentes. Asimismo, no tienes que pagar impuestos hasta que no obtengas las ganancias de aquellos activos que se hayan valorizado como acciones y propiedades inmobiliarias (por ejemplo, cuando vendes este activo), lo que te brinda un beneficio financiero adicional al aplazamiento del impuesto.

Finalmente, te sugiero que no hagas tu propia declaración de renta. Casi todas las personas que conozco — yo incluido—, y que alguna vez hicieron sus declaraciones de renta pero luego contrataron a un profesional, se ahorraron dinero (y disgustos). Si realmente te gusta hacer tu propia declaración de impuestos y estás seguro de que estás maximizando todas las deducciones a las que tiene derecho, síguelo haciendo. En caso contrario, te recomiendo que contrates a alguien e inviertas tu tiempo y energías en algo que disfrutes de verdad.

ANUALIDADES

Las anualidades o rentas vitalicias son instrumentos de inversión que no están gravados en su crecimiento o intereses hasta que retires el dinero. Por lo general, son ofrecidas por grandes compañías de seguros. Existen dos clases: anualidades fijas que ofrecen una tasa de interés similar a la de una cuenta bancaria y anualidades variables, que le permiten invertir en acciones, bonos y fondos de inversión en propiedad inmobiliaria. En mi opinión, las anualidades solo deben utilizarse como medio de ahorro después de que hayas maximizado todas las otras opciones disponibles para tu plan de retiro (incluyendo la posibilidad de cambiarse a un 401 (k) o a un plan de pensión de beneficio definido si eres un trabajador independiente). Aun así, pocas veces te reportarán beneficios. Si tienes uno de los mayores niveles de impuestos y estás considerando la posibilidad de adquirir una anualidad variable, asegúrate de que esta no tenga cargos adelantados o diferidos. Esta anualidad tiene una relación anual de gastos muy baja (inferior al 0,50 por ciento por concepto de todos los gastos administrativos), y te da acceso a opciones de inversión que sean buenas, pasivas y de bajo costo. Si te decides por una anualidad fija con una tasa uniforme de interés, compara esa tasa con las que tengan bonos corporativos de una calidad similar. De todos modos, recuerda que la anualidad tiene el beneficio de diferir los impuestos hasta el momento en que retires el dinero. Ninguno de los dos tipos de anualidades debería cobrarte por renuncia (una sanción impuesta por retirar tu dinero antes de tiempo, generalmente en menos de siete años).

Las anualidades indexadas son una mezcla de anualidades fijas y variables, y ofrecen una participación limitada en un mercado de acciones indexado (como el S&P 500) con inconvenientes limitados (Básicamente, las anualidades indexadas prometen que si mantienes la inversión por un número mínimo de años —generalmente de cinco a siete— no perderás capital). Aunque aparentan ofrecer lo mejor de las otras dos anualidades —dividendos del mercado de acciones sin riesgo—, son mucho mejor negocio para las compañías de seguros que para ti. Esto se debe a que los mercados casi nunca pierden dinero en estos períodos, y pagarás un precio muy alto por obtener lo que definitivamente creo que es una protección innecesaria. Por ejemplo, una anualidad indexada que analicé recientemente, solo le reportaría a la cuenta de su propietario hasta un 15 por ciento en cualquier año. Entre 1926 y 2005, el S&P 500 subió más del 15 por ciento en treinta y nueve de los ochenta años. Si hacemos a un lado todos los años en que el desempeño fue superior al 15 por ciento en este período, y también en los que se registraron pérdidas, tenemos que una inversión inicial de $1.000 habría aumentado a $1.663,337 en ochenta años, mientras que solo habría aumentado a $333,079 en una anualidad indexada. Personalmente creo que este es un precio demasiado alto por una protección tan relativamente baja.

Pero las anualidades son buenas para ciertos propósitos. Una forma en que me gusta utilizarlas es para crear una corriente de flujo de efectivo de por vida. Por ejemplo: tengo un cliente de más de setenta años que quería depositar una parte de sus activos en un fondo de caridad. Sin embargo, le preocupaba que él y su esposa se quedaran sin dinero suficiente para vivir si los mercados de acciones y propiedad raíz se desplomaban. Reciben $1.780 mensuales por concepto de Seguridad Social, pero sus gastos ascienden a $6.000. Fuimos a una compañía de seguros y preguntamos cuánto tendríamos que pagar en una sola cuota (conocida como prima sencilla en el mundo de los seguros) para asegurarle a la pareja un ingreso mensual de $4.220 que se incrementara al ritmo de la inflación hasta que el segundo de ellos muriera. La respuesta fue $1 millón. Cuando analicé los números, descubrí que si el segundo de ellos moría a los noventa años, sus ingresos mensuales equivaldrían a dividendos garantizados del 6 por ciento. Si el segundo de ellos viviera más allá de los noventa, los pagos continuarían y la tasa de dividendos sería mayor. En cambio, si el segundo de ellos muriera antes de los noventa años, el dividendo sería menor. Por estas razones, las anualidades fijas son mejores para personas con expectativas de vida más altas que el promedio actual. Deberías tener cuidado y adquirir servicios solo en compañías prestigiosas, pues si te llegara a suceder algo, la compra de tu anualidad terminaría siendo una decisión financiera bastante mala.

SEGUROS

Los seguros tienen implicaciones emocionales, pues muchas veces nos hacen preguntarnos: "¿Qué pasará si las cosas salen mal?". Y esto es algo que muchas personas no quieren afrontar, mientras que otras se obsesionan con esto. Pero piensa solo por un momento en lo que sucedería con el nivel de vida de tu familia si murieras y tu cónyuge e hijos tuvieran que valerse por sus propios medios, utilizando los activos que la familia tiene en la actualidad. ¿O qué podría suceder si sufres una incapacidad que no te permita trabajar? ¿Dónde vivirían? ¿Qué gastos tendrías que suprimir? Todas estas preguntas son de gran importancia, porque el mejor presupuesto, inversión y planificación de impuestos del mundo no te servirá de mucho si no has tenido en cuenta la posibilidad de que suceda algún tipo de calamidad.

SEGURO DE VIDA. Debería adquirirse en casi todos los casos para cubrir las necesidades de todas las personas que dependan económicamente de ti. Hay muchos agentes de seguros confiables con los que puedes adquirir un seguro. Sin embargo, creo en la reducción de conflictos cada vez que sea posible, lo que en este caso significa contar con una persona que no reciba beneficios financieros por tu compra para que te ayude a calcular tus necesidades al respecto (lo ideal es que no fuera un agente de seguros). Cualquier Planeador Financiero Certificado o contador podrían ayudarte; también hay calculadoras útiles en Internet.

Puedes comprar tu seguro a través de un agente especializado después de evaluar tus necesidades. Compra seguros temporales con primas fijas para aquellos que dependan de ti (conocidas en el mundo de los seguros como primas niveladas a término fijo), por un período igual al que tus beneficiarios dependerán de ti en términos financieros. Por ejemplo: si tu hijo menor tiene doce años y dependerá de ti hasta los veinticinco años, un seguro temporal con prima fija por trece años será suficiente.

Lo que voy a sugerirte podría parecerte polémico y existen algunas excepciones. Pero la mayoría de las veces, los seguros de vida no deben utilizarse como un medio de inversión. Si inviertes de una manera realmente diversificada y eficiente en materia de impuestos, es probable que los ahorros en los costos y las ventajas en el rendimiento de tu inversión sean mayores que los beneficios del aplazamiento de impuestos ofrecidos por una póliza permanente de seguros (conocida también como seguro de vida variable o seguro de vida universal, que combina los beneficios de ahorro del aplazamiento de impuestos de una anualidad con la cobertura de seguro ofrecida por un seguro temporal). Si decides comprar un seguro de vida permanente, busca un asegurador con bajos cargos o libre de ellos en Internet (Un cargo es la comisión que se cobra por adelantado o al final, y es deducido de la prima).

SEGURO DE INVALIDEZ. En muchos aspectos es más importante que un seguro de vida. Por ejemplo: a los cuarenta años, tienes una probabilidad tres veces mayor de sufrir una incapacidad (no necesariamente de por vida) que de morir. Aunque esta probabilidad disminuye con la edad, la duración promedio de la discapacidad aumentará.

Asegúrate de tomar cualquier seguro de invalidez que te ofrezca tu empleador, pues será la opción más económica (Sin embargo, si alguna vez necesitas recurrir a los beneficios, serán gravados al igual que tu salario). Con mucha frecuencia, los seguros de invalidez ofrecidos por los empleadores no cubren adecuadamente tu salario real y no están sujetos a la inflación cuando te retires. Si tienes un seguro como este y tus otros activos no te alcanzan para cubrir tus gastos, deberías comprar un seguro privado de invalidez. Adicionalmente, muchos seguros de invalidez ofrecidos por los empleadores solo cubren a los empleados hasta los sesenta y cinco años de edad. Pero si has estado incapacitado por un cierto número de años, no habrás contribuido a tu plan de retiro, y el seguro de invalidez de tu empleador desaparecerá en el momento en que necesites tu jubilación. Así como sucede con los seguros de vida, deberías consultar con un profesional para que analice tus necesidades antes de comprar una póliza.

SEGURO CONTRA TERCEROS. Es un seguro fundamental, aunque subutilizado. Supongamos que tienes una casa de $800.000 en California, un plan de pensiones (IRA) por el valor de $250.000 y otras inversiones por el valor de $400.000, para un total neto de $1.450.000. Una noche, te tomas tres martinis durante la cena y más tarde atropellas a un banquero de inversiones mientras conduces a casa, causándole la muerte. El jurado les concede $3 millones a los hijos del banquero. En California, las exoneraciones para propietarios de vivienda son muy limitadas (la parte de tu propiedad que te permitirán mantener aunque todos tus activos hayan pasado a tus deudores) y lo perderás virtualmente todo. Me puedes decir: "Nunca conduzco ebrio". No obstante, esa no es la única causa por la que puedes ser demandado. Es posible que vivas en una ciudad donde muchas personas conducen autos importados de $80.000, y si chocas a uno por detrás y otros cuatro vehículos que van detrás terminan involucrados en el accidente, podrían demandarte por muchas causas.

Estoy hablando de posibilidades desastrosas, pero existe una manera muy económica de protegerse. Por unos cuantos cientos de dólares al año, puedes comprar un seguro tipo sombrilla contra terceros. Generalmente, lo puedes adquirir con el mismo agente que te vendió el seguro de tu auto o de tu casa, e incluye cláusulas que no figuran en otros seguros. Es posible que no tengas que comprar este tipo de seguro si no tienes activos que quieras proteger, pero podrías terminar en la bancarrota en caso de ser demandado penalmente. Es importante aclarar que un seguro contra terceros tipo sombrilla que cubra tu patrimonio neto, podría ser insuficiente. Si la indemnización decretada por el jurado supera el límite de la póliza, el seguro pagará hasta ese límite, pero tendrás que pagar todo lo demás con tus activos. Por ello, les aconsejamos a nuestros clientes que compren el seguro contra terceros más completo que puedan pagar.

SEGURO PARA PROPIETARIOS DE VIVIENDA. La mayoría de los propietarios no tienen un seguro que cubra el valor para reemplazar su antigua casa. Los precios de la construcción han subido tanto en los últimos años que, en muchos vecindarios, el costo de reemplazar una vivienda suburbana unifamiliar sin ningún acabado de lujo, ha subido hasta los $300 por pie cuadrado. La mayoría de las pólizas suscritas durante los últimos años cubren entre $150 y $200 por pie cuadrado. Habla con un constructor confiable, y si quieres una segunda opinión, consulta con tu agente de seguros para saber si estás en capacidad de reemplazar tu vivienda. Posteriormente puedes actualizar tu póliza.

SEGURO PARA ARRENDATARIOS. La mayoría de los arrendatarios deberían tener este seguro. Cubre robos a la propiedad personal (ocurrido en la residencia o fuera de ella) y también ofrece cierto nivel de cobertura a terceros. Pocos arrendatarios se toman la molestia de comprar uno. Generalmente, puede adquirirse con el corredor de seguros de tu auto.

SEGURO PARA AUTOS. Asegúrate de tener una cobertura adecuada no solo para el valor de tu auto, sino también para el de los autos con los cuales pudieras verte implicado en un accidente. Es necesario también que puedas pagar el deducible si tu auto sufre daños.

SEGURO DE ASISTENCIA MÉDICA A LARGO PLAZO. Las personas mayores de sesenta y cinco años tienen un 40 por ciento de probabilidades de ingresar a un hogar de ancianos. El diez por ciento permanecerá allí por más de cinco años. Los seguros LTC (por su sigla en inglés) cubren el costo de una enfermedad prolongada, bien sea en un hogar de ancianos o en su propia casa, tal como lo hacen muchas pólizas. Este seguro es sumamente útil e importante para aquellas parejas cuyos activos e ingresos sean (o serán) justo lo que necesitan para cubrir sus gastos mancomunados, o para una pareja que quiera dejar su casa a sus herederos, independientemente de sus problemas de salud, o de que tengan suficientes activos para cubrir sus gastos y costos de asistencia médica en un hogar de ancianos. Por ejemplo: digamos que una pareja tiene un total de $475.000 en inversiones y una casa que vale $300.000, con un saldo hipotecario de $50.000. Cubren sus gastos de $35.000 al año con lo que reciben de la Seguridad Social y por retiros de sus inversiones. Si uno de ellos sufriera una enfermedad prolongada y tenemos en cuenta que el costo promedio de atención médica fue de $40.000 en 2006 (cifra que podría ser el doble en algunas regiones), es probable que se vieran obligados a vender la casa y seguramente sus activos se verían diezmados en unos treinta años. Un seguro LTC los protegería de esta eventualidad.

Si compras un seguro LTC, las mejores pólizas son:

- Expedidas por una compañía calificada con A- por A.M. Best o una calificación más alta, teniendo en

cuenta que nunca le haya aumentado las primas
a ningún grupo de asegurados (A.M. Best es una
agencia que califica compañías de seguros).

- Calificadas en impuestos, lo que quiere decir que
puedes deducir las primas si estas exceden el 7,5 por
ciento de tu ingreso neto ajustado (se encuentra al final
de la Forma 1040 de la declaración de renta federal).

- Las que tienen beneficios que aumentan con el nivel
de la inflación.

- Y que sean de renovación garantizada, lo que significa
que mientras pagues tus primas a tiempo, la póliza no
puede cancelarse.

Al igual que con cualquier otro tipo de seguro, pide varias
cotizaciones y compara los costos y beneficios de cada una.

PLANEACIÓN INMOBILIARIA

Si solo vas a aplicar una de las lecciones aprendidas en esta sección, que sea entonces la preparación y firma de un testamento
(y posiblemente de otros documentos) que responda a tus deseos.
Morirás algún día. Es posible que varios de tus seres queridos
te sobrevivan. ¿Preferirías que las cosas fueran fáciles o difíciles
para ellos después de tu muerte? Como dije anteriormente, si no
lo decides, el gobierno lo hará por ti.

Advertencia: no soy abogado, pero se requiere de uno para
hacer una planeación patrimonial; por lo tanto, deberías discu-
tirlo con un abogado especializado en este campo.

La planeación patrimonial raramente es irrevocable. Puedes cambiar un testamento, un fideicomiso o un poder nota-
rial mientras estás vivo y no hayas sufrido ninguna incapacidad. Simplemente deja un documento firmado, pues todo

lo que decidas reflejará mejor tus deseos de lo que lo haría el gobierno.

Si solo tienes un testamento, debes consultar si necesitas o no otros documentos. Un fideicomiso en vida revocable es una opción mucho mejor que tener solo un testamento. Así podrás mantener tus asuntos en privado, evitando costos y retrasos en los trámites posteriores a tu muerte. Los poderes notariales para cuidados médicos y decisiones financieras que se hagan efectivos al momento de tu incapacidad también son muy importantes, independientemente de tu patrimonio financiero.

No estoy diciendo que utilices la planeación patrimonial para controlar a tus seres queridos. Si no los has educado para que compartan tus valores financieros, probablemente sea muy tarde. Hay excepciones a esta regla, como por ejemplo los hijos con alguna adicción o necesidades especiales. En estos casos, recibir grandes sumas de dinero puede causar mucho daño, y es mejor que estas personas las reciban en pequeñas cantidades. Si son menores de edad, trata de encontrar tutores que les ayuden a ser adultos responsables, tanto en términos financieros como en los demás aspectos de la vida.

En general, recomiendo que los tutores no ejecuten el testamento, ni que sean los depositarios de su fideicomiso en vida. Así se establece un sistema de control y equilibrio en el cual aquellos que controlan el dinero no son los mismos que lo gastan. Procura escoger personas que tengan una buena relación. Obviamente, quienes manejen el dinero no deben tener conflicto de intereses, pues si ellos reciben por ejemplo el remanente del fideicomiso cuando los hijos del difunto alcancen la mayoría de edad, podrían tratar de recortar los gastos de dicho fideicomiso.

Me inclino por aquellos planes de patrimonio que les dejan activos a menores de edad, pagaderos en tres cuotas. Puedes escoger las edades para hacer efectivo el desembolso, pero básicamente la primera cuota debería entregarse cuando los herederos tengan entre veinte y veinticinco años de edad. Seguramente, estos fondos serán utilizados para mejorar su estilo de vida, adquiriendo artículos como un auto, una casa mejor, o en algo más pasajero como unas vacaciones o excursiones al centro comercial. La segunda cuota debería entregarse promediando los treinta, y posiblemente será utilizada para abrir un negocio, comprar la primera vivienda o destinarla a sus hijos. La tercera y última cuota debería hacerse efectiva cuando los herederos tengan alrededor de treinta y cinco años. Este dinero generalmente se invierte en metas a largo plazo, como inversiones financieras o un plan de retiro. De todos modos, se debe permitir que los herederos gasten el dinero como mejor les parezca. Si tus hijos no tienen necesidades especiales pero derrochan sin embargo las tres cuotas, puedes tener la certeza de que hiciste lo que debías hacer.

Los padres deben decidir qué porcentaje le dejan a sus hijos y qué otro a obras de caridad; sin embargo, no hagas un plan patrimonial sin antes haber pensado muy bien en los efectos que tu dinero podrá tener en tus hijos. Mucha gente supone de manera automática que lo correcto es dejarles todos sus activos a sus hijos, descontando por supuesto cualquier impuesto estatal (que bajo la legislación actual, puede ascender al 45 por ciento de los activos para los más acaudalados). Sin embargo, hay ocasiones en que lo más indicado es que tus hijos no hereden todo tu patrimonio. Primero, debes pensar en la cantidad de dinero que quieres que reciban anualmente, en contraste con lo que quisieras que ganaran por su propia cuenta. Luego, multiplica ese número por veinte: si ellos invierten de acuerdo con los principios expuestos en este libro. También puedes multiplicar por treinta si ellos son más conservadores o sus inversiones son menos diversas. El resultado será el capital aproximado que querrás dejarle a cada uno de tus hijos. Es posible que necesites ajustar esa suma de acuerdo a la inflación, bien sea revisando tu plan cada pocos años, o incluyendo una fórmula de autoejecución en todos tus documentos de planificación patrimonial (Una fórmula de autoejecución puede significar que tu abogado tenga un borrador legal en el que les dejarías a tus hijos una suma específica para el día de hoy, pero que se incrementará de acuerdo a la inflación —índice de precios al consumidor—, de manera que ellos recibirían la misma cantidad de dinero ajustada a la inflación, aunque fallezcas dentro de treinta años. Esto significa que si no revisas tu plan cada cinco años, tal como deberías hacerlo, dejarías involuntariamente a tus herederos con mucho menos dinero del que habías pensado en un principio). Toma una decisión bien pensada y fundamentada, y no siguiendo condicionamientos culturales.

Si tienes un seguro de vida a tu nombre y tus hijos son los beneficiarios (o beneficiarios dependientes), el dinero procedente de ese seguro será incluido en tu patrimonio y posiblemente gravado. Existe una solución relativamente simple para esto: haz que tu abogado establezca un fideicomiso irrevocable de seguro de vida, para que dicho fideicomiso compre el seguro y así no serás el titular de la póliza. Si ya tienes un seguro de vida, puedes elaborar el fideicomiso y hacerle el traspaso del seguro. Las reglas en este sentido son complicadas y van más allá del alcance de este libro; por lo tanto, asegúrate de hablar con un abogado especializado en planeación patrimonial acerca de si esta clase de fideicomiso es apropiada para ti.

Piensa cuidadosamente en el papel que quieres asignarle a la filantropía en tu plan patrimonial. Para muchos individuos acaudalados, la disposición de sus activos al momento de su muerte se reduce a elegir entre la filantropía voluntaria y la involuntaria. En otras palabras, puedes asignar una parte de tu patrimonio para fines filantrópicos (por medio de una fundación familiar o un fondo asesorado por donantes), pues de lo contrario el gobierno se apropiará de ese dinero por concepto de impuestos (filantropía involuntaria).

Aunque este es un asunto polémico, soy amigo de discutir el plan patrimonial con los hijos y otros herederos antes de que llegue el momento de la muerte. Muchos padres se sienten incómodos al respecto, porque temen que los sentimientos que afloren serán difíciles de afrontar. Pero mi pregunta es: "¿Preferirías que afloraran después de tu muerte?". Para algunos, la respuesta es "sí". Pero si es "no", organiza una reunión familiar y discute tus planes. Es probable que ellos sugieran cambios, pero no estás en la obligación de aceptarlos. Sin embargo, también pueden surgir buenas ideas. Adicionalmente, hay intermediarios profesionales que pueden suavizar situaciones familiares tensas. Tal vez las cosas sean más fáciles si dejas todo en manos de la muerte, pero nunca lo serán para las personas a quienes tu dinero afectará de una u otra forma.

PLANEADORES FINANCIEROS

Mis sitios favoritos para encontrar asesores competentes, independientes y objetivos, son los siguientes:

- www.napfa.org: es para aquellos que están buscando una relación profesional con un planeador competente que trabaje solo por tarifa y que ofrezca servicios de administración de inversiones. Todos los planeadores de NAPFA deberían suministrarle una planificación financiera detallada, hacer un juramento fiduciario mediante el cual se comprometen a manejar el dinero de los clientes tal como manejarían el propio y cumplir con requisitos de educación continua superiores al de la mayoría de los profesionales del CFP.

- www.garrettplanningnetwork.com: es para quienes requieren planeación financiera por horas, objetiva e independiente, y no necesitan ayuda para la administración de sus inversiones. Los planeadores de Garrett se concentran en el llamado "mercado medio", es decir que no exigen los niveles mínimos de activos manejados por la mayoría de los planeadores financieros.

- www.kinderinstitute.org: es para quienes buscan una relación profesional con un planeador de vida que pueda ayudarlos a avanzar a través de los aspectos emocionales y financieros.

También puedes encontrar enlaces de estos grupos financieros en mi página web: www.BrentKessel.com.

INVERSIÓN CON RESPONSABILIDAD SOCIAL (SRI, POR SU SIGLA EN INGLÉS)

El Foro para la Inversión Social —Social Investment Forum— (www.socialinvest.org) ofrece diversas opciones para los inversionistas SRI. Tiene otro sitio en la red (www.sriadvocacy.org) que suministra información adecuada sobre el activismo accionista, tal como lo hace Co-op America (www.coopamerica.org/socialinvesting/shareholderaction).

FILANTROPÍA INTELIGENTE

Si quieres donar dinero a una organización sin fines de lucro en particular, deberías calcular qué porcentaje de tu donación realmente beneficiará a quienes quieres ayudar. Este tipo de información se puede encontrar en www.guidestar.org, o en www.charity-watch.org.

SERVICIOS DE REDUCCIÓN DE DEUDA

El Servicio de Consejería para el Crédito a Consumidores es una red nacional de agencias para servicios de consejería en crédito sin fines de lucro que examinan los ingresos, gastos, activos y pasivos del cliente, y le ofrecen diversas soluciones, dándole las herramientas necesarias para que maneje mejor su dinero en el futuro. Aproximadamente en un 25 por ciento de los casos, el CCCS establece un plan de manejo de la deuda, a través del cual trata de ayudar a los clientes para que reduzcan los cargos financieros y por pagos que puedan tener, de tal manera que salden sus deudas; sus clientes envían un depósito mensual para que el dinero sea transferido a sus acreedores. Por más mala que sea tu situación, seguramente el CCCS ha visto otras peores (www.nfcc.org, 800-388-2227).

FONDOS ACONSEJADOS POR DONANTES

Son similares a una fundación de caridad, con la diferencia de que son fondos más fáciles de establecer y administrar. Estos fondos, que suelen ser administrados por fundaciones comunitarias u organizaciones de servicios financieros, te permiten donar efectivo o títulos, entregándole el dinero a los destinatarios finales en cuotas diferidas. Digamos que tienes $10.000 en acciones, heredadas de tu abuela, pero no estás interesado en conservarlas; sin embargo, no quieres donarlas este año. Un fondo aconsejado por donantes te permitirá captar por adelantado las donaciones de varios años (o décadas) recibiendo la respectiva deducción de impuestos en el momento presente. En términos generales puedes darle el nombre que quieras al fondo (por ejemplo, Fondo de Caridad de la Familia Pérez); algunos te dan la opción de decidir la manera de invertir los recursos. Consulta la página: www.BrentKessel.com para más información, o visita el Schwab Charitable Fund (www.schwabcharitable.org/scf) y el Giving Back Fund (www.givingback.org).

CARACTERÍSTICAS Y RECOMENDACIONES PRÁCTICAS PARA CADA ARQUETIPO

El Guardián

FLUJO DE EFECTIVO Y PRESUPUESTO. Algunos Guardianes llevan un registro detallado de sus gastos, y le hacen un seguimiento exhaustivo a los rubros que han aumentado o disminuido. Son muy listos en términos analíticos, lo cual les permite vivir de sus propios medios. Otros Guardianes se someten a una "compra feliz" para calmarse, permitiendo que el alivio a corto plazo predomine sobre el bienestar sostenible a largo plazo.

Si quieres librarte de la vigilancia excesiva que a ti mismo te parece compulsiva, implementa un sistema que te alerte de cualquier posible eventualidad. Si las cosas llegan a un punto en el que hay que tomar medidas, recibirás el llamado de alerta; si eso no sucede, no tienes por qué preocuparte. Por ejemplo: contrata a un contador (o compra un programa para el pago de cuentas como Quicken o Microsoft Money) que te permitirá saber si no estás cumpliendo tus metas (por ejemplo, cuando tus gastos exceden tus ingresos en un lapso de tiempo determinado). Si no puedes adquirirlo, elabora una lista de los límites que al ser traspasados hagan necesaria una decisión por parte tuya. Por ejemplo, si tus inversiones han tenido un rendimiento inferior a uno de los índices de referencia más elevados (como el S&P 500) durante los últimos tres años, o han tenido dividendos negativos durante dos años consecutivos, es tiempo de hacer cambios; o si acumulas más de $10.000 en deudas para obtener capacitación laboral, necesitarás un trabajo extra para ajustar tus ingresos. Este tipo de reglas, junto con las prácticas internas recomendadas en el capítulo del Guardián, te permitirán concentrar tu tiempo y energía en actividades relajantes y revitalizadoras. ¡Programa estas actividades para que también se vuelvan automáticas!

INVERSIONES. Muchos Guardianes tienden a ser ultraconservadores a la hora de invertir, o invierten de manera muy diversificada en su esfuerzo para evitar pérdidas. Debido a este comportamiento, suelen tener bajas utilidades, lo que, irónicamente, aumenta la posibilidad de tener motivos de preocupación en el futuro.

Sigue las recomendaciones en materia de inversión a largo plazo que aparecen en el capítulo 12. El mejor plan de inversión para el Guardián es aquel que no necesita intervención o seguimiento. Por ejemplo, compra una recopilación de fondos indexados o de fondos negociables en el mercado con un monitoreo anual, e invierte sin importar lo que pueda suceder. Al mismo tiempo, asegúrate de contratar a un asesor financiero que sea confiable, y luego ¡confía en él! ¿Por qué? Porque él es más objetivo de lo que podrías llegar a ser. En ese caso, tendrías que ser muy disciplinado para lograrlo, y si realmente estás decidido a hacer esto, disfrutarás de una gran paz interior y la posibilidad de obtener resultados mucho mejores que si continuaras diversificando tus inversiones, en un intento por aliviar tus preocupaciones. Si no puedes pagar un asesor, hay literatura financiera gratuita y servicios de consejería crediticia (consulta la p. 365) que puede darte consejos objetivos y de gran ayuda.

SEGUROS. En general, los Guardianes tienen demasiados seguros. Piensan en catástrofes de todo tipo, lo que desafortunadamente los lleva a sobreprotegerse. Alternativamente, algunos Guardianes se sienten tan amenazados por cierto tipo de riesgos, que no les prestan atención a otros que pueden ser de mayor importancia.

Algunos Guardianes no tienen seguros. Esta es la manera más efectiva de justificar sus preocupaciones ¡y por mucho tiempo! Sin embargo, te sugiero que compres la menor cantidad de pólizas que te permitan sentirte seguro.

Deja que un profesional capacitado y competente se preocupe por ti. Los seguros son una buena herramienta si se usan adecuadamente. No obstante, te recomiendo elegir muy bien tu agente de seguros. Debe ser una persona íntegra, que te haga preguntas sobre tus necesidades antes de recomendarte un nivel de cobertura o una póliza específica. Sé cauteloso con agentes que hacen generalizaciones tales como, "deberías tener X número de veces tu salario anual en un seguro de vida" o "tomemos el monto más grande disponible en esta compañía, para estar seguros de que tus necesidades estarán cubiertas". Estas frases apelan al Guardián que anhela seguridad y paz, pero, como no son exactas, pueden proveer poca o demasiada cobertura. Si quieres una opinión completamente imparcial, contrata a un Planeador Financiero que trabaje solo por tarifa a través de: www.napfa.org o www.garrettplanningnetwork.com, para que analice tus necesidades en este campo.

IMPUESTOS. Los Guardianes evitan depositar el dinero necesario en sus planes de retiro porque temen no poder disponer de él hasta que tengan cincuenta y nueve años y medio, so pena de ser multados. También son más propensos que los otros arquetipos a preparar y diligenciar sus propias declaraciones de renta. Aunque esto les da una sensación de control, no tienen la capacitación ni la especialización profesional que tienen los agentes del CPA, lo cual les impide enterarse de estrategias importantes en materia de reducción de impuestos.

Delega... A menos que seas un CPA, contrata a alguien para que te prepare tu declaración de renta. Incluso, si eres un CPA, llega a un arreglo con un colega para que él elabore tu declaración y viceversa. Es muy posible que un Guardián no sea objetivo con su situación. Salvo contadas excepciones, deberías contribuir a tu plan de retiro con el máximo permitido por la ley y valerte de otros métodos para tus fondos de emergencia. Los beneficios económicos son excelentes.

DONACIÓN Y PLANIFICACIÓN DE TU PATRIMONIO. Los Guardianes tratan de controlar de manera póstuma el manejo de la herencia por parte de sus beneficiarios. Muchos de ellos no se deciden a firmar sus testamentos u otros documentos de planeación financiera porque creen que las personas elegidas como ejecutores, fideicomisarios y tutores de sus hijos, no serán tan cuidadosos como ellos.

Firma un plan patrimonial, pues podrás modificarlo si lo estimas conveniente. Es cierto que nadie será tan bueno ni conocerá tu situación tan bien como tú; pero si no tienes un plan patrimonial, el Estado decidirá quiénes cumplirán esas funciones, lo que con toda seguridad es mucho peor que cualquier decisión equivocada que hayas podido tomar. Si no tienes dinero para contratar a un abogado, acude a un servicio legal gratuito o compra los formularios adecuados o un Quicken Willmaker Plus en una papelería.

FILANTROPÍA Y GENEROSIDAD. Teniendo en cuenta sus niveles de ingresos o activos, la mayoría de los Guardianes son personas muy poco filantrópicas. Se centran en ellos mismos, lo que desafortunadamente incrementa sus preocupaciones.

Pregúntate cómo podrías realizar una labor filantrópica en la actualidad, sin importar lo pequeña que sea. Dona tiempo o dinero. ¿Cuáles obras de caridad o personas te conmueven más y de qué forma podrías ayudarlas? Cada vez que gires un cheque con un donativo o hagas un trabajo voluntario, te estarás enviando un mensaje subliminal a ti mismo que te dirá que no tienes nada de qué preocuparte, pues tienes suficientes recursos para ayudar a otros.

El Buscador de Placeres

FLUJO DE EFECTIVO Y PRESUPUESTO. Los Buscadores de Placeres suelen utilizar tarjetas de crédito con tasas de interés muy altas.

No compres nada a *crédito* y punto, a menos que tu patrimonio neto haya crecido a más del 4 por ciento anual.

INVERSIONES. Las inversiones de los Buscadores de Placeres están concentradas en activos que realzan sus estilos de vida, como por ejemplo una vivienda con un valor superior a sus capacidades financieras. Para los más adinerados, las inversiones pueden incluir segundas viviendas, acciones en clubes campestres, yates y otros activos que brinden placer.

Debido a que este arquetipo es más impulsivo que los demás, si tienes acciones, bonos o fondos de inversión, tenderás a cambiar continuamente de métodos y de asesores financieros, lo cual te reportará utilidades exiguas.

Invierte sólo en activos que se valoricen. Es mejor rentar aquellos activos con un alto componente lúdico (como autos y yates), pues se devalúan con el tiempo. En términos generales, es preferible rentar casas de recreo en lugar de comprarlas porque hay ciertos activos más atractivos a la hora de invertir. En su afán por justificar la compra de una segunda vivienda, muchos Buscadores de Placeres no tienen en cuenta dentro del verdadero costo de la propiedad los intereses que habrían ganado en la cuota inicial si la hubieran colocado en inversiones con un mayor rendimiento.

Establece un programa automático de inversiones que no modifiques posteriormente, o cédele el poder a alguien más para que tome decisiones financieras por ti.

SEGUROS. Es probable que las personas de este arquetipo no tengan los seguros indicados para ciertos objetos de colección de gran valor, tales como obras de arte, joyas, artículos electrónicos, autos o yates. También pueden incurrir en actividades de alto riesgo, que no tengan la cobertura suficiente contra terceros (consumo de alcohol, deportes de motor, entretenimiento).

Asegúrate de que tu agente de seguros sepa cuáles son tus activos (incluyendo artículos de gran valor) y qué actividades practicas, para que puedas estar lo suficientemente cubierto en todos los aspectos.

IMPUESTOS. La mayoría de las compras de lujo no tienen deducciones de impuestos, por lo cual el porcentaje de los ingresos de los Buscadores de Placeres destinado al pago de impuestos es más elevado que el de los otros arquetipos.

Abre un negocio en un sector de tu agrado; así podrás pagar todos tus gastos de placer con las ganancias que obtengas (asumiendo que es una empresa con fines de lucro).

DONACIÓN Y PLANIFICACIÓN DE TU PATRIMONIO. Algunos Buscadores de Placeres les enseñan a sus hijos o nietos a llevar una vida más prudente en términos financieros que la que ellos tuvieron, por medio de fideicomisos con incentivos, los cuales le darán más dinero al heredero si piensa comenzar un negocio o estudiar en la universidad. Algunas veces, esta actitud de "vivir el presente" hace que no dejen testamento o plan patrimonial.

Como mínimo, deja un testamento firmado. Los fideicomisos con incentivos rara vez dan buenos resultados, porque es más probable que tus herederos se comporten de acuerdo a lo que hagas y no a lo que digas —bien sea en persona o estipulado en documentos legales—. Lleva el mismo tipo de vida que deseas para ellos.

FILANTROPÍA Y GENEROSIDAD. Por lo general, el Buscador de Placeres muestra muy pocas inclinaciones filantrópicas. Si tiene alguna influencia de la Estrella o del Protector, podría tener alguna vocación en este sentido.

Ofrécele placer sensorial a otros que nunca lo han tenido, y al nivel que lo hayas experimentado. Pregúntate si esto te brinda más o menos placer que gastar dinero en ti, y si existe una diferencia en el tiempo en que sientes dicha sensación.

El Idealista

FLUJO DE EFECTIVO Y PRESUPUESTO Algunas veces, los Idealistas no saben cuánto ganan ni cuánto gastan. Su interés en áreas diferentes al dinero puede llevarlos a hacer pagos extemporáneos, incurrir en cargos financieros, deteriorar su crédito y cosas por el estilo. Son más propensos a recibir ayuda financiera de otros (el cónyuge, la familia) o a tener más deudas que otros arquetipos.

Otros Idealistas, en contraste, se enorgullecen de lo poco que necesitan para vivir. Y como viven con lo mínimo, a menudo no tienen fondos de emergencia para gastos inesperados.

Revisa tus finanzas. Págale a un contador o pídele ayuda a un amigo, pues es posible que tengas dificultades para llevar tus cuentas. Establece tantos pagos automáticos como te sea posible, y así reducirás los pagos extemporáneos y los cargos financieros.

Crea un fondo para la época de las vacas flacas. Si tienes un trabajo con sueldo regular, deposita en el fondo tres veces la cantidad de tus gastos mensuales. Si tienes un salario irregular, deposita en el fondo seis veces la cantidad de tus gastos mensuales.

INVERSIONES. En materia de ahorros o inversiones, el Idealista privilegia las que considera socialmente progresivas y creativas por sobre las que tienen utilidades más altas. Sus inversiones suelen ser incongruentes: un lote en un sitio hermoso, unas cuantas acciones regalo de su familia, algunas obras de arte costosas y, quizá, alguna participación en un fondo de inversión para huérfanos que compró en el pasado a instancias de un amigo. Crea un plan de inversiones, bien sea recurriendo al capítulo 12 de este libro, o por medio de un consejero profesional confiable. Luego, sigue el plan. Tus ideales pueden ser integrados dentro de éste, pero hazlo de una manera sistemática y no impulsiva. A fin de conseguir más recursos destinados al arte, al activismo social o a la búsqueda espiritual, automatiza tu programa de ahorros y de inversiones; de esta forma, una cantidad de dinero será transferida mensualmente y de manera automática de tu cuenta corriente a tu cuenta de inversiones. Adicionalmente, haz lo mismo en tu cuenta individual de retiro (IRA por su sigla en inglés).

SEGUROS. En la mayoría de los casos, los Idealistas no están asegurados, o tienen un seguro muy precario. Esto puede deberse a su desdén por la burocracia (como las compañías de seguros), a su deseo de correr riesgos y dejar la responsabilidad en manos del sistema, o a evadir los asuntos financieros en general. A muchos Idealistas les han dicho durante varios años: "No eres responsable con el dinero", razón por la cual se han programado mentalmente para no tener una cobertura adecuada. Otros pueden preferir la medicina alternativa y utilizarla como una justificación para no tener un seguro de asistencia médica tradicional.

Pregúntate si el hecho de tener poca cobertura favorece tus metas artísticas, sociales o espirituales. Si no es así, trata de adquirir una póliza de poca cobertura. Pregúntales a amigos tuyos que estén en tu misma situación qué tipo de seguro tienen. Generalmente existen planes diseñados para grupos profesionales específicos o para personas con estilos de vida similares. Pregúntales a tus colegas por las asociaciones a las que pertenezcan. Lee la lista de pólizas básicas que toda persona debería tener (página 354), y acude a planeadores que te ayuden a evaluar y a cubrir tus riesgos (página 363).

IMPUESTOS. Los Idealistas no acostumbran pagar impuestos porque declaran unos ingresos por debajo del mínimo requerido para presentar una declaración de renta, por desorganización financiera o por objeciones de conciencia hacia el uso que el gobierno hace de los impuestos. Si pagan impuestos, los Idealistas suelen declarar menos de lo que ganan, o buscan posibles lagunas jurídicas basándose en las razones mencionadas con anterioridad.

No hagas nada que sea ilegal, pero paga tan pocos impuestos como te sea legalmente posible. Esto exige concentración y atención en lugar de evasión. Contrata un servicio económico de preparación de impuestos o haz un trueque con un amigo, pero diligencia y paga tus impuestos. Mientras más dinero ganes por tu profesión y más activos tengas, más beneficios recibirás al contratar a un asesor, un CPA o un abogado especializado en la planificación de impuestos.

DONACIÓN Y PLANIFICACIÓN DE TU PATRIMONIO. Los Idealistas están inclinados a dejar activos tangibles —una casa, una obra de arte o una propiedad inmobiliaria— a herederos específicos. Este deseo de estar atado a ciertas posesiones valiosas puede conducir a una falta de fondos líquidos que tus herederos podrían emplear en el pago de impuestos estatales (en el caso de que tu patrimonio sea lo suficientemente valioso como para ser gravado). También puede causar privaciones o hacer que dones menos de lo que hubieras querido hacer en vida. También es probable que no tengas activos para dejarles a tus herederos, y conserves en una vaga esperanza de que tu trabajo artístico algún día tenga un valor financiero.

Haz un testamento o plan patrimonial sin importar el dinero que tenga. De lo contrario, el estado decidirá quién cuidará a tus hijos pequeños, el proceso legal después de tu muerte será de carácter público, y tus herederos tendrán que pagar y esperar más para recibir los activos que les dejaste. Si tu patrimonio es lo suficientemente grande, comprende que cuando mueras, participarás como ciudadano o residente de los Estados Unidos en obras de filantropía voluntaria o involuntaria, pues el gobierno retiene hasta el 45 por ciento de tu patrimonio y el Congreso decide en qué debería gastarse (filantropía involuntaria). En la filantropía voluntaria, le donas tus activos a una obra de beneficencia, a una cuenta asesorada por el donante o a una fundación caritativa familiar que prolongará tu legado creativo, social o espiritual, permitiéndote así decidir en qué se empleará tu dinero. Solicita la opinión de un abogado especialista en planeación patrimonial, o utiliza por lo menos un servicio de consejería legal para hacer un testamento básico y los poderes notariales que sean necesarios.

Si tienes una obra artística importante, no les encargues a tus herederos la administración del asunto sin antes haberlo discutido con ellos. Muchos hijos terminan lidiando con los asuntos artísticos de sus padres sin obtener remuneración alguna.

FILANTROPÍA Y GENEROSIDAD. Para los Idealistas, las donaciones caritativas no existen, o son impulsivas y carentes de orden. Es probable que no hagan donaciones a grandes instituciones, pues desconfían de su sistema de recaudación de fondos y creen que la causa más noble es su propio trabajo. Algunos Idealistas son muy organizados y efectivos como recaudadores de fondos, pero generalmente no son artistas con problemas económicos.

Define tus obras de caridad (consulta la página 317). No dones más de lo que puedas, pero dona algo. Permite que un alto porcentaje de lo que vas a regalar sea destinado a hacer donaciones espontáneas (que no sea más del 50 por ciento, a menos que revises tu plan). Si eres como la mayoría de los Idealistas, sentirás más plenitud al dar tu tiempo y talento, que al dar tu dinero.

El Ahorrador

FLUJO DE EFECTIVO Y PRESUPUESTO. Los Ahorradores probablemente saben cuánto ganan, gastan y ahorran. Gastan mucho menos que los otros arquetipos, son excesivamente frugales o caen incluso en la privación y ahorran un alto porcentaje de sus ingresos. No suelen ser generosos con sus familiares, amigos ni contribuyen a obras de caridad. Hacen mucho énfasis en saldar sus hipotecas y deudas de negocios de manera anticipada.

¿Qué gastos adicionales o donaciones podrían llenarte o inspirarte? ¿Cómo podrías contribuir a tu vida o a la de tus seres queridos? Si no lo sabes, pregúntales a otras personas. Saca dinero de tu cuenta principal, la misma que utilizas para acumular, y dedícalo a fines filantrópicos (por ejemplo: coloca una suma global destinada a la caridad en una cuenta asesorada por el donante, y efectúa tus donaciones por medio de dicha cuenta).

INVERSIONES. Los Ahorradores tienden a revisar y a modificar sus inversiones con mucha frecuencia. Los Ahorradores disciplinados no lo son tanto en materia de inversiones, y obtienen pocos dividendos debido a un exceso de transacciones, de selección de valores o a una inclinación poco acertada en materia de riesgos (por ejemplo, tienen un elevado porcentaje de activos en certificados de depósito de bancos, o en bonos).

En el capítulo 12 encontrarás consejos para invertir. Utiliza también una de las estrategias "listas para usar" que compartimos al principio de este Apéndice; deja que tu portafolio obtenga dividendos en el mercado y no repares en todos los detalles. Revisa los dividendos de tus inversiones una vez por trimestre y crea un plan global de inversiones que puedas mantener sin hacerle cambios. Si eres un inversionista muy conservador, considera la posibilidad de que tu asesor o planeador financiero te muestre lo que pasaría con un portafolio más agresivo, incluso si la Gran

Depresión se repitiera mañana. Si después de hacer este ejercicio sientes que tienes una seguridad financiera, intenta aumentar el riesgo y, por lo tanto, los dividendos de tus inversiones. Utiliza el dinero que te sobre para darte gusto y ser más generoso.

SEGUROS. Algunas veces los Ahorradores no tienen buenos seguros con el pretexto de ahorrar en las primas. Pero en la mayoría de los casos tienen más seguros de los necesarios porque temen sufrir pérdidas, y consideran sus ahorros y seguros como una protección contra esas posibles pérdidas.

Contrata a un agente independiente de seguros o un planeador financiero que trabaje solo por tarifa para que evalúe tus necesidades y tu actual nivel de cobertura.

IMPUESTOS. Los Ahorradores son hábiles en la reducción de impuestos, especialmente porque tienen planes de retiro con beneficios en impuestos (que también son instrumentos de ahorro).

Explora de qué manera las donaciones de caridad pueden reducir tus cargas impositivas, al tiempo que te suministran un ingreso (fideicomisos caritativos, fideicomisos con anualidad, fideicomisos para donaciones). Cuando estés buscando nuevas inversiones, concéntrate en los dividendos después de impuestos y no en los nominales. Asegúrate de tener el mejor plan de retiro con aplazamiento de impuestos y deposita tanto dinero en tu cuenta de retiro como sea necesario. Sin embargo, hazlo con prudencia.

DONACIÓN Y PLANIFICACIÓN DE TU PATRIMONIO. Debido a su interés en la acumulación y en los ahorros, es frecuente que los Ahorradores elaboren testamentos y planes patrimoniales en los que invitan a sus herederos a ahorrar, en lugar de gastar o donar dinero. Suelen ser resistentes a la planeación patrimonial cuando esta deja cualquier activo por fuera de su control directo.

Busca un Planeador Financiero Certificado® o un abogado especializado en planeación patrimonial para que te ayude a calcular qué porcentaje de tu patrimonio puedes tener hasta el momento de tu muerte. Si excedes lo que estés en capacidad de gastar y es posible que seas gravado con una tasa cercana al 45 por ciento, considera incrementar el monto de regalos familiares, donaciones, gastos en diversión personal y de tu plan patrimonial irrevocable en caso de tenerlo. Esta puede ser la mejor estrategia financiera, y tú y tus seres queridos estarán mucho más satisfechos.

FILANTROPÍA Y GENEROSIDAD. Las donaciones a obras de beneficencia correspondientes a un porcentaje de los ingresos o activos de los Ahorradores, suelen ser muy bajos o inexistentes. Ellos están programados para protegerse; por lo tanto, es muy común ver que algunos de ellos hagan donaciones minúsculas aunque su patrimonio sea de varios millones. Lo que desde afuera se percibe como avaricia en realidad es temor.

Utiliza tu disciplina y tus habilidades investigativas para que tus donaciones caritativas sean tan efectivas como sea posible. Experimenta donando dinero, tiempo personal o activos que valores. Intenta donar durante un mes la misma cantidad que ahorras y observa cómo te sientes. Fíjate una meta anual de donaciones que equivalgan por lo menos al 1 por ciento de tu patrimonio neto; esta suele ser una medida más eficaz para los Ahorradores que un porcentaje de sus ingresos.

La Estrella

FLUJO DE EFECTIVO Y PRESUPUESTO. Generalmente, las Estrellas se gastan la mayoría o todo el exceso del flujo de efectivo en artículos para mejorar su imagen (autos, ropa, peluquería, joyas, muebles, cine en casa, entretenimiento, obras de arte, gimnasios, cirugías plásticas, etc.). Las Estrellas evitan hacer un presupuesto o ver en qué se gastan el dinero.

Crea y establece un reporte que te permita ver en qué gastas tu dinero. Si no tienes los conocimientos para hacerlo, contrata a un contador o utiliza programas como el Quicken o el Microsoft Money. Busca las categorías de gastos y los artículos destinados a mejorar la imagen que quieres proyectar. ¿Te sientes cómodo y feliz con tus gastos en dichas áreas? Si la respuesta es "no", establece límites de gastos con los que te sientas cómodo y continúa examinando tus gastos por lo menos una vez cada tres meses. Si gastas más de lo que ganas, considera pagar todo en efectivo durante un período de tres meses.

INVERSIONES. La Estrella determina sus inversiones basado en la última moda. A finales de los años 90 y principios del siglo XXI fueron las acciones de empresas dedicadas a la tecnología, y entre 2004 y 2006 fueron los bienes inmobiliarios. Algunas veces, los portafolios de las Estrellas reflejan la imagen que desean proyectar, ya se trate de fondos socialmente responsables, fondos de inversión alternativa que prometen grandes utilidades, subastas públicas o una segunda casa. Les gusta hablar bien de sus inversiones; la sustancia económica no importa mucho y, en la mayoría de los casos, esto las lleva a obtener utilidades muy bajas en comparación con otras opciones de inversión dentro de la misma categoría de activos.

Consulta con un Planeador Financiero independiente que trabaje sólo por tarifa o con un asesor registrado en inversiones, y permítele elaborar un plan de inversión diversificado y de bajo costo para el grueso de tus inversiones (por lo menos el 80 por ciento). Como has leído, la mayoría de las inversiones exitosas son más bien aburridas: nada de lo que se quiera hablar en una fiesta, a no ser dentro de unos años, cuando tú y tus amigos hayan duplicado o triplicado su dinero gracias a esas inversiones.

Lo mejor de todo es que no tienes que sacrificar tus ideales; puede elaborar tu portafolio con un monitoreo social o con énfasis en el tipo de activos que más te gusten. Si de verdad es muy importante para ti hablar de tus inversiones, coloca un 5 o 10 por ciento del total de tus activos en lo que llamo la "cuenta cóctel" y haz lo que quieras con ella.

SEGUROS. Las Estrellas tienen generalmente muy poca cobertura para sus autos, obras de arte, aparatos electrónicos, joyas, objetos de colección y propiedades inmobiliarias. Es posible que hayan comprado seguros muy costosos en compañías elegantes, en lugar de haber comprado un mejor producto por menos dinero a una compañía con buena reputación. Es probable que la cobertura contra terceros sea muy baja teniendo en cuenta sus actividades riesgosas (entretenimiento, paseos en bote, natación, autos veloces o todo terreno).

Pídele a una firma independiente de corredores de seguros que hagan una revisión completa de tu cobertura. Asegúrate de suministrarles una lista completa de todos tus objetos de valor y de mencionar tus actividades.

IMPUESTOS. En muchas ocasiones, las Estrellas pagan más de lo necesario en impuestos, porque gastan un porcentaje muy elevado de sus ingresos para mantener su estilo de vida.

Aprende de los Constructores de Imperios y de los Ahorradores que los salarios y las bonificaciones constituyen la peor clase de ingresos financieros, porque se encuentran gravados con las tasas más altas. Por el contrario, los ingresos derivados del crecimiento de tus inversiones, por concepto de acciones, compensaciones retroactivas o cualquier clase de valores de renta variable, casi siempre son gravados posteriormente y con tasas más bajas, haciendo que tengas más dinero después de pagar impuestos.

DONACIÓN Y PLANIFICACIÓN DE TU PATRIMONIO. Las Estrellas suelen buscar el reconocimiento a través de sus donaciones caritativas. Es poco probable que piensen en los riesgos de dejarles grandes sumas de dinero a herederos muy jóvenes. Esto no se limita solo a las Estrellas, pero el hecho de haberse casado en varias ocasiones las ha llevado a tener testamentos y planes patrimoniales poco equitativos y muy complejos.

Asegúrate de que las donaciones caritativas de tu plan cumplan las metas que te has trazado, pues una vez que fallezcas, no tendrás la oportunidad de ganarte la admiración de nadie. Si tienes hijos pequeños de un matrimonio previo, piensa detenidamente en qué sentido tu testamento actual los beneficia o perjudica. Si tienes dudas al respecto, discútelo con ellos o déjales una carta que sea abierta después de tu muerte, en la que les comuniques tus deseos.

FILANTROPÍA Y GENEROSIDAD. Las Estrellas suelen dar una importancia mucho mayor a la apariencia que a la sustancia de la filantropía. En algunas ocasiones donan muy poco dinero o nada porque piensan que su nombre y posición social son igualmente valiosos.

Da el ejemplo: dona un porcentaje de tus ingresos o de tu patrimonio neto igual al que te gustaría que otras personas donaran. Dona a las causas que más te conmuevan para obtener las satisfacciones más duraderas posibles. Intenta hacer algo espontáneo; si nunca has hecho donaciones anónimas, haz una y observa cómo se siente.

El Inocente

FLUJO DE EFECTIVO Y PRESUPUESTO. Generalmente, los Inocentes gastan todo lo que ganan e incluso más. Y si no tienen ingresos, dependen de otras personas o de ayudas gubernamentales.

Haz cuentas. Recurre a un amigo o a un profesional si no sabes cómo hacerlas. Vive con los ingresos actuales e imagina que estos no se incrementarán. Si tienes deudas considerables, pide una cita en los Servicios de Consejería para el Crédito al Consumidor, donde seguramente podrán negociar un programa viable para el pago de tu deuda. Trata de reducir o eliminar sorpresas desagradables de tu flujo de efectivo y establece pagos mensuales (en lugar de trimestrales o anuales) para todos tus gastos. Por ejemplo: coordina para que tu sociedad hipotecaria se encargue de los seguros y los impuestos sobre tu propiedad si estás pagando tu vivienda (lo que significa que les pagarás mensualmente). Negocia una tasa hipotecaria fija, en lugar de una variable; así, los pagos serán predecibles. También puedes comprar garantías extendidas para evitar reparaciones domésticas que puedan ser costosas.

INVERSIONES. Es más probable que los Inocentes tengan deudas en lugar de inversiones; en caso de tenerlas, suelen gastarse el capital, por lo que su dinero desaparecerá antes que sus necesidades. Tienen pocos conocimientos o ninguno sobre el arte de invertir. Generalmente, los Inocentes saben más de compañías de crédito que de compañías de inversión.

Establece un programa automático de inversiones. Reúne todo el dinero que gastas en loterías y en modalidades para ganar grandes sumas de dinero con rapidez, y colócalo mensualmente en una cuenta de inversiones. Pídele a tu banco que te consigne mensualmente $400 o el 10 por ciento de tus ingresos en una cuenta individual de retiro tipo Roth (Roth IRA, por su sigla en inglés). Ninguna cantidad es demasiado pequeña: simplemente comienza con algo. Invierte el dinero de tu cuenta individual de retiro, bien sea en un paquete diversificado de fondos indexados, o en un fondo indexado socialmente responsable. Al contrario de lo que piensan muchos de los Planeadores Financieros, creo que es mejor empezar a invertir incluso antes de saldar todas tus deudas. Un planeador o el CCCS te pueden ayudar a determinar qué porcentajes de tu dinero debes destinar al pago de tus deudas y a tus inversiones.

SEGUROS. Algunas veces los Inocentes hacen pagos retardados de las primas, lo que conduce a la cancelación de sus pólizas. Es normal que no tengan seguros de incapacidad, de salud ni para sus autos. Los límites en la cobertura por incapacidad suelen ser muy bajos y no alcanzan a cubrir los accidentes automovilísticos causados por ellos. En ciertas ocasiones su ingenuidad los lleva a comprar productos muy costosos e innecesarios (por ejemplo, compran una anualidad variable dentro del IRA u otro plan de retiro, o aseguran el pago hipotecario en caso de muerte).

Pídele a un agente de seguros independiente y confiable que haga un análisis exhaustivo de tus necesidades. Asegúrate de que la póliza de tu auto establezca una indemnización para terceros de un mínimo de $100.000, y que tus deducibles sean los más bajos posibles. Coordina para que el pago mensual automático de todas tus pólizas sea deducido de tu cuenta bancaria. Si es posible, adquiere un seguro de salud. Si tienes personas a tu cargo, haz que una persona que no sea tu agente de seguros analice tus necesidades en este sentido (encontrarás calculadoras en Internet, o contrata los servicios de un planeador financiero por horas). Compra un seguro de vida temporal con primas fijas durante el tiempo en que esas personas estarán a tu cargo (por ejemplo, un mínimo de veinte años para un recién nacido). Paga las primas mensualmente.

IMPUESTOS. Los Inocentes pagan o no sus impuestos dependiendo de sus ingresos, y en algunos casos ni siquiera se molestan en diligenciarlos. Si tienen un empleo, tienen dificultades para manejar la devolución de impuestos que reciben anualmente, y problemas para planear su flujo de dinero en efectivo. En algunos casos, diligencian las declaraciones de impuestos cuando el plazo se ha vencido, reportan menos de lo que ganan porque quieren ocultar sus ganancias o son desorganizados, o también porque tienen embargos preventivos sobre sus impuestos. Con frecuencia, los Inocentes pagan un porcentaje más alto de sus ingresos en impuestos que el que pagan personas con salarios más altos, debido a que no tienen vivienda propia y no obtienen las deducciones por ese concepto.

Diligencia y paga tus impuestos. Si no te gusta encargarte de tus finanzas, busca un servicio de preparación de impuestos que sea económico. Reduce tu retención mensual del salario para el pago de impuestos hasta que equivalga a la doceava parte de tu carga tributaria anual. Si eres trabajador independiente y pagas impuestos estimados cada trimestre, abre una cuenta destinada sólo al pago de impuestos y transfiere automáticamente la doceava parte del total anual a esa cuenta. Gira trimestralmente los cheques para el pago de impuestos desde esa cuenta (puedes emplearla para cubrir todos tus gastos irregulares).

DONACIÓN Y PLANIFICACIÓN DE TU PATRIMONIO. Los Inocentes no acostumbran tener testamentos ni seguros de vida temporales para cubrir las necesidades de las personas a su cargo. En caso de muerte, el Estado decide quiénes serán los tutores de sus hijos.

Utiliza un servicio de consejería legal para que elabore los documentos básicos de tu planeación financiera. Cuando elijas al tutor para tus hijos, ten en cuenta la forma en que administra el dinero y lo que tus hijos aprenderían de él. Si vas a dejar dinero proveniente de un seguro de vida, sería bueno que el ejecutor o el fideicomisario fuera una persona diferente al tutor, para que tengas la seguridad de que el dinero será utilizado para el bien de tus hijos.

FILANTROPÍA Y GENEROSIDAD. Es más probable que los Inocentes sean beneficiarios que donadores. Algunos de ellos hacen grandes donaciones aunque no tengan los medios adecuados para subsistir.

Siempre hay alguien que está en peores condiciones que tú. Si ayudas a otra persona, tus creencias inconscientes sobre el dinero pasarán de la escasez a la abundancia. Utiliza las donaciones como un mecanismo que te motive a ganar más dinero. Cuando hayas transformado tu escasez interior y exterior en abundancia, podrás ayudar a otros a hacer lo mismo.

El Protector

FLUJO DE EFECTIVO Y PRESUPUESTO. Los gastos de los Protectores son impredecibles, porque las necesidades de las personas a quienes ayudan también lo son. Los Protectores tienen muchas dificultades para decir que no. Así, muchas veces ayudan a cubrir déficits de otras personas independientemente de que tengan dinero o no, haciendo que tener un presupuesto organizado sea casi imposible.

Si es posible, asígnales a las personas que dependen de ti una mesada, y tanto mejor si es automática. Por ejemplo: transfiere $1.500 mensuales a las cuentas bancarias de las personas a tu cargo en lugar de pagarles personalmente sus deudas. Diles que asistan a cursos de capacitación básica financiera ofrecidos por diversas instituciones comunitarias, programas de educación financiera, o por el CCCS.

INVERSIONES. La mayoría de los Protectores no tienen mucho para invertir. Aquellos que sí tienen, suelen mantener un porcentaje extremadamente alto de activos que pueden liquidarse con rapidez en caso de alguna emergencia.

Cuando hayas elaborado un presupuesto o establecido límites que estés dispuesto a seguir, coloca el mínimo necesario de dinero en activos a corto plazo para cubrir tus compromisos. Mientras tanto, abre un plan de inversiones que asegure *tu* futuro con la suma restante. De ser posible, destina un porcentaje de lo que des a otras personas para tu plan de retiro o para tus donaciones a otras obras.

SEGUROS. Los Protectores tienden a ir de un extremo a otro en materia de seguros. Pueden tener seguros de vida o de invalidez excesivos debido a que temen dejar personas a su cargo en apuros financieros si algo les sucediera a ellos; pero también es probable que no tengan seguro alguno, pues ellos les brindan a los demás cuidados más que suficientes ("Nadie podrá cuidarte tan bien como yo").

Habla con un Planeador Financiero o con un agente independiente, preferiblemente que no venda seguros (para prevenir conflicto de intereses), y pídele que haga una revisión detallada de tus necesidades en seguros de vida e invalidez. Si das dinero a personas que tienen gastos médicos elevados, considera la posibilidad de incluirlos en tu póliza de seguro médico, o si es posible, financia una cuenta de ahorros de salud.

IMPUESTOS. La mayoría de los Protectores ayudan a otras personas con dinero libre de impuestos, lo que significa que por cada dólar que regales, debes ganar en promedio entre $1,50 y 1,80 antes de impuestos.

Asegúrate de que la persona que prepara tus impuestos sepa con exactitud la cantidad de dinero que destinas para ayudar a los demás. De ese modo, él podrá aprovechar las deducciones de impuestos y cualquier saldo disponible de las personas a quienes ayudas. Averigua si una parte de tus donaciones puede ser canalizada a través de una obra de beneficencia sin fines de lucro o por medio de tu negocio, para obtener una deducción de impuestos por este concepto.

DONACIÓN Y PLANIFICACIÓN DE TU PATRIMONIO. Los testamentos y planes patrimoniales de los Protectores tienden a dejar grandes cantidades de dinero y de forma muy precipitada, o intentan controlar a sus herederos de manera póstuma (en el caso de matriarcas y patriarcas ricos). Sus donaciones son improvisadas, en lugar de ser estratégicamente diseñadas para ayudar a crear la autosuficiencia. En muchos casos, y de manera inconsciente, los Protectores exceden los límites de donaciones libres de impuestos, sometiéndose de esta manera a una auditoría especial.

En lugar de hacer donaciones poco planificadas, establece transferencias mensuales a las personas que ayudas. Define unos límites que den buenos resultados, ¡pero comunícaselos a tus seres queridos sólo si estás dispuesto a mantener tu palabra! Si vas a dejar una herencia, asegúrate de que tu plan patrimonial ofrezca a tus herederos una buena oportunidad de alcanzar el éxito. Una fórmula que recomiendo con frecuencia es dejar una herencia dividida en tres sumas iguales que deben entregarse con intervalos de cinco años. Así, el heredero puede derrochar la suma inicial, quizá haciendo compras impulsivas, como un nuevo auto o unas vacaciones de lujo. Es posible que quiera tener mejores resultados en el futuro, y probablemente emplee la siguiente suma para comprar una casa o abrir un negocio. Y cuando reciba la última suma, sabrá muy bien que ya no habrá más dinero, y posiblemente lo destine a algo que le dará una mayor satisfacción y seguridad.

FILANTROPÍA Y GENEROSIDAD. En algunos casos, los Protectores hacen donaciones por encima del promedio, aunque de una manera desorganizada e impulsiva. Otros utilizan la filantropía para ayudar a familiares o amigos que viven situaciones difíciles.

Redacta una Póliza de Donaciones (consulta la página 317), y especifica qué porcentaje le darás a cada persona. Puedes incluir a tus hijos o a obras de beneficencia.

El Constructor de Imperios

FLUJO DE EFECTIVO Y PRESUPUESTO. Los Constructores de Imperios suelen destinar una cantidad desproporcionada del flujo de efectivo al crecimiento de sus imperios, dejando relativamente poco para gastos regulares. Los Constructores de Imperios pueden vivir por sus propios medios y mucho más allá de ellos.

Gasta, invierte o dona las ganancias de tu empresa a causas ajenas. Si tu empresa necesita más capital, recáudalo con otras personas. Si tu negocio no logra atraer capital exterior, lo más recomendable es que no arriesgues tu propio dinero. Aprovecha un negocio que hayas hecho recientemente para sacar de él un salario normal; haz esto tan rápido como sea posible.

INVERSIONES. Los Constructores de Imperios tienden a mantener más del 75 por ciento de sus patrimonios netos comprometidos con sus imperios, sea éste una compañía, un portafolio de propiedad inmobiliaria o artículos de colección. Las otras inversiones tienden a quedar con menos atención que la que necesitan, porque todas las esperanzas de crecimiento descansan en el imperio.

Andrew Carnegie decía: "Pon todos tus huevos en una canasta y cuídala". Sin embargo, este es un mal consejo para la mayoría de las personas, porque hay riesgos que no pueden prevenirse. Si no puedes vender una parte de tu negocio, trata de minimizar el riesgo de que tu empresa se vaya a pique, causándote así la ruina financiera. Puedes consolidar el fortalecimiento de tu patrimonio neto en otra actividad diferente a tu empresa, y cubrir (si tu compañía es pública) o vender porcentajes de la misma a los administradores o empleados. No creas que tu negocio es la mejor opción para invertir porque lo conoces como nadie. Piensa en ti como en la cabeza de un fondo de beneficencia que tiene el 100 por ciento de su efectivo disponible para invertir.

¿Decidirías invertir dinero de dicho fondo en tu negocio en la misma proporción en que lo has hecho con tu propio dinero?

SEGUROS. Es probable que los Constructores de Imperios no tengan asegurados a los miembros más importantes de su equipo, y que tampoco tengan acuerdos de compraventa que permitan una transición fluida de sus negocios sin que se presenten efectos devastadores en el flujo de caja de la compañía.

Pídele a un abogado que elabore un acuerdo de compraventa adecuado y fináncialo con un seguro de vida. Así, tus herederos no se verán forzados a encargarse de un negocio que probablemente desconozcan. Si el éxito y el valor de tu negocio descansan sobre tus hombros, asegúrate de tener una cobertura adecuada por concepto de invalidez para proteger a tu familia en caso de ser necesario.

IMPUESTOS. Los Constructores de Imperios generalmente son hábiles para planear tus impuestos; así minimizan los pagos y pueden destinar más dinero al crecimiento de sus empresas.

Maximiza las contribuciones a los planes de retiro con aplazamiento de impuestos. Si eres una persona madura —y dependiendo de los salarios y edades de tus empleados—, un plan de pensión con beneficios definidos puede permitirte retirar una mayor cantidad de tus ingresos que otros planes.

Considera la donación de una parte o de todos los intereses que residen por tus propiedades a una fundación benéfica, y permite que vendan tus intereses, lo cual tendrá unos beneficios gravables significativos. Ten en cuenta que no podrás gastar las ganancias de los intereses donados.

DONACIÓN Y PLANIFICACIÓN DE TU PATRIMONIO. Con frecuencia, los herederos no se encuentran preparados para asumir la responsabilidad de administrar el imperio.

Discute con tus familiares los deseos que tienes para con tu imperio después de tu muerte, y consígnalos en tus documentos legales. Ten un plan de sucesión preparado. No le encargues a nadie la dirección del imperio que vas a dejar solo porque creas que debería ser así, sino porque la persona en cuestión está interesada y preparada para asumir el reto. Piensa en asociaciones familiares limitadas, en fundaciones benéficas y en otros instrumentos recomendados por tu abogado para reducir impuestos y asegurar un legado duradero.

FILANTROPÍA Y GENEROSIDAD. En términos generales, los Constructores de Imperios generalmente no se comprometen mucho con la filantropía durante la construcción de sus imperios, pero posteriormente pueden utilizarla como un sustituto del poder y del control que solían ejercer a través de sus negocios.

Una de las maneras más eficaces de establecer un equilibrio para los Constructores de Imperios extremados, consiste en donar el 1 por ciento de sus patrimonios netos a obras de caridad (y no de sus ingresos). Es probable que esta suma pueda ser o no una cantidad adecuada para ti, pero pregúntate qué porcentaje de tu patrimonio neto deseas regalar. ¿Cuál porcentaje donarías para lograr la mayor satisfacción y bienestar posibles? Esta suma debería durar mucho tiempo, y probablemente representará un aumento muy significativo en el monto de tus donaciones. Este tipo de comportamiento genera un cambio interior; el "yo" deja de ser el centro y se traslada a un mundo más amplio, lo que suele generar un mayor equilibrio y paz interior.

RECURSOS

LECTURAS SUGERIDAS

Periódicamente actualizo la lista de mis libros favoritos en www.BrentKessel.com. Los siguientes son algunos de ellos:

Inversiones

Bogle, John C. *The Little Book of Common Sense Investing: The Only Way to Guarantee Your Fair Share of Stock Market Returns*. Hoboken: Wiley and Sons, 2007.

Ellis, Charles. *Winning the Losers Game*. Nueva York: McGraw Hill, 1998.

Gibson, Roger. *Asset Allocation*. Nueva York: McGraw Hill, 1990.

O'Shaughnessy, James P. *How to Retire Rich*. Nueva York: Broadway Books, 1998.

———. *What Works Well on Wall Street*. Nueva York: McGraw Hill, 1998.

Swedroe, Larry. *The Only Guide to a Winning Investment Strategy You'll Ever Need*. NuevaYork: St. Martin's Press, 2005.

Temkin, Bruce. *The Terrible Truth About Investing*. St Petesburg, FL: Fairfield Press, 2000.

Tobias, Andrew. *The Only Investment Guide You'll Ever Need*. San Diego, CA: Harcourt, 2002.

Niños acaudalados

Gallo, Jon, and Eileen Gallo. *Silver Spoon Kids: How Succesful Parents Raise Responsible Kids*. Nueva York: McGraw Hill, 2002.

Owen, David. *The National Bank of Dad*. Nueva York: Simon & Schuster, 2007

Rottenberg, Dan. *The Inheritor's Handbook*. Nueva York: Simon & Schuster, 2002

Filosofía y crecimiento personal

Berg, Adriane G. *Financial Planning for Couples*. Nueva York: Newmarket Press, 1993.

Chilton, David. *The Wealthy Barber*. Toronto: Stoddart Press, 2002.

Clason, George S. *The Richest Man in Babylon*. Nueva York: Penguin, 2007.

Kinder, George. *The Seven Stages of Money Maturity*. Nueva York: Random House, 2000.

Mellon, Olivia. *Money Harmony: Resolving Money Conflicts in Your Life and Relationships*. Nueva York: Walker, 1994.

Needleman, Jacob. *Money and the Meaning of Life*. Nueva York: Doubleday, 1991.

Nemeth, Maria. *The Energy of Money*. Nueva York: Ballantine, 2000.

Fundamentos de la planificación financiera

Dominguez, Joe y Vicki Robin. *Your Money or Your Life*. Nueva York: Penguin, 2002.

Quinn, Janet Bryant. *Making the Most of Your Money*. Nueva York: Simon & Schuster, 1997.

Ramsey, Karen. *Everything You Know About Money is Wrong*. Nueva York: ReganBooks, 1999.

Schwab, Charles. *Charles Schwab's Guide to Financial Independence: Simple Solutions for Busy People*. Nueva York: Crown, 1998.

Tyson, Eric. *Personal Finance for Dummies*. Foster City, CA: IDG Books, 2007.

PÁGINAS WEB

Obviamente, las páginas web son creadas, actualizadas y modificadas con una rapidez mucho mayor que la publicación de los libros. Para ver la lista más actualizada de mis páginas web favoritas visita mi página www.BrentKessel.com.

Información sobre la bolsa y el mercado

MSN Money: *www.money.msn.com*

Finanzas en Google: *http:// finance.google.com/finance*

The Wall Street Journal: *http://online.wsj.com/home/us*

Finanzas en Yahoo: *http: //finance.yahoo.com*

En BigCharts, podrás encontrar precios históricos para casi cualquier título o valor: *http:// bigcharts.marketwatch.com/historical*

Zacks.com: *http://www.zacks.com*

Calculadoras

¿Cuánto estás gastando? *http://www.youcandealwithit.com/budgeting_tools/budget_calculators.shtml*

BankRate: *http://www.bankrate.com/brm/rate/calc_home.asp*

Sector de planeación financiera:

La National Association of Personal Financial Advisors (Asociación Nacional de Planificadores Financieros Personales), la asociación más grande de asesores financieros "sólo por tarifa"® en los Estados Unidos (NAPFA): *http/www.napfa.org*

La Financial Planning Association (Asociación de Planeación Financiera): *http/www.fpanet.org*

La Certified Financial Planner Board of Standards (Junta de Estándares de Planificadores Financieros Certificados): *http/www.cfp.net*

El Chartered Financial Analyst Institute (Instituto de Análisis Financiero) está conformado por prestigiosos especialistas en inversiones, pero generalmente no se enfoca en otros aspectos de la planificación financiera ni ofrece sugerencias generales: *http/www.cfainstitute.org*

Planeación universitaria

Mi preferida es la West Virginia Smart 529 debido a sus elecciones en materia de inversión y a su capacidad para elegir portafolios basados en la edad, que ajustan la distribución de activos cuando tu hijo cumpla 9, 14 y 19 años: en la página *http/www.smart529.com*, podrás encontrar el costo de cualquier *college* o universidad en los Estados Unidos: *http/www.nces.ed.gov/ipeds/cool/Search.asp*

Plan de ahorros universitarios de Nebraska: *http/www.planforcollegenow.com*, y plan de ahorros educativos de Utah: *http/www.uesp.org/*

(Ambos tienen opciones de inversión de Vanguard, algo que me agrada).

Generales

Social Security: http://www.ssa.gov/

Para encontrar un abogado: http://www.martindalehubbell.com

LIBROS Y PÁGINAS WEB DE PARTICIPANTES EN ENTREVISTAS

ADYASHANTI: maestro en meditación basada en las tradiciones zen y advaita (no-dualismo). Libros seleccionados: *Emptiness Dancing, My Secret is Silence, True meditation, Impact of Awakening*; http://www.adyashanti.org

A. H. ALMAAS: maestro avanzado de autoindagación personal. Libros seleccionados: *The Inner Journey Home, The Pearl Beyond Price, Brilliancy*; http://www.ahalmaas.com

AMMACHI: conocida como "la santa que abraza". Libros seleccionados: *Messages from Amma: In the Language of the Heart*; http://www.amma.org

KEN BLANCHARD: profesor, autor y consultor de negocios. Libros seleccionados: *The One Minute Manager, Leading a Higher Level, Lead Like Jesus*; http://www.kenblanchard.com/about/bios/ken_blanchard

JOHN BOGLE: fundador del Vanguard Group. Libros seleccionados: *The Little Book of Common Sense Investing, The Battle for the Soul of Capitalism*; http://www.vanguard.com_bogle_site/bogle_home.html

DAVID BOOTH: CEO de Dimensional Fund Advisors. Libros seleccionados: *Trading Costs and Tracking Error*; http://www.dfaus.com

SU SANTIDAD EL DALAI LAMA: jefe de estado y líder espiritual del Tíbet. Libros seleccionados: *The Art of Happiness, The Wisdom of Forgiveness*; http://www.dalailama.com

RAM DASS: ex profesor de la Universidad de Harvard, quien posteriormente se convirtió en el líder de un movimiento espiritual oriental para millones de personas. Libros selecionados: *Be Here Now*, *The Only Dance There Is*, *Still Here*; http://www.ramdass.org

DAVID DEIDA: se ha dedicado a una práctica espiritual no religiosa para crear una conexión entre la espiritualidad y la sexualidad. Libros seleccionados: *The Way of the Superior Man, Blue Truth, Instant Enlightenment*; http://www.deida.info

EUGENE FAMA: profesor de finanzas "Robert R. McCormick" por su servicio distinguido en la Graduate School of Business de la Universidad de Chicago. Libros seleccionados: *The Theory of Finance, Foundations of Finance*; www.chicagogsb.edu/fac/eugene.fama

CHRISTINA FELDMAN: cofundadora de la Gaia House en Inglaterra y maestra de la Insight Meditation Society en Barre, Massachusetts. Libros seleccionados: *Beginner's Guide to Buddhist Meditation: Practices for Mindful Living, The Buddhist path to Simplicity*; http://www.gaiahouse.co.uk

GIL FRONSDAL: maestro de zen y de vipassana. Libros seleccionados: *The Dhammapada: A New Translation of the Buddhist Classic*; http://www.insightmeditationcenter.org

GANGAJI: búsqueda de la libertad y de la paz mental basada en las enseñanzas de H. W. L. Poonja, discípulo de Ramana Maharshi. Libros seleccionados: *You Are That, The Diamond in Your Pocket*; http://www.gangaji.org

JOSEPH GOLDSTEIN: maestro de vipassana y cofundador de la Insight Meditation Society en Barre, Massachusetts. Libros seleccionados: *Insight Meditation: the Practice of Freedom, One Dharma*; http://www.dharma.org/ims/joseph_goldstein.html

JERU KABBAL: (fallecido) líder espiritual y escritor. Libros seleccionados: *Finding Clarity*; http://www.jerukabbal.com

BYRON KATIE: creador de una obra de autoindagación con el objetivo de ayudar a las personas a eliminar su sufrimiento. Libros seleccionados: *A Thousand Names for Joy; Loving What Is*; http://www.thework.com

HAROLD KUSHNER: rabino y autor exitoso. Libros seleccionados: *When Bad Things happen to Good People, Living a Life That Matters*; http://www.tiofnatick.org

HARRY MARKOWITZ: economista galardonado con el Premio Nobel por su teoría sobre la cartera de inversiones. Libros seleccionados: *The Theory and Practice to Investment Management*; http://rady.ucsd.edu/faculty/directory/markowitz

JOE MOGLIA: CEO de TD Ameritrade. Libros seleccionados: *Coach Yourself to Success: Winning the Investment Game*; http://www.tdameritrade.com

MIKE MURRAY: filántropo comprometido con el progreso económico y social de los pobres; http://www.unitus.com/sections/aboutus/ aboutus_board_mmurray.asp

THICH NHAT HANH: monje budista vietnamita y líder de un movimiento por la paz, nominado por Martin Luther King Jr. para el Premio Nobel. Libros seleccionados: *The Art of Power, Peace is Every Step, The Miracle of Midfulness*; *Living Buddha, Living Christ*; http://www.plumvillage.org/

WES NISKER: maestro de meditación vipassana. Libros seleccionados: *Crazy Wisdom, The Big Bang, The Buddha, and the Baby Boom*; http://www.wesnisker.com

CARRIE SCHWAB-POMERANTZ: vicepresidenta senior y estratega principal de Consumer Education, Charles Schwab & Co., Inc, y presidenta de la Fundación Charles Schwab. Libros seleccionados: *It Pays to Talk: How to Have the Essential Conversations with Your Family About Money and Investing*; http://www.schwab.com/public/schwab/research_strategies/market_insight/1/3/ask_carrie.html

MEIR STATMAN: profesor de finanzas Glenn Klimek de la Escuela de Negocios Leavey, Universidad de Santa Clara. Libros seleccionados: *Behavorial Finance and Decision Theory in Investment Management*; http://www.scu.edu/business/finance/faculty/profiles/statman.cfm

TSOKNYI RINPOCHE: maestro tibetano de meditación en la tradición dzongchen. Libros seleccionados: *Carefree Dignity, Fearless Simplicity*; http://www.pundarika.org

DAVID WHITE: establece una relación entre la esencia de la poesía con el mundo laboral. Libros seleccionados: *River Flow: New and Selected Poems 1984- 2007, Crossing the Unknown Sea*; http://www.davidwhite.com

AGRADECIMIENTOS

Hay muchas personas sin las cuales no hubiera escrito este libro; literalmente, cientos de ellas me ofrecieron su entusiasmo y apoyo a lo largo del camino. No puedo nombrarlas a todas, así que enumeraré esta lista incompleta pero importante de agradecimientos. En primera instancia me gustaría agradecer a Robert Strock, mi mentor desde que tengo diecinueve años, y quien ha sido mi padrastro durante la mayor parte de las dos últimas décadas. Robert es un catalizador único que ayuda a las personas a actualizar todo el potencial de sus almas. Su capacidad para abordar el condicionamiento inconsciente con la mayor compasión, mientras que al mismo tiempo apoya y despierta la voz serena de la sabiduría, está en el corazón mismo del Camino Medio. Nunca habría podido escribir este capítulo sin su profunda perspicacia y orientación que me cambió la vida. Rob contribuyó a muchos de los conceptos expuestos en este libro, especialmente a los arquetipos, varios de los cuales recibieron la influencia de sus discernimientos durante sus tres décadas como psicoterapeuta y consejero espiritual.

Mi equipo literario ha sido fenomenal. Mi agente Linda Chester creyó en mí y en este proyecto, a partir de breves conversaciones durante varias cenas. Kyra Ryan contribuyó con su incansable trabajo editorial, llenando vacíos, formulando preguntas difíciles, elaborando los ejercicios y abordando temas con una gran complejidad emocional y creativa. Mindy Werner aplicó su "bisturí" sensible y afilado al primer borrador de este libro; Eric

Brandt, Mark Tauber y todo el equipo de HarperOne comprendieron el potencial de este libro tres años antes que yo.

Nada de esto habría sido posible sin las experiencias que tuve en Abacus y Kubera, por lo cual estoy profundamente agradecido con mi socio y querido amigo Spencer Sherman, por haber sido el cocreador de un negocio que ha inspirado y enriquecido de manera significativa las vidas de nuestros empleados, clientes y la comunidad en general; por haber compartido su vida interior, su familia y su espíritu generoso conmigo y con mi familia, y por ser un catalizador esencial para mi crecimiento espiritual, profesional y creativo desde 1999. Muchas de las historias y lecciones contenidas en estas páginas no existirían si mis clientes no me hubieran abierto sus corazones y mentes con el valor suficiente para compartir sus temores y vulnerabilidades, invitación que la mayoría de los consumidores financieros se apresurarían a evitar; Spencer y yo tenemos la fortuna de trabajar con un extraordinario grupo de personas que se interesan considerablemente por nuestros clientes y que son solidarios entre sí. Nuestro socio Jason Cole; Angela Spirrison, JJ Sweeting, y Nadia Fernandez, quien coordinó muchas de las logísticas requeridas para viajar y realizar las entrevistas, así como muchos otros miembros del equipo de Abacus y Kubera: Tom O'Connor, Suzanne Lawrence, Karen Reibel, Jesse Seaver, JD Bruce, Greg Aloia, Laura Giordano, Carleen Gazabat, Robert Barrimond, Pat Jennerjohn, Mike Weiner, Barbara Wolf y Barrett Porter.

Al fallecido Richard Carlson y a su querido amigo y compañero de escritura Benjamin Shield, gracias por sus invaluables consejos a un escritor principiante, incluyendo la introducción a mi agente. A Sting y a Trudie Styler por su apoyo y aliento, y por permitirme escribir en uno de los lugares más hermosos del mundo. A Tom Nadeau y Cary Granat por su enorme entusiasmo y alegría; y a Alissa Bushnell por revelar mi trabajo a la luz pública por primera vez. A Chuck Miller, mi profesor de ashtanga yoga desde hace quince años, por todas las conversaciones que tuvimos a las seis de la mañana sobre la filosofía del yoga, la libertad y el dinero. A Colin Horowitz y a Louis Kessel, mis padres, por apoyarme de una manera única, y por haberme inculcado diferentes versiones de libertad y flexibilidad financiera. Y a Victoria Moran por haberme sugerido el título del libro.

Fueron muchas las personas que realizaron grandes esfuerzos para presentarme a maestros espirituales, líderes de negocios y a escritores para las entrevistas incluidas en este libro, entre los cuales están Robert Strock, Gina Thompson, Bryce Skaff, Gene Fama Jr., Jade Kirdain y Giles Martin, el hermano Phap Lai, Patty Botari, Greg Wendt, Johanna Hollomon, J. P. Azar, Asiff Hirji, Bobby Sager, Marc Pollick y Mark Haddad. Todos ellos se arriesgaron por mí en una fase muy temprana del proceso. Y, por supuesto, también tengo deudas de gratitud con los maestros y profesores espirituales, así como con los líderes de negocios que con tanta generosidad me ofrecieron su tiempo y candor en las entrevistas.

Además de Kyra, Mindy y Robert, otras personas leyeron versiones iniciales de este manuscrito, particularmente los capítulos de los arquetipos, y me ofrecieron una retroalimentación extremadamente valiosa. Entre ellas están Donna Cashell, Pete Kovner, Vicky Schiff, Molly Rhodes, Jens Koepke, Maty Ezraty, Stephanie Solomon, Jenifer Bruce y Paula Rochelle. Adicionalmente, Adam Bendell me ayudó a reescribir varios conceptos budistas claves. Pat Jennerjohn revisó el Apéndice, Pam England me brindó una retroalimentación magistral sobre la Historia Básica y los capítulos de los arquetipos; y Jay Totten, Danielle Anderson, Kim Weisberg y Jui-Fu Wang realizaron una investigación muy valiosa. Stephanie Ptak y Lou Harvey de Dalbar me ofrecieron generosamente su estudio QAIB® sobre el comportamiento de los inversionistas, y Mike Powell desplegó su gran talento como fotógrafo.

Algunas partes de este libro narran mi propio viaje espiritual, y son muchos los maestros que me han invitado e inspirado a crecer. Mi madre Marilyn Levine fue mi primera maestra, una mujer sabia y verdaderamente espiritual que ha asumido los buenos y los malos momentos con fortaleza y gracia. Los numerosos maestros de meditación y de crecimiento espiritual, la mayoría de los cuales están citados en estas páginas, también han tenido un impacto inconfundible. George Kinder y Dick Wagner fueron mis primeros e influyentes mentores en el sector de la planificación financiera, y Carolyn Dellúomo y Dave LaRue me dieron un invaluable entrenamiento personal y comercial. Estoy profundamente agradecido con los maestros de escritura que he tenido: Nancy Bacal, Hal Zina Bennett, Dorianne Laux, Joe Millar y Ellen Baas, y todos los demás escritores que me invitaron a escribir y que fueron compasivos.

Por último, pero no en menor medida, quiero agradecer a mi esposa Britta Bushnell por haberme apoyado firmemente y ofrecerme su intuición excepcional en momentos decisivos, por mejorar la escritura con su gran sensibilidad y experiencia como facilitadora en seminarios, y por ser la madre increíble de nuestros hijos Kaden y Rumiah cuando yo estaba inmerso escribiendo, en retiros, o viajando para realizar las entrevistas de este libro.

Benditos sean todos ustedes.

ÍNDICE

NOTAS

NOTAS

NOTAS

NOTAS

NOTAS

NOTAS

_____

_____

_____

_____

_____

_____

_____

_____

_____

_____

_____

_____

_____

_____

_____

_____

NOTAS